Baltikum mit dem Wohnmobil

Mittelalterfest auf dem Rathausplatz in Tallinn

Rainer D. Kröll

BALTIKUM
MIT DEM WOHNMOBIL

Die schönsten Routen in Litauen, Lettland und Estland

BRUCKMANN

Blick in ein Café
mit sehr süßem
Laden in Tallinn

INHALT

Riga ist berühmt für seine fantastischen Jugendstilhäuser.

» FASZINATION BALTISCHE LÄNDER

Wer uns auf unserer Entdeckungsfahrt durch Estland, Lettland und Litauen mit dem Wohnmobil folgt, den erwartet eine lange Tour über endlos scheinende Landstraßen einerseits, eine äußerst vielgestaltige Reise andererseits. Wir besuchen Museen, Burgen, Kirchen und wundervolle historische Städte, treffen auf malerische Kanu-Reviere, Moorwanderwege und Vogelbeobachtungstürme – zweifellos ist für jedes Interessensgebiet etwas Erlebenswertes dabei. Natürlich suchen wir auch die schönsten Badeplätze an der 1400 Kilometer langen Küstenlinie der Ostsee auf. Wer nicht so viel Zeit hat oder nur bestimmte Ziele anvisiert, sucht sich einfach seine Favoriten aus und lässt anderes links liegen, aufgespart für die nächste Reise durch die baltischen Länder.

DIE ROUTEN UND SEHENSWÜRDIGKEITEN

Die sechs Reiserouten in diesem Buch sind so gestaltet, dass in einer Rundfahrt mit einigen Abstechern die schönsten Sehenswürdigkeiten in den baltischen Ländern erreicht werden. Die zu Beginn der Routen angegebenen Kilometer beziehen sich auf die meist kürzeste Möglichkeit der Rundreise, ohne die wichtigsten Sehenswürdigkeiten außer Acht zu lassen. Die Länge von größeren Abstechern und alternativen Strecken ist im Text jeweils angegeben und erscheint auch in der Streckenleiste am Rand der Seiten.

In Nida stehen malerische Häuser mit netten Details.

Mit den Sehenswürdigkeiten sind nicht nur die herrlichen Städte, Burgen und Schlösser gemeint. Besonderen Wert haben wir auf die reichen Naturschönheiten und bemerkenswerten Küsten- und Seengebiete gelegt. Mit einem Boot auf den Seen unterwegs zu sein zählt zu den tollsten Freizeitbeschäftigungen im Baltikum. 35 Prozent der Fläche in den baltischen Ländern sind mit Wald bedeckt und über zehn Prozent werden von Seen, Mooren und Sümpfen beherrscht. Die Wildnisgebiete hier zeigen, wie es auch in Mitteleuropa vor der Industrialisierung ausgesehen haben mag.

Estland hat vier Nationalparks, Lettland drei und Litauen wartet sogar mit fünf Nationalparks auf. Fast zehn Prozent der Fläche der baltischen Länder sind Naturschutzgebiete (in Deutschland lediglich 4 %). Zusammen bieten die Länder 7400 Seen auf. Alle drei Länder sind auch ein Paradies für Vogelkundler. Im Frühjahr und Herbst kommen Interessierte aus der ganzen Welt, um den Vogelzug von Millionen Tieren zu sehen.

Liebhaber der Architektur kommen ebenfalls nicht zu kurz. Hervorragende Bauwerke der Backsteingotik und des Barock lassen sich bewundern. Typische Holzhausarchitektur aus früheren Jahrhunderten ist in den Altstädten zu finden. Eine Sensation stellen die 800 Jugendstilhäuser Rigas dar. Alle drei Hauptstädte und viele andere Orte sind in die Liste des UNESCO-Kulturerbes eingetragen.

DIE REGIONEN UND LANDSCHAFTEN DER REISE

Für manche Menschen sind die baltischen Länder immer noch Teil der östlichen Hemisphäre und Terra incognita. Dabei zählen diese demokratischen Staaten zu den attraktivsten Reiseländern Europas – insbesondere für einen Campingurlaub – mit steigenden Tou-

rismuszahlen. Unglaublich lange Sandstrände der Ostsee wetteifern mit herrlichen Seenplatten im Binnenland um die Gunst der Feriengäste. Liebliche, gewellte Landschaften, die beruhigen und das Auge erfreuen, begleiten die Straßen.

Von Urwäldern bis zu den Dünenlandschaften an der Ostsee ist alles zu haben. Zahlreiche Nationalparks setzen die Höhepunkte in der überreichen Natur. Geschichtsträchtige Orte und Städte, die in bester Ausführung restauriert wurden, zeigen urbanes Leben der Vergangenheit und Gegenwart. Burgen und Schlösser sind Zeugen machtvoller Zeiträume. Kultur und Natur, oft mit der Auszeichnung UNESCO-Weltkulturerbe, warten auf die Gäste.

Im Ablauf der beschriebenen Touren bereisen wir grandiose Landschaften. **Litauen** verfügt über ein 65 000 Quadratkilometer großes Staatsgebiet, in dem 2,8 Millionen Menschen leben. Das sind 44 Einwohner auf einen Quadratkilometer. Zum Vergleich: Auf der rund 357 000 Quadratkilometer großen Fläche Deutschlands leben über 82 Millionen Menschen. Das sind 231 Einwohner pro Quadratkilometer.

An der Grenze zu Polen fahren wir im südwestlichen Litauen durch die eher arme, dünn besiedelte Region Dzūkija. Die ausgedehnten, märchenhaften Wälder sind ein Paradies für Naturliebhaber und waren einst Versteck der Partisanen-Waldbrüder. Die Einwohner sind noch vielfach Selbstversorger und werden von ihren Landsleuten respektvoll »Waldmenschen« genannt. Sehenswert ist die Altstadt von Kaunas mit vielen gut erhaltenen Bauwerken. Beschaulich wirkt die Flusslandschaft der Memel (Nemunas) mit ihren Schlössern in der Region Sūduva. Der Regionalpark Memeldelta ist ein Eldorado für Ornithologen. Die Kurische Nehrung in der Region Mažoji Lietuva wiederum, eingetragen in die UNESCO-Liste für Weltkultur- und Naturerbe, ist ein gefährdetes Naturparadies mit Sandstränden, Wanderdünen und mageren Kiefernwäldern. Die Seenplatte im Nationalpark Žemaitija liegt zwischen der Ostsee und dem magischen Berg der Kreuze. Und die weiten Sandstrände der Ostsee in den Regionen Mažoji Lietuva und Žemaitija bis zur lettischen Grenze zeigen den Badegästen manchmal auch den angespülten Bernstein.

Die zweite Tour beschreibt den Weg durch das westliche **Lettland**, ein Staatsgebiet von über 64 000 Quadratkilometern. Die Einwohnerzahl beträgt 1,9 Millionen, das sind 30 Einwohner pro Quadratkilometer.

An der 500 Kilometer langen Ostseeküste der Region Kurzeme (Kurland) liegt der berühmte Naturpark Pape und in Vidzeme (Livland) die lettische Sommerhauptstadt Liepāja mit ihren kilometerlangen Sandstränden. Aizpute und Kuldiga in Kurland sind für

Am Strand der Ostsee liegen Granitfindlinge, die vom Eis der Kaltzeiten aus Skandinavien herbeigeschafft wurden.

Im Hafen von Nida

ihre Holzhausarchitektur berühmt und als UNESCO-Kulturerbe anerkannt. Kurzeme ist auch das Land des wilden Kap Kolka am Beginn der Rigaer Bucht. Riga ist die Stadt des Jugendstils, in den hinein sich barockes Erbe mischt. Die vielen offenen Plätze mit den Terrassenrestaurants sind im Sommer von Musik aller Art und buntem Treiben erfüllt. Schloss Rundāle, das Versailles des Baltikums, und Schloss Jelgava, eines der größten Architekturdenkmäler des Baltikums, stehen südlich von Riga in der Region Zemgale. Die Region Vidzeme nördlich von Riga ist geprägt von schönen Stränden an der Ostsee und vom herrlichen Gauja-Nationalpark, einer spektakulären Landschaft mit farbigen Sandsteinfelsen und geheimnisvollen Höhlen.

Die Touren drei und vier durchfahren das skandinavisch anmutende **Estland**. Es ist rund 45 000 Quadratkilometer groß und somit der kleinste baltische Staat. 1,3 Millionen Menschen leben hier, das sind 29 Einwohner auf einen Quadratkilometer. Estland zählt daher zu den am geringsten bevölkerten Ländern Europas.

Der Landkreis Pärnu bietet wieder herrliche Badestrände. Östlich von Pärnu liegt der Nationalpark Soomaa. Wir fahren durch dünn besiedelte Wälder und Moore, wo noch Luchse, Braunbären, Wölfe und Elche zu Hause sind. Ein Eldorado ist der Landstrich aber auch für Botaniker. Der Matsalu-Nationalpark ist weltweit bei Ornithologen bekannt. Millionen Vögel bevölkern zur Zeit des Vogelzugs den Himmel. Auf den ländlich geprägten Inseln Saaremaa und Hiiumaa finden sich Spuren der Wikinger und mittelalterliches Kulturgut. Selbst für estnische Verhältnisse schwach bevölkert ist die Insel Hiiumaa. Hier herrscht Natur pur. Aber dänische, schwedische, deutsche und sowjetische Herren hinterließen ihre Spuren. Das mittelalterliche Tallinn ist ausnehmend schön. Hier steht Modernität neben behütetem Alten. Der Nationalpark Lahemaa östlich von Tallinn bietet eine naturnahe Landschaft glazialen Ursprungs mit Mooren, Wäldern, Steilküste und Findlingen, dazwischen finden sich herrliche Gutshäuser. Eine bezogen auf Kultur und Landschaft Welt für sich ist der riesige Binnensee Peipsi järv. Unbedingt besuchenswert ist Tartu – die alte Universitätsstadt sprüht vor Lebensfreude. Ebenso interessant ist das Gebiet der Seto-Minderheit im äußersten Osten Estlands. Die Seto haben bis heute Brauchtum und Kultur bewahrt. Die Hügellandschaft Südestlands wurde von den Eiszeiten geprägt und punktet mit zahlreichen Seen.

Etappe fünf erstreckt sich über die Regionen Vidzeme (Livland) und Latgale (Lettgallen) an der **Ostgrenze Lettlands** zu Russland und Weißrussland. Alte Städte, Ordensburgen und Gutshäuser aus dem 18. und 19. Jahrhundert warten auf Entdeckung – und viel weites Land, überzogen mit Wäldern und Mooren. Zuweilen eine fast vergessene Landschaft, beinahe ohne Besiedelung, außerordentliche Stille und Ruhe: Die nordöstliche Ecke Lettlands ist die Landschaft der Einsamkeit. Über die sanften Hügel ziehen sich Wälder und Felder. Lettgallen wird gern auch »Land der blauen Seen« genannt, denn in seinem Südosten, im Gebiet zwischen Aglona, Krāslava und Ezernieki, liegen die meisten Seen Lettlands. Von Krāslava bis Daugavpils erstreckt sich der Naturpark Daugava-Bögen im Urstromtal der Daugava.

Tour sechs erschließt zuletzt das **östliche Litauen**. Die Regionen sind Aukštaitija (Oberlitauen) und Dzūkija, für letztere gibt es keinen deutschen Namen. Der Aukštaitija-Nationalpark ist in seiner Abgeschiedenheit einer der schönsten. Eine romantische Einsamkeit macht den Charme der Seenplatte von Aukštaitija aus. Der Dzūkija-Nationalpark vereint verschiedene Naturschutzgebiete, unter anderem die größte Moorlandschaft Litauens. Das quicklebendige Vilnius besticht durch seine mittelalterlichen und barocken Bauten in der »größten Altstadt Europas«. Es ist das wirtschaftliche und kulturelle Zentrum Litauens und die größte Stadt des Baltikums. Die stolze Inselburg Trakai wiederum ist der alte Sitz der litauischen Großfürsten und gehört zur Region Dzūkija.

LANGE GESCHICHTE, KURZ ERZÄHLT

Die heutigen, unabhängigen baltischen Staaten sind jung. Doch die wechselvolle Geschichte der Länder an der Ostsee füllt ohne Weiteres dicke Bücher. Jahrtausende vor unserer Zeitrechnung besetzten finno-ugrische Völker aus dem Osten neuen Lebensraum im heutigen Estland. Indogermanische Gemeinschaften nahmen im heutigen Lettland und Litauen Wohnsitz. In den Jahrhunderten nach Christi Geburt handelten die Bewohner des Ostseestrandes mit Bernstein – auf der Bernsteinstraße bis in den Orient. Wikinger beraubten das Land und hinterließen ihre Spuren.

Mit dem Beginn des 13. Jahrhunderts eroberte der deutsche Schwertbrüderorden, während der Kreuzzüge gegründet, das heutige Estland und Lettland. Aus ihm ging der deutschbaltische Adel hervor, der große Ländereien und Gutshäuser besaß und die Bauern in Leibeigenschaft hielt. Zwischen den Weltkriegen verloren die Deutschbalten ihre Besitztümer.

Ebenfalls im 13. Jahrhundert dehnten die Dänen ihren Einfluss aus und gründeten ihrerseits Burgen und Städte, wie zum Beispiel Reval, das heutige Tallinn. Litauen hingegen stand unter dem Einfluss Polens und der katholischen Kirche. Heute noch ist Litauen eher katholisch, während sich in Estland und Lettland die Reformation durchsetzte. Mitte des 13. Jahrhunderts konnte Mindaugas I. die litauischen Fürsten vereinen und wurde erster litauischer König, ohne dass aber auf lange Sicht die Geltung Polens gemildert werden konnte.

Zu Beginn des 15. Jahrhunderts verlor der Deutsche Orden bei der Schlacht von Tannenberg gegen die vereinten polnischen und litauischen Heere. Im 16. Jahrhundert löste Iwan der Schreckliche den Livländischen Krieg aus. Estland wurde schwedisch, Livland und Lettland gerieten unter die nun noch stärkere Hand Polens. Bald fielen Estland und Livland an das russische Zarenreich.

Zu Beginn des 20. Jahrhunderts befreiten sich Estland, Lettland und Litauen durch eine Unabhängigkeitserklärung. Aber im Hitler-

Im sehenswerten Čiurlionis-Kunstmuseum

Im Café de Pierre in Tallinn

Stalin-Pakt wurden die baltischen Länder der Sowjetunion zugesprochen. In den 1940er-Jahren wurden die baltischen Juden Opfer der nationalsozialistischen Besatzung. 1949 kehrte die Rote Armee in die baltischen Länder zurück. Die Russen deportierten zum zweiten Mal Zehntausende Balten nach Sibirien.

1989 schließlich zog sich eine 600 Kilometer lange Menschenkette durch alle Hauptstädte der baltischen Länder. Eine Million Esten, Letten und Litauer sollen an der eindrucksvollen Demonstration der unbeugsamen Unabhängigkeitsbestrebung beteiligt gewesen sein. Litauen erklärte sich 1990, Lettland und Estland 1991 für unabhängig. Seitdem befinden sich die baltischen Staaten im Umbruch in eine westlich orientierte Zeit. Seit 2004 gehören Estland, Lettland und Litauen zur EU und zur Nato.

Wie wär's mit Kaviar?

BALTISCHE KÜCHE

Die althergebrachte Küche Estlands, Lettlands und Litauens ist eher einfach und geprägt von der langen Zeit der bäuerlichen Selbstversorgung sowie der Herrschaft der Deutschbalten. Auch die russische Einflussnahme hinterließ natürlich Spuren. Zu jeder ordentlichen Mahlzeit gehören vor allen Dingen viel Fleisch, Kartoffeln und Gemüse. Die Küche zählt auf keinen Fall die Kalorien. Deftige Hausmannskost ist die richtige Bezeichnung für die meisten typischen Gerichte, die in Soßen und Sahne baden. In den letzten Jahren beginnt sich das allerdings zu verändern. Exotische Zutaten und Experimente mit heimischen Produkten bringen eine neue Leichtigkeit auf den Herd. Zudem ein Plus: Die landwirtschaftlichen Produkte sind von hoher Qualität.

Zum Essen wird Wasser oder lieber noch eines der vorzüglichen Biere getrunken. Die Brautradition ist lang und die Ergebnisse sind schmackhaft. Dasselbe gilt für die Herstellung von Wodka und Kräuterschnäpsen.

Selbstversorger können sich mit guten Produkten auf Bauernmärkten, bei den Erzeugern oder in den Supermärkten eindecken. Wer den Kühlschrank in seinem Wohnmobil schon zu Hause füllt, macht einen Fehler.

DIE MENSCHEN IN DEN BALTISCHEN LÄNDERN

Eines haben die Esten, die Letten und die Litauer gemeinsam: Sie sahen sich nie als Teil der Sowjetunion, sondern sie sahen ihr Land besetzt. Kulturell waren die Balten schon immer Europäer. Im Hitler-Stalin-Pakt waren die drei baltischen Länder an die Sowjetunion gegangen. Während der 50 Jahre unter sow-

jetischer Herrschaft wurde ein Drittel der Menschen deportiert. Die Angst, das heutige Russland wolle sich die ehemaligen Gebiete an der Ostsee wieder einverleiben, besteht weiter.

Heute fühlen sich die meisten Esten, Letten und Litauer als moderne Europäer, sehen Europa als ihr erweitertes Heimatland. Sie sehnen sich nach Normalität in ihrem Leben. 2004 traten die drei baltischen Länder der EU bei und erlitten in der Finanzkrise schwere Verluste. Jeder zehnte Balte musste sein Land damals verlassen, um irgendwo in Europa Arbeit zu finden. Doch viele sind nun zurückgekommen. Die jungen Menschen wollen in der Gesellschaft etwas bewegen und bringen ihre Länder nach vorn. Die Städte boomen, aber die Landflucht hält an. In einsamen Gebieten leben nur noch die Alten.

Der russische Bevölkerungsanteil sah sich mit der Loslösung der baltischen Länder von der Sowjetunion plötzlich als Minderheit. 26 Prozent der Bevölkerung Estlands sind Russen, noch höher ist die Zahl in Lettland. In Litauen leben nur etwa sechs Prozent Russen und sieben Prozent Polen. Eine offizielle Zweisprachigkeit gibt es nicht. Russen mussten auf einmal Sprachprüfungen über sich ergehen lassen. Unterschwellige Differenzen bestehen weiter.

Während die Esten und die Letten überwiegend ohne Religion leben und ansonsten der evangelische Glaube die Hauptrolle spielt, sind die Menschen in Litauen mehrheitlich katholisch.

MIT GELASSENHEIT REISEN

Eine Reise durch das Baltikum geht nicht schnell. Auf den Autobahnen sind kaum Sehenswürdigkeiten zu erblicken. Auf den Landstraßen bremsen Dörfer mit der erlaubten Geschwindigkeit von 50 km/h. Bei der Anfahrt zu den Naturschönheiten und Baudenkmälern in abgelegenen Gebieten ist manchmal mit unbefestigten Straßen zu rechnen. Größtenteils sind sie aber gut zu fahren und es gibt in diesen entlegenen Regionen auch meist nur geringes Verkehrsaufkommen. Im Text der Reiserouten ist die Länge der Schotterstraßen angegeben. In der Summe gilt: Gelassenheit ist eine gute Einstellung für eine Reise durch die baltischen Länder.

Am östlichen Ufer der Düna stehen die modernen Bauten Rigas.

KLEINES WÖRTERBUCH

DIE VERSTÄNDIGUNG IN DEN BALTISCHEN LÄNDERN

Estnisch, Lettisch und Litauisch sind keine leichten Sprachen und nur Lettisch und Litauisch sind miteinander entfernt verwandt. Englisch sprechen zumindest viele Städter und natürlich die meisten Bediensteten in Restaurants und Touristeninformationen. Eine Bestellung im Restaurant oder die Frage nach dem Weg in der Landessprache, wenn vielleicht auch mit falscher Betonung, wird dennoch mit Wohlwollen aufgenommen.

EINIGE WÖRTER UND REDEWENDUNGEN

Deutsch	Estnisch	Lettisch	Litauisch
Hallo	Tere	Sveiks	Sveiki
Guten Tag	Tere päevast	Labdien	Gera diena
Guten Abend	Tere õhtust	Labs vakars	Labas vakaras
Auf Wiedersehen	Nägemiseni	Zu redzēšanos	Iki pasimatymo
heute	täna	šodien	šiandien
morgen	homme	rīt	rytoj
übermorgen	ülehomme	parīt	poryt
gestern	eile	vakar	vakar
ja	jah	jā	taip
nein	ei	nē	ne
Bitte	Palun	Lūdzu	Prašom
Danke	Tänan	Paldies	Ačiū
Entschuldigung	Vabandust	Attaisnojums	Pasiteisinimas
links	vasak	kreisais	į kairę
rechts	parem	tiesības	teisė
geradeaus	otse	taisni	tiesiai
Speisekarte	Menüü	Ēdienkarte	Meniu
bezahlen	arve	maksāt	mokėti
Wasser	Vesi	Ūdens	Vanduo
Eingang	Sisend	Ievade	Sąnaudos
Ausgang	Väljund	Izvade	Produkcija
Toilette	WC	Tualete	Tualetas
besetzt	hõivatud	aizņemts	užimtas
frei	tasuta	bezmaksas	nemokamai
Campingplatz	Laagri	Kempings	Stovyklavietė
Meer	Meri	Jūra	Jūra
Strand	Rand	Pludmale	Paplūdimys
Straße	Tänav	Iela	Gatvė
Parkplatz	Parkimine	Autostāvvieta	Stovėjimo aikštelė
bewacht	kaitstud	apsargāta	saugojo
Tankstelle	Bensiinijaam	Degvielas uzpildes stacija	Degalinė
Benzin	Bensiin	Benzīns	Benzinas
Diesel	Diisel	Dīzelis	Dyzelinis
Öl	Õli	Eļļa	Aliejus
Reparatur	Remont	Remonts	Remontas

Das schiefe Haus in Tartu besitzt dennoch eine gerade Haustüre.

ZAHLEN

Deutsch	Estnisch	Lettisch	Litauisch
1	üks	viens	vienas
2	kaks	divi	du
3	kolm	trīs	trys
4	neli	četri	keturi
5	viis	pieci	penki
6	kuus	seši	šeši
7	seitse	septiņi	septyni
8	kaheksa	astoņi	aštuoni
9	üheksa	deviņi	devyni
10	kümme	desmit	dešimt
11	üksteist	vienpadsmit	vienuolika
12	kaksteist	divpadsmit	dvylika
20	kakskümmend	divdesmit	dvidešimt
50	viiskümmend	piecdesmit	penkiasdešimt
100	sada	simts	šimtas
1000	tuhat	tūkstotis	tūkstantis

Blick auf die Große Düne (höchste Wanderdüne Europas) und das Haff bei Nida, Litauen

» DIE ROUTEN

1 AN DER MEMEL ZU STRÄNDEN AUF DER KURISCHEN NEHRUNG

Westlitauen und litauische Ostseeküste

Die erste Etappe führt von der polnischen Grenze im Süden durch die Regionen Sūduva (Sudauen), Mažoji Lietuva (Kleinlitauen) an der Ostseeküste und Žemaitija (Niederlitauen) an der Grenze zu Lettland. Dabei ist die beschauliche Flusslandschaft der Memel (Nemunas) oft unser Begleiter. Sehenswert ist die Altstadt von Kaunas mit vielen gut erhaltenen Bauwerken. Die Kurische Nehrung, eingetragen in die UNESCO-Liste für Weltkultur- und Naturerbe, ist ein gefährdetes Naturparadies mit Wanderdünen und Kiefernwäldern. Die weiten Sandstrände der Ostsee geben dem aufmerksamen Sucher Bernstein frei.

Typisches Haus in Nida mit den berühmten Kurenwimpeln im Garten

Die Reise durch die herrlichen Länder des Baltikums startet am Grenzübergang von der polnischen Straße Nummer 16 aus Sejny im Übergang zur litauischen 135 nach **Lazdijai**, Kleinstadt mit großem Marktplatz. Im Rathaus hat dort auch die für das Gebiet zuständige Touristeninformation ihren Sitz.

Unter den Rädern haben wir hier die eher arme, dünn besiedelte **Region Dzūkija** im äußersten Süden Litauens. Dafür sind die riesigen, märchenhaften Wälder, einst Versteck der Partisanen-Waldbrüder, ein Paradies für Naturliebhaber. Die Einwohner sind vielfach Selbstversorger und werden von ihren Landsleuten respektvoll »Waldmenschen« genannt. Die Städte Alytus, Vilnius und Trakai, der alte Sitz der litauischen Großfürsten, gehören dazu. In der Gegend wohnen nicht wenige Polen und Weißrussen.

IM NATURSCHUTZPARK METELIŲ

Von **Lazdijai** fahren wir nach Osten über **Serijai** und dann nach Norden in ein einsames Seengebiet, das mit seinen Moränen als eine Schöpfung der Eiszeiten zu erkennen ist. Wir sind im **Metelių-Naturpark** mit 200 Seen und oft unberührter Natur. Zwischen den Seen Ežeras Metelys und Ežeras Dusia im Metelių regioninis parkas finden sich von der Parkverwaltung eingerichtete Naturcampingplätze und private Campingplätze. Am Dusia-See liegt das **Naturparkzentrum Metelių**, eine Informationsstelle für Wanderungen in den Park. Der moderne Aussichtsturm kurz vor **Meteliai** bietet eine gute Gelegenheit, sich einen Überblick über die schöne Seenlandschaft zu verschaffen. **Simnas** liegt scheinbar friedlich an zwei Seen, trägt aber bis heute an der Last der 1941 über eintausend ermordeten Juden aus dem Kreis Alytus (www.gedenkorte-europa.eu/de_de/simnas.html).

Bei **Aleknonys** ist links der große See **Žuvintas** zu sehen, der ein besonderes Schutzgebiet für Wasservögel aller Art ist. An der Direktion des Biosphärenreservats beginnt ein angelegter Naturpfad mit Beobachtungsstellen zur Vogelerkundung (Kampelių 10, LT-64351 Aleknonių, Tel. +370 315 49540, www.zuvintas.lt). Bald nach dem See schwenken wir auf der A 16 (E 28) nach Prienai an der

SPECIAL

DIE MEMEL

Die Memel (Nemunas) ist 937 Kilometer lang, entspringt in Weißrussland und fließt durch Litauen in das Kurische Haff und in die Ostsee.
In antiker Zeit war der Fluss Teil der Bernsteinstraße, ein Handelsweg von der Ostsee zum Mittelmeer. Litauer bezeichnen den Nemunas auch als »Vater der litauischen Flüsse«, weil sich annähernd das gesamte Staatsgebiet im Memel-Becken befindet. Fast ganz Litauen entwässert über die Memel und nahezu jedes litauische Gewässer mündet in den Nemunas. Die Memel bildet auch die Grenze zwischen den Regionen Sūduva (Sudauen) im Westen und Aukštaitija östlich des Flusses. Außerdem bildet der Nemunas die Grenze zwischen Litauen und der russischen Enklave Kaliningrad.

ROUTE 1

STARTPUNKT
Grenze zu Polen bei Sejny

ENDPUNKT
Grenze zu Lettland bei Šventoji an der Ostsee

STRECKENLÄNGE
920 km

FAHRZEIT
5 bis 6 Tage

BESTE JAHRESZEIT
Juni bis September

Erholung für alle: im Kurpark Birstonas

Memel (Nemunas) und wechseln auch schon von der Region Dzūkija in die Region Aukštaitija.

Aukštaitija (Oberlitauen) ist ein historischer Landesteil Litauens im Zentrum und im Osten des Landes bis hin zur Grenze nach Lettland und Weißrussland. Oberlitauen ist dichter besiedelt, aber auch mit vielen Naturschönheiten beschenkt, die wir überwiegend während unserer Tour 6 entdecken werden.

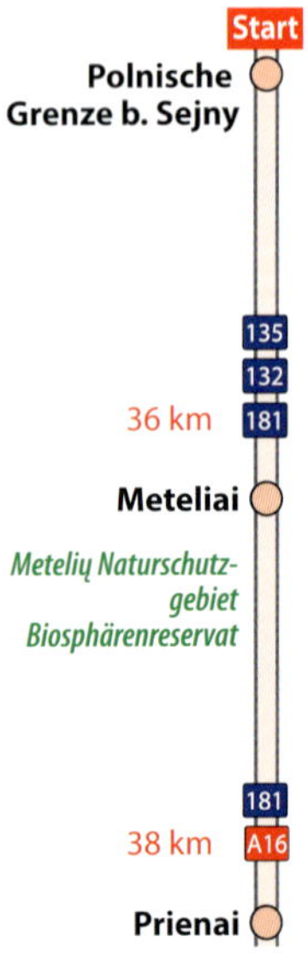

AN DEN MEMELSCHLEIFEN

Das 34 000 Einwohner zählende **Prienai** mit seiner Holzkirche in der Kęstučio gatvė 10 liegt an einer großen Schleife der Memel. Auf dem Weg nach Birštonas beginnt bei **Škėvonys** rechts vom schönen Restaurant **Birštono Seklytėlė** mit Aussicht auf die Memel (Prienų gatvė 10, LT-59202 Birštonas, Tel. +370 319 65800, www.sonata.lt) der 1,7 Kilometer lange **Naturpfad Škėvonių pažintinis takas**, der meist Blicke auf die Memel gestattet. Das erodierte Hochufer der Memel gehört zu den wertvollsten geologischen Standorten in Nordwesteuropa. Dort hat sich auch eine besondere Pflanzengesellschaft angesiedelt, die den Lebensraum für spezielle Schmetterlinge bildet.

Birštonas, an zwei Seiten von der Memel umschmeichelt, ist ein beschaulicher, aber jetzt renovierter und modernisierter Kurort mit über 3000 Einwohnern im **Regionalpark der Nemunasschleifen**. Mineralquellen und Torfmoore liefern die Elixiere für Heilbehandlungen. Die Marken Vytautas und Birute, die im Ort abgefüllt werden, sind die ältesten Mineralwässer Litauens.

Gegenüber der Touristeninformation in der B. Sruogos gatvė 4 kann geparkt werden, um die Sehenswürdigkeiten zu besichtigen. Das Büro vermittelt Ausflugsfahrten auf der Memel. Südlich der Touristeninformation beginnt der **Vytautas-Park**, in dem sich der **Vytauto kalnas** befindet. Dieser 30 Meter hohe Vytautas-Hügel im Süden des Städtchens am Ende der Birutės gatvė ist berühmt, da sich darauf im 16. Jahrhundert die Burg und das Landgut des Großfürsten Vytautas befand. Heute steht nur noch sein imposantes Reiterstandbild auf dem Berg, aber der Hügel ist ein guter Aussichtspunkt über den malerischen Fluss.

Vom Vytautas-Hügel verläuft an der Memel nach Norden eine nette, zwei Kilometer lange **Promenade** bis zu dem **Dampfschiffrestaurant Vytenis** auf der Memel. Es bietet eine besondere Art zu speisen, einen Parkplatz gibt es dort aber auch (Vytenis Pušyno gatvė 2, LT-59203 Birštonas, Tel. +370 319 65825, www.sonata.lt). Hier im Norden sind auch der große Park mit dem **Besucherzentrum des Regionalparks** der Nemunasschleifen (Tylioji gatvė 1, LT-59206 Birštonas, Tel. +370 319 65613, www.nemunokilpos.lt) sowie drei Badeseen.

KAUNASSER MEER

Einige Kilometer nach Birštonas bringt uns die 129 nach Norden an das sogenannte Kaunasser Meer (Kauno marios), einen Stausee der Memel. Das Wasser wird hier auf eine Länge von fast 30 Kilometer aufgehalten. Die größte Breite beträgt über drei Kilometer. An dem Stausee wurde auch das Wasserkraftwerk der Stadt Kaunas gebaut, Menschen aus 45 Dörfern mussten 1959 dafür umgesiedelt werden. Einige Häuser und Gebäude wurden im ethnografischen Freilichtmuseum Rumšiškės wiederaufgebaut.

Heute wird die Wasserfläche gern von Seglern genutzt. Um die besondere Landschaft und Natur der Lagunenteiche zu bewahren, wurde der **Regionalpark Kaunasser Meer** (Kauno marių regioninis parkas) gegründet. Der Park zu beiden Seiten des Flusses ist reich an lieblichen Hügeln mit Felsen, Burghöhen und Tälern.

Die 188 kürzt bei Seibūtai den Weg in Richtung Kaunas nach Westen ab. In **Rumšiškės** befindet sich das eben erwähnte **Litauische Freilichtmuseum**, auf dessen gebührenpflichtigem Parkplatz auch im Wohnmobil übernachtet werden darf. Ein weiterer Parkplatz, sogar mit mikrokleinem Sandstrand, ist auf dem Weg nach Kaunas bei Grabučiškės zu finden (N 54°53′33.0″ E 24°08′50.1″). Hier ist die große Ausdehnung des Stausees deutlich zu sehen.

Badeplatz am Kaunasser Meer

DAS DYNAMISCHE KAUNAS

Auf der A1 (E85) kommen wir schnell weiter nach Kaunas. Doch noch vor den Toren der **350 000-Einwohner-Stadt liegt das Pažais-**

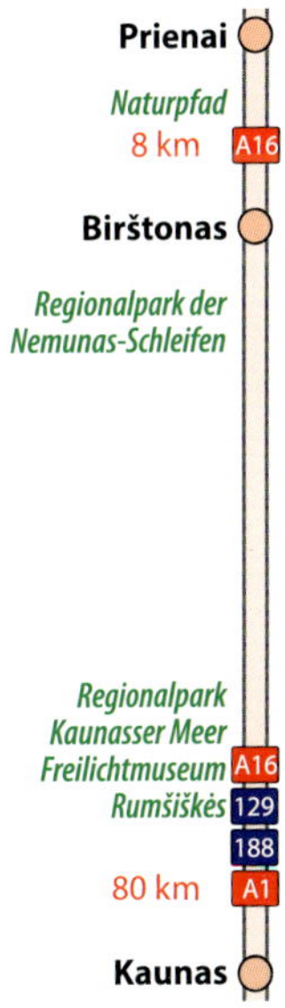

KULTUR

FREILICHTMUSEUM RUMŠIŠKĖS

Mit 195 Hektar Fläche und 140 Bauwerken ist es eines der größten Freilichtmuseen Europas und absolut sehenswert. Durch das hügelige Museumsgelände führt ein sieben Kilometer langer Rundweg, der auch mit dem Rad befahren werden kann. Am Weg befinden sich Dörfer, Einzelhöfe und technische Gebäude wie eine Getreidemühle, eine Ölmühle, eine Tuchwalkerei und eine Schmiede. Die wichtigsten Regionen Litauens – Aukštaitija, Žemaitija, Dzūkija und Suvalkija – werden durch typische Bauten repräsentiert. Die Gebäude und Exponate stammen aus der Zeit des 18. und 19. Jahrhunderts. Im Zentrum des Geländes steht sogar ein kleines Städtchen mit original erhaltenen Gebäuden, Wirtshaus und Werkstätten. Ein Blick in die Töpferei, Weberei und Schmuckwerkstätte ist gestattet (Lietuvos Liaudies Buities Muziejus, L. Lekavičiaus gatvė 2, LT-56337 Rumšiškės, Tel. +370 346 47233, www.llbm.lt).

Die Reste der Kauno Pilis am Zusammenfluss der Neris und des Nemunas

lis-Kloster am Ufer des Kauno marios, eines der schönsten Architekturensembles des Barocks in Litauen. Italienische Meister erbauten im 17. Jahrhundert das weitläufige Kloster für den Kamaldulenserorden. Im sechseckigen Zentralbau mit einer mächtigen, fantastisch ausgemalten Kuppel herrscht strenge Symmetrie. Vor der Anlage ist ein großer Parkplatz, auf dem allerdings ein Parkverbot für die Nacht besteht. Das Kloster ist auch aus der Stadt mit dem Bus der Linie 9 erreichbar (T. Masiulio gatvė 31, LT-52436 Kaunas, Tel. +370 37 458868, www.pazaislis.org).

Nördlich des Klosters sind die Anlagen des Jachtclubs Kaunas, der auch Wohnmobilstellplätze anbietet. 200 Meter westlich des Klosters befinden sich ein weiterer Parkplatz mit Badestrand und eine Schiffsanlegestelle. Direkt in **Kaunas** gibt es zwei Campingplätze und den kostenlosen, aber unbewachten Parkplatz an der Burg (Kauno pilis) am westlichen Ende der Jonavos gatvė, der auch für eine Übernachtung im Wohnmobil freigegeben ist.

STADTBESICHTIGUNG

An der Burg beginnt unsere Entdeckungstour der schönen Stadt, denn hier ist auch der Busbahnhof (www.kvt.lt), sollte jemand von einem der Campingplätze am Rand der Stadt anfahren. Die **Kauno pilis** (Burg), im 14. Jahrhundert erstmals erwähnt, liegt an landschaftlich schöner Stelle am Zusammenfluss der Flüsse Nemunas und Neris. Die heutige Backsteinfestung auf dem Granitsockel stammt aus dem 16. Jahrhundert. Was Kriege nicht schafften, rissen einst die Hochwasser der Neris weg. Trotzdem verhinderte diese Burg letztlich den Vorstoß der Kreuzritter nach Vilnius. Der große Rundturm mit den Ausstellungsräumen des Stadtmuseums und Teile der Mauer sind eine Rekonstruktion.

Wir gehen auf dem Spaziergang in die Altstadt an der Kirche **St. Georg der Märtyrer** und Kloster der Bernhardiner aus dem 15. Jahrhundert, gleich südlich der Burg, vorbei. Die Fassade ist reinste Gotik. An der Kir-

Fassadenkunst in Kaunas

In der Vilniaus gatvė in Kaunas

che führen die Papilio gatvė links und dann die A. Jakšto gatvė rechts zum **Kauno Rotušės** (Rathaus) auf dem riesigen **Rotušės aikštė** (Rathausplatz). Im Rathaus hat das Stadtmuseum seinen Sitz (www.kaunomuziejus.lt). Das Rathaus ist Wahrzeichen von Kaunas und wird »Weißer Schwan« genannt, denn der Turm ist hoch und schlank wie ein Schwanenhals. Der klassizistische Prachtbau trägt entsprechend seiner Baugeschichte auch Elemente der Gotik und des Barocks. Der mit schönen Handelshäusern aus dem 15. und 16. Jahrhundert umgebene Rathausplatz war im Mittelalter und ist auch heute der Mittelpunkt des Stadtlebens. Hier befinden sich einige Restaurants, Cafés und Galerien. Für Naschkatzen interessant ist die Chocolaterie mit Café am Rotušės aikštė 26.

In der Nordostecke des Platzes steht das größte sakrale Gebäude Litauens im gotischen Stil. Die **Peter-und-Paul-Basilika** wurde im 15. Jahrhundert errichtet. Durch neuere Umbauten finden sich aber auch Elemente der Renaissance, des Barocks und des Klassizismus. Berühmt sind das gotische Kristallgewölbe über der Sakristei und die aus dem 19. Jahrhundert stammende größte Orgel Litauens.

Mit der **Vilniaus gatvė**, die neben der Peter-und-Paul-Basilika beginnt und mit der **Laisvės alėja** verlängert wird, besitzt Kaunas die längste Fußgängerzone Osteuropas. Straßencafés, Geschäfte und Museen ziehen die Aufmerksamkeit der Touristen auf sich.

Die doppeltürmige **Franziskuskirche** der Jesuiten aus dem 17. und 18. Jahrhundert do-

SPECIAL

KAUNAS IM RAD DER GESCHICHTE

Die Siedlung entstand im 14. Jahrhundert um die starke Burg, die wiederholt von Deutschordensrittern zerstört, aber von den Litauern stets wiederaufgebaut wurde. Der Deutsche Orden wollte seine Territorien in Ostpreußen und Livland miteinander verbinden, um einen starken Herrschaftsbereich zu errichten. Mit der vernichtenden Niederlage des Deutschen Ordens in der Schlacht bei Tannenberg 1410 wurde dieser Konflikt zum Vorteil Litauens entschieden. Die Festung verlor ihre Bedeutung, aber die Stadt erlebte einen Aufschwung. Aus der einst umkämpften Burgsiedlung wurde eine verkehrsgünstig gelegene, reiche und große Handelsstadt. Sie war sogar Hansestadt und für kurze Zeit Hauptstadt des Landes. Kaunas war einst mit 40 Prozent jüdischen Bewohnern das jüdische Zentrum Litauens, bis 50 000 Menschen von den Nationalsozialisten ermordet wurden. Heute rangiert die Universitätsstadt Kaunas hinsichtlich Größe und Bedeutung litauischer Städte an zweiter Stelle hinter Vilnius und ist mit ihrer Altstadt, den vielen Kulturdenkmälern, Museen, Geschäften, Cafés und Restaurants bei Einwohnern wie Touristen beliebt.

Schloss Tyszkiewicz ist ein Renaissancepalast aus dem 17. Jahrhundert.

miniert die Südseite des Rathausplatzes. Links neben dem Komplex leitet die Aleksoto gatvė hinunter zur Memel und zum profanen **Perkūnas-Haus**, mit seinem Ziergiebel eine der Perlen des gotischen Baustils. Es wurde Ende des 15. Jahrhunderts von Hanse-Kaufleuten angeblich auf einem alten Heiligtum des heidnischen Donnergottes Perkūnas gebaut (www.perkunonamas.lt). Gegenüber steht die gotische **Vytautas-Magnus-Kirche**.

Einen Panoramablick über die Stadt gewinnt, wer mit der **Aleksotas-Zahnradbahn** zur Aussichtsplattform hinauffährt. Dazu müssen wir nur vom Perkūnas-Haus auf der Brücke über die Memel zur Talstation gehen (www.weebly.com). Die **Žaliakalnis-Standseilbahn** bietet ebenfalls eine weite Sicht über die Stadt. Sie befindet sich in der Aušros gatvė 6, in der Neustadt; davor ist ein Parkplatz.

Eine spezielle Sehenswürdigkeit ist das weltweit einzige **Teufelsmuseum** in der V. Putvinskio gatvė 64 (www.ciurlionis.lt/velniu). Das **Čiurlionis-Kunstmuseum** ist eine besondere Erläuterung in dem nebenstehenden Informationskasten »Kultur« wert.

Weiter außerhalb in der Radvilėnų plentas 21 befindet sich der einzige Zoo Litauens (Bus Linie 3). Westlich davon liegt der große städtische Park mit seinen bekannten großen Eichen.

DIE SCHLÖSSER AN DER MEMEL

Nun streben wir auf der 141 parallel zur Memel der Ostsee zu. Es ist die alte Poststraße, auf

KULTUR

MIKALOJUS KONSTANTINAS ČIURLIONIS

M. K. Čiurlionis (1875–1911) war ein weltweit anerkannter litauischer Maler und Komponist, der in seinem kurzen Leben über 400 Musikstücke schrieb und über 300 Bilder malte. Čiurlionis gilt als Klassiker der litauischen Musik und Kunst. Mit 19 Jahren studierte er Musik in Warschau und Leipzig. Im Alter von 29 studierte er dann Malerei in Warschau, um drei Jahre später seine Schaffensperiode in Litauen zu beginnen. In seinen Werken treffen die Kunstideen der Neoromantik, des Symbolismus und des Art nouveau aufeinander. Zu seinen bekanntesten Schöpfungen gehören die sinfonischen Dichtungen »Miške« (Im Walde) und »Jūra« (Das Meer). Berühmtheit erlangte Čiurlionis vor allen Dingen durch seine Malerei. Er zählt zu den ersten Künstlern, die den Expressionismus begründeten, und seine Werke werden mittlerweile weltweit in Ausstellungen gezeigt. Das Čiurlionis-Museum besitzt außerdem ein Archiv litauischer Kunst (V. Putvinskio gatvė 55, LT-44279 Kaunas, Tel. +370 37 229475, www.ciurlionis.lt).

der in früheren Zeiten die Postkutschen nach Klaipėda und Königsberg fuhren. Schon in **Raudondvaris** vor den Toren von Kaunas beginnt der Reigen der Schlösser und Herrenhäuser entlang der Memel, die ja schon immer eine strategische Verteidigungslinie war.

Das **Schloss Tyszkiewicz** von Raudondvaris in der Pilies gatvė ist ein Renaissancepalast aus dem 17. Jahrhundert. Die Touristeninformation ist in einem Nebengebäude untergebracht. Ein größerer Parkplatz befindet sich an der doppeltürmigen **Basilika der heiligen Theresa** in der M. Valančiaus gatvė.

In dem Ort **Vilkija** finden wir links einen Parkplatz. Hier besteht gute Aussicht über die Flusslandschaft und eine Treppe führt an der Skulptur zur Erinnerung an die Synagoge von Vilkija hinunter zur Memel. Einen ersten guten Rastplatz gibt es 300 Meter weiter an der Fähre in Vilkija mit kurzweiligem Blick auf Wasservögel und Fährverkehr. Die Memel ist ein stiller Fluss und sie lässt sich Zeit auf ihrem Weg zur Ostsee.

Kurz nach Vilkija verlassen wir die Region Aukštaitija und der Nemunas bildet nun die Grenze zwischen **Sūduva** (Sudauen) südlich des Flusses und Žemaitija (Niederlitauen), das sich nördlich bis zur Grenze zu Lettland zieht. Beide Regionen sind eher landwirtschaftlich geprägt. Wir sind im **Regionalpark Panemuniai**, der wunderbaren Naturlandschaft der Memel. Entlang des Flusses stehen fünfzehn Schlösser und Herrenhäuser auf dem Hochufer, die auch oft einen guten Aussichtspunkt darstellen.

PANORAMABLICKE

An einem Parkplatz drei Kilometer nach Vilkija können Neugierige rechts auf einer langen Treppe zu dem ehemaligen Burgplatz **Ringovės piliakalnis** hochsteigen und den Panoramablick über die Memel erleben. In **Seredžiaus** bietet der **Seredžiaus piliakalnis** einen noch besseren Rundumblick. Vom Parkplatz in der S. Šimkaus gatvė steigen wir eine Treppe hinauf. Dort oben stand die **Burg Pieštvė**, die 1363 zerstört wurde. Die doppeltürmige Kirche **Šventas Jono** aus dem 19. Jahrhundert überragt die ganze Gegend. Ein Vorgängerbau und ein Teil des Ortes wurden weiter unten von einem Hochwasser der Memel fortgerissen.

In Seredžiaus gibt es auch einen Campingplatz. Von der 141 zweigt rechts eine Straße zum ausgeschilderten **Belvederio dvaras** ab, ein verwunschenes Herrenhaus aus dem 19. Jahrhundert mit großem Park im Dornröschenschlaf. Am Schloss vorbei geht es zum ruhigen Campingplatz.

Ein weiterer Burgplatz mit Aussicht findet sich bei **Veliuona** mit dem **Veliuonos piliakalniai**. Ein Parkplatz ist unten an der 141 vor und nach dem Abzweig oder oben im Dorf in der Dariaus ir Girėno gatvė. Picknickplätze gibt es zwischen Straße und Memel immer wieder.

Das Renaissanceschloss **Raudonės pilis**, ursprünglich aus dem 16. Jahrhundert, zählt zu den architektonisch attraktivsten Bauten der Region und ist daher beachtenswert. Unterhalb des Ortes Raudonė ist an der 141 ein Parkplatz, von dem es auf kurzem Fußweg zum Schloss hinaufgeht. Raudonės pilis kann aber auch direkt angefahren werden.

Bis zum 16. Jahrhundert war Raudonė ein königliches Landgut. Zu einem befestigten Schloss im Stil der Renaissance umgebaut und mit einem Turm versehen, überdauerte

Blick vom Burgberg Seredžiaus piliakalnis über die Memellandschaft

Das Schloss von Panemunė mit seinem Schlosspark ist einen Besuch wert.

es die Zeiten. Die jetzige äußere Gestalt bekam das Schloss nach der Rekonstruktion im 19. Jahrhundert. Die ebenfalls im 19. Jahrhundert erbaute neogotische Mühle gehört zur Anlage, ebenso der Landschaftspark mit den kleinen Seen im englischen Stil. Auch wenn das Schloss selbst nicht besichtigt werden kann, lohnt der Besuch wegen des schönen Ausblicks auf den Nemunas vom Turm aus.

ERBE DER RENAISSANCE

Das bedeutende **Panemunės pilis** (Schloss von Panemunė) kann wiederum von einem kleinen Parkplatz aus unten an der 141 (N 55°05′52.7″ E 22°59′19.1″) zu Fuß erreicht und auch besichtigt werden. Die Zufahrt ist möglich auf der 146 vom Gasthof Šilinė aus, zwei Kilometer weiter auf der 141.

Panemunės pilis, im Renaissancestil erbaut, ist eine Perle im Tal der Memel. Es wurde als typisches Feudalschloss mit Verteidigungsbauten, Wohn- und Wirtschaftsräumen Anfang des 17. Jahrhunderts auf den Resten einer Deutschordensburg aus dem 14. Jahrhundert erbaut. Ende des 17. Jahrhunderts wurde es barockisiert und später in klassizistischen Bauformen rekonstruiert. Auch der Schlosspark mit seinen zahlreichen Teichen ist einen Blick wert.

Der zuvor bei der Zufahrt zum Schloss schon erwähnte **Gasthof Šilinė** ist ein Holzhaus aus dem 18. Jahrhundert und gehörte zum Schloss Panemunė. Es ist eines der ältesten erhaltenen profanen Bauwerke im ländlichen Bereich Litauens. Heute sind dort die Verwaltung des Panemuniai-Regionalparks und eine Ausstellung zum Fischfang auf der Memel untergebracht. Ein Parkplatz befindet sich gegenüber. 200 Meter oberhalb des alten Holzhauses ist die Zufahrt zu dem ansprechenden Campingplatz Medaus Slėnis.

Nach dem Ort **Skirsnemunė** liegt links unten an der Memel ein guter Picknickplatz, letzter Erholungsort vor der Stadt Jurbarkas.

JURBARKAS, GRÜNDUNG DER KREUZRITTER

Die Kleinstadt **Jurbarkas** mit 13 000 Einwohnern besitzt die erste Brücke über die Memel seit Kaunas und ist damit ein wichtiger Verkehrsknotenpunkt sowie Einkaufsstadt für die Region. Unten am Fluss neben der Brücke befinden sich an der Nemuno gatvė zwei Parkplätze und ein Wohnmobilstellplatz am kleinen Hafen. Auch an der Touristeninformation, die Prospekte für Radtouren bereithält, und an der Durchgangsstraße 141 sind Parkplätze.

Der Parkplatz zur Hexenfichte ist ein einsamer Waldparkplatz.

Jurbarkas ist eine Gründung der Kreuzritter, die hier im 13. Jahrhundert die Georgenburg bauten, woher auch der Name stammt. In der Stadt, die ab dem 15. Jahrhundert um die Burg gewachsen ist, sind Regionalmuseen und das Denkmal des Großfürsten Vytautes. Geblieben ist der **Burgwall Bišpilis** in dem Park nahe der Touristeninformation.

ZUM KURISCHEN HAFF

Nach Jurbarkas liegt auf der Südseite der Memel die russische Enklave Kaliningrad. Es lohnt, auf der alten Straße durch den Ort **Smalininkai** zu fahren. Nach dem Café Dalia in Höhe der Kranto gatvė ist auf der linken Seite ein Parkplatz.

Nur ein paar Schritte sind es hinunter zu dem gemauerten **Pegelmesser** an der Memel aus dem Jahr 1811. Hier gab es bis 1940 an dem kleinen Hafenbecken sogar eine Schiffswerft. Oberhalb des Cafés Dalia steht in der Stoties gatvė noch der alte **Grenzbahnhof** der ehemaligen Schmalspurbahn nach Tilsit mit der Aufschrift des Ortes in deutscher Sprache: »Schmalleningken«. In der Liepų gatvė 2 ist das **Technikmuseum** eines Sammlers technischer Dinge von Schreibmaschine bis Traktor (Tel. +370 650 35586, www.techmuziejus.lt).

Tilsit (Sovetsk) auf russischer Seite ist nur mit einem Visum erreichbar. Greifbar ist jedoch der Tilsiter Käse. In der **Molkerei VILVI** in **Vilkyškiai** in der Pagėgių sav. werden seit 1934 Tilsiter Käse und mittlerweile 30 weitere Milchprodukte hergestellt, die im Laden der Molkerei von 12 bis 17 Uhr verkauft werden (kleines Häuschen rechts der Schranke mit der Aufschrift »Parduotuvė«). Das wird ein köstliches Abendessen (www.vilkyskiu.lt).

Fast am Ortsausgang ist auf der rechten Seite ein Parkplatz. Nach 100 Metern zweigt in einer Rechtskurve links ein Schottersträßchen ab, das nach 300 Metern zu einem Aussichtsturm führt (N 55°07'00.2" E 22°07'23.3"). Die gesamte Gegend ist in einem Rundumpanorama zu überblicken.

AUF ABENTEUERTOUR

Wer möchte, macht an der Kreuzung vorher eine Rundfahrt auf der 4229 nach links durch den **Rambyno regioninis parkas** an der Memelschleife. Es handelt sich um 18 Kilometer Schotterstraße, die aber nach Regenfällen für Fahrzeuge ohne Allrad grenzwertig ist.

Der Park ist berühmt für die große Vielfalt seiner Waldgesellschaften. Zuerst fahren wir bereits nach einem Kilometer auf noch asphaltierter Straße links zu dem Parkplatz

Gemälde an der Scheune des Jankaus Kunstmuseums

Raganų eglė (Hexenfichte). Ein Spaziergang leitet zu dem Baum, der sich in viele Stämme verzweigt – ein Unikum und ein Naturdenkmal.

Sechs Kilometer weiter nach Süden in Richtung Memel ist nach **Šereitlaukis** rechts nahe der Straße ein **Aussichtsturm** mit schönem Panorama. Einzelne einsame Gehöfte stehen weit verstreut. In den weiten Flächen des Rambyno regioninis parkas laben sich Kraniche vor dem Brutgeschäft in den Feuchtwiesen.

Vor Bitėnai tangieren wir einen Aussichtsturm direkt an der Straße, hinter dem eine Badestelle an einem Altarm der Memel liegt. Ein wirklich guter Picknickplatz ist kurz vor Bitėnai an der Kreuzung nach Bitute. Hier beginnt auch wieder die asphaltierte Straße.

In **Bitėnai** befindet sich ein wenig abseits das Kunstmuseum Jankaus in der Jankaus gatvė mit Skulpturenpark und ausgestellten Gemälden. Im Ort biegen wir links ab. An der Strecke steht rechts die **Direktion des Rambyno Regionalparks** mit Ausstellungsräumen (www.rambynoparkas.lt). Dann erreichen wir den kleinen Parkplatz am **Rambyno kalnas**, ein Burgberg mit Aussicht auf die Memel. Ein mystischer Hügel, der schon im 14. Jahrhundert als heiliger Ort mit einem Altar erwähnt wurde. Auf dem Moränenhügel stand eine Kreuzritterburg, die 1275 erbaut wurde. Kriege und Hochwasser des Nemunas haben nur noch die Erhebung übrig gelassen. Vom Burgberg leitet eine lange Treppe 40 Meter zur Memel hinunter.

WESTWÄRTS

Automatisch stoßen wir nach der Rundfahrt wieder auf die 141 und lenken weiter westlich durch den kleinen Ort **Pagėgiai**, der Tilsit gegenüberliegt. Hier ist auch an der Brücke über die Memel der einzige Grenzübergang im westlichen Memelland zur russischen Oblast Kaliningrad. Nach Pagėgiai fahren wir in die Region **Mažoji Lietuva** (Kleinlitauen), ein Bereich, der bis über Klaipėda hinaus bis zur Ostseeküste reicht.

Šilutė mit 20 000 Einwohnern und vielen kleinen Geschäften hat wenig Altbestand an Gebäuden, aber das Flüsschen Šyša ist ab hier schiffbar und bietet einige Möglichkeiten: Von Šilutė aus werden verschiedene Bootstouren zur Kurischen Nehrung angeboten. Kanutouren macht das Kanucenter Šilutė möglich (www.silutesbaidariucentras.lt).

Der Ort selbst entstand aus einem Dorfkrug, eine Gaststätte auf der Heide in der Nähe des historischen Marktplatzes am Hafen. Šilutė hieß denn auch früher Heydekrug. Der historische Marktplatz konnte nichts Sehenswertes bewahren außer einem Kurenkahn, mit dem in früheren Zeiten über die Šyša zum Kurischen Haff gefahren wurde.

Parkraum gibt es in der Turgaus gatvė in Nähe der Touristeninformation oder gebührenpflichtig am nagelneuen Hafen in der Uosta gatvė. Ein Campingplatz befindet sich in Šyša an einem Mündungsarm der Memel. Šilutė ist eine Einkaufsstadt mit guten Läden.

IM MEMELDELTA

Auf der 141 würde es nun schnell nach Klaipėda gehen. Das Memeldelta ist jedoch ein beachtenswertes Feuchtgebiet, für das Naturfreunde einen Umweg von 50 Kilometer in Kauf nehmen – falls die Straßen im Frühjahr nicht überschwemmt sind.

Von Šilutė aus ist ein Abstecher mit dem Wohnmobil auf der 206 auf die **Insel Rusnė** möglich, welche bereits im Memeldelta liegt. Diese 22 Kilometer lange Inselrundfahrt ist von Rusnė oder vom Campingplatz in Šyša aus sehr gut mit dem Fahrrad zu schaffen.

Der Vogelzug ist nicht die einzige Sehenswürdigkeit. Die Taikos gatvė ist die Hauptstraße von Rusnė, wo kleine Geschäfte und auch Parkplätze sind. Das Gebäude der Touristeninformation steht in der Naringos gatvė. Etwas außerhalb liegt das kleine **Žvejo sodybos muziejus**, ein ethnografisches Museum in einem restaurierten Bauern- und Fischergehöft. Zu sehen sind drei Gebäude mit Werkzeugen, Gegenständen und Möbeln aus früheren Zeiten (Skirvytėlės gatvė 8, Tel. +370 441 58169, www.muziejai.lt).

Rusnė ist die größte Insel in Litauen.

Zurück an der 206 in Rusnė, biegen wir links zur Rundfahrt auf die 4205 ab. Blässgänse stehen scharenweise in den Feldern. Sie brüten in Grönland, überwintern aber in den baltischen Ländern. In **Pakalnė** ist nach links ein Abstecher auf vier Kilometer Schotterstraße zu einer kleinen Plattform zur Vogelbeobachtung möglich. Sie steht in der Nähe des von Weitem sichtbaren Radarturms.

Über **Pakalnė**, wo es am Hafen auch einen Wohnmobilstellplatz gibt, erreichen wir den Fischerort **Uostadvaris** im Norden. Eine längere, aber bessere Zufahrt auf Asphalt besteht von Rusnė aus.

Nördlich von Uostadvaris ist der Hafen und **Leuchtturm**, der bestiegen werden kann. Die Aussicht reicht bis zu den hohen Sand-

AUSFLUG

REGIONALPARK MEMELDELTA

Der Nemuno deltos regioninis parkas besteht aus einem Geflecht von Flüssen, Inseln, Seen, Feuchtgebieten und Mooren, die durch das Wasser gestaltet wurden und immer noch werden. Manche der verstreuten Gehöfte sind im Frühjahr nur mit dem Boot erreichbar, denn sie verwandeln sich dann in kleine Inseln. Die Flut bringt mit dem zurückbleibenden Schlamm einen wertvollen Dünger für die Wiesen. Das Nemunas-Delta zählt zu den Feuchtgebieten von internationaler Bedeutung und längst ist der Naturpark zu einem Anziehungspunkt für den Ökotourismus geworden. 270 Vogelarten halten sich zeitweise oder immer darin auf. Eine Vogelzugroute verläuft über das Memeldelta nach Afrika. Schwarzstorch, Fischadler sowie verschiedene Läufer und Schnepfen brüten im Gebiet. Wachtelkönig und Spießente, überall eine Rarität, kommen hier in Kolonien vor (www.nemunodelta.lt).

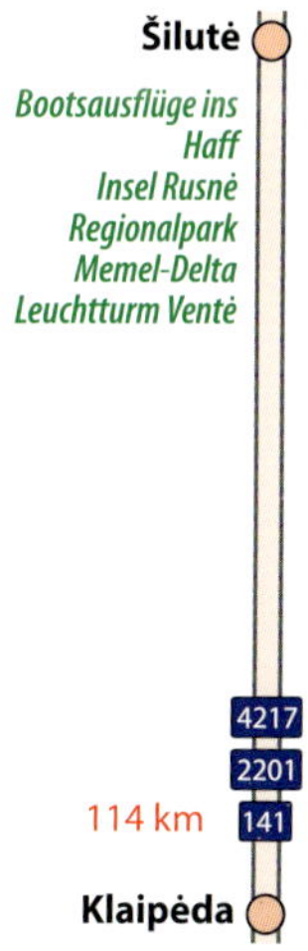

Der Parkplatz am Waldlehrpfad Kintai mit Blick auf die Kurische Nehrung

dünen auf der Kurischen Nehrung, obwohl der Turm nur 18 Meter hoch ist. Im 19. Jahrhundert war er für die Schifffahrt sehr wichtig, ist aber heute nicht mehr in Betrieb. Sein Abbild hat es sogar schon einmal auf eine litauische Briefmarke geschafft.

Südlich des Leuchtturms steht das alte Polder-Pumpwerk von 1907, das mit seiner Dampfmaschine heute ein Museum ist (N 55°20'34.7" E 21°17'34.4"). Die Maschine, heute ein Technikdenkmal, war die erste ihrer Art in Litauen und diente der Entwässerung der tief liegenden Wiesen. Unweit davon steht das moderne Pumpwerk.

Zu einem Vogelbeobachtungsturm gelangen wir, wenn wir am modernen Pumpwerk vorbei geradeaus auf Schotterstraße noch zwei Kilometer weiterfahren. Zurück müssen wir über Uostadvaris und dort nun geradeaus über **Šyškrantė** und **Rusnė** nach **Šilutė**.

Auf der Fahrt von Šilutė in Richtung Klaipėda über Kintai auf der 4217 tangieren wir das **Moorgebiet Aukštumala** mit einem Moorwanderweg und Beobachtungsturm, aber es gibt hier keinen Parkplatz. Vier Kilometer weiter links vor dem Fluss Minija ist ein Parkplatz mit Picknicktischen und Feuerstelle, aber schlechter Zufahrt (N 55°23'48.3" E 21°17'13.3"), von wo aus mit dem Fahrrad das Moor besucht werden könnte.

Vor Kintai gabelt sich die Straße und wir lenken erst auf der 2201 in südliche Richtung nach Ventė. Nach nur einem Kilometer zeigt nach rechts ein Schild zum **Kintai-Waldlehrpfad**. Ein fantastisch gelegener Parkplatz mit überdachten Picknicktischen, Feuerstelle und Badeplatz am Kurischen Haff lädt zum Verweilen ein. Über dem Haff sind die Dünen auf der Kurischen Nehrung zu sehen. Für Höckerschwäne, überwinternde Singschwäne und verschiedene Entenarten ist das nährstoffreiche Haff ein Paradies.

Auf der weiteren Fahrt nach Süden liegt nach einem Fischrestaurant auf der rechten Seite der Campingplatz Ventainė mit Restaurant, von dem ein Schiff auf Bestellung auch nach Nida auf der Nehrung fährt.

Ventė an der Spitze der Halbinsel Ventės ragas (Windenburger Eck) ist ein beliebter

AUSFLUG

MOORWANDERWEG AUKŠTUMALA

Wer sich auf den Fußmarsch durch das Moorgebiet macht, findet eine über 1,7 Kilometer lange Wanderstrecke vor. Entlang eines alten Pfades, der einst wenige verstreute Ansiedlungen verband, geben elf Stationen Auskunft über das Naturschutzgebiet und seine Bewohner. So zählt man allein sechs verschiedene Froscharten, fünf Reptilienarten und natürlich zahlreiche Vögel. Etliche vorkommende Pflanzen und Tiere sind selten und daher streng geschützt. In dem Gebiet gibt es Schlangen, Vorsicht ist also geboten.

Die Skulptur Schwarzer Geist im Hafen von Klaipėda bezieht sich auf eine Sage.

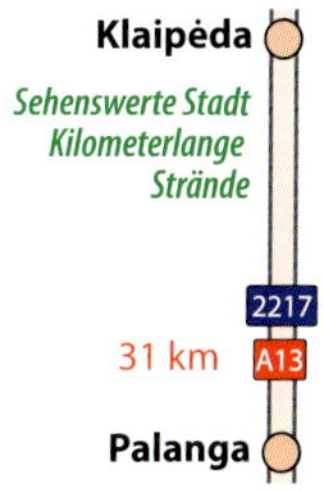

Ausflugsort wegen des ersteigbaren Leuchtturms aus dem Jahr 1863 und der Vogelbeobachtungs- und Beringungsstation, die manchmal an einem Tag von bis zu 300 000 Vögeln überflogen wird. Hier kann auch das Museum besucht werden, das die Naturlandschaft, Flora und Fauna des Kurischen Haffs präsentiert (www.nemunodelta.lt). Am obligatorischen Parkplatz 600 Meter vor der Station gibt es ein Café mit angeschlossenem Laden, das leckeren geräucherten Fisch aus dem Haff anbietet. Auf diesem Platz darf im Wohnmobil auch gegen geringe Gebühr übernachtet werden.

Nun geht es zurück über Kintai nach Norden. In der Pamario gatvė in **Kintai** steht ein Aussichtsturm mit Parkplatz davor. Fast am Ende der Uosta gatvė lebt der größte Thujabaum des Baltikums. Über **Priekulė** erreichen wir wieder die 141, die nun als vierspurige Straße schnell nach Klaipėda führt. Und wer in Klaipėda mit der Fähre aus Deutschland ankommt, klinkt sich hier in unsere Rundreise ein.

DAS WELTOFFENE KLAIPĖDA

Klaipėda (Klein Peter), das frühere Memel, ist die größte Hafenstadt Litauens und hat 190 000 Einwohner. Es ist gut zu wissen, wo man parken kann. Nur zur Besichtigung der Stadt taugt zum Beispiel der Parkplatz in der Žvejų gatvė (vor der Brücke links abbiegen), wo auch der nicht zu übersehende Burgberg mit dem ergiebigen Museum liegt. Eine Alternative befindet sich in der Turgaus aleia. Die Touristeninformation ist in der Turgaus gatvė, wo uns der Stadtspaziergang vorbeiführt. Besser jedoch, wir nehmen erst einmal auf dem Campingplatz im Norden der Stadt Quartier. Mit dem Bus oder mit dem Fahrrad erreichen wir die Innenstadt nach acht Kilometern. Nördlich von Klaipėda, besonders in Karklė, gibt es einige große Strandparkplätze und auch mehrere gut ausgeschilderte Campingplätze vor kilometerlangen Badestränden.

Wir nehmen den Burgberg von Klaipėda als Ausgangspunkt der Stadtbesichtigung,

SPECIAL

KLAIPĖDA IM RAD DER GESCHICHTE

Klaipėda ist heute die drittgrößte Stadt Litauens und wurde 1252 vom Deutschen Orden unter dem Namen Memel gegründet. Die Straßen wurden Anfang des 16. Jahrhunderts schachbrettartig angelegt. Schon zu dieser Zeit fanden in der Altstadt verschiedene Messen statt. Die Altstadt der Hansestadt Klaipėda galt als Zentrum der Verwaltung, des Handels und des geistigen Lebens. Hier befanden sich die größten Geschäfte und Handelshäuser. Im Zweiten Weltkrieg wurde die Altstadt Klaipėdas verwüstet, aber wiederaufgebaut. Heute steht sie unter Denkmalschutz.

Der stolze Segler hat seinen Platz als Restaurant gefunden.

denn hier fahren auch die Busse durch die Pilies gatvė. In den restaurierten Kellern der Kasematten der **Burg** wird die Stadtgeschichte dargestellt. Es gibt Waffen, Werkzeuge und Geschirr aus dem 16. bis 18. Jahrhundert zu sehen. Außerdem sind sehr schöne Schiffsmodelle ausgestellt (Pilies muziejus, Pilies gatvė 4, +370 464 10527, www.mlimuziejus.lt).

Bevor es weitergeht, beachten wir in der Žvejų gatvė 22 vor dem schönen Old Mill Hotel an der Kaimauer die Skulptur **Klaipėdos juodasis vaiduoklis** (Klaipedas schwarzer Geist). Die Skulptur – das Gespenst steigt aus dem Wasser ans Ufer – stellt eine der ältesten Legenden der Stadt Klaipėda dar: Der Wächter der Memelburg sah im Jahre 1595 plötzlich ein Gespenst. Dieser Geist warnte den Wächter angeblich vor einer Hungersnot.

Von der Burg laufen wir auf der Žvejų gatvė nach Nordosten, überqueren die verkehrsreiche Pilies gatvė und wenden uns nach links zum Flüsschen Lanė, das hier in das Ende des Kurischen Haffs mündet. Flussaufwärts stehen **restaurierte Lagerhäuser** mit schmucken Terrassenrestaurants davor. Klaipėda besitzt schöne Fachwerkspeicher aus dem 18. Jahrhundert.

Auf der anderen Seite der Lanė liegt an der Liepų gatvė 12 das **Uhrenmuseum** und weiter östlich, ebenfalls an der Liepų gatvė, der **Skulpturenpark**. In diesem weitläufigen Park sind mehr als 100 Werke litauischer Bildhauer ausgestellt, deshalb gilt Klaipėda als Stadt der Skulpturen (www.mlimuziejus.lt).

Im vertäuten Dreimastsegler ist das Restaurant Meridianas. Wir wenden uns aber von dem stolzen Segler wieder zurück bis zur Brücke und schlendern nach links in die breite Tiltų gatvė. An der Turgaus gatvė gehen wir rechts und in die Vežėjų gatvė links hinein. Gleich zu Beginn hängt links an der Wand die drei Meter lange **Skulptur Slibinas** (Drache). Sie nimmt Bezug auf die Sage zur Herkunft der Stadt.

Der Legende nach suchten zwei Brüder nach einem Platz für die Stadt Klaipėda. Sie trennten sich und suchten auf unterschiedlichen Wegen, dabei verschwand einer von ihnen. Sein Bruder fand nur noch Spuren, die einem Drachenfuß glichen. An dieser Stelle entstand später, zum Andenken an den verschollenen Bruder, die Stadt Klaipėda. Vorsicht übrigens bei Regen: Aus dem Rachen des Drachen spritzt das Wasser vom Dach des Hauses.

Kinder fiedeln auf dem Theaterplatz das Lied von Ännchen von Tharau.

Weiter aber in der Turgaus gatvė, wo im Haus Nummer 7 die Touristeninformation residiert. Vor der Touristeninfo müssen wir rechts in die Pasiuntinių gatvė. An der Kalvių gatvė steht links an dem kleinen Rasenstück die Skulptur **Katinas su džentelmeno veidu** (Der Kater mit dem Gesicht eines Gentleman). Der Kater ist das Symbol der Altstadt. Wir bleiben in der Kalvių gatvė und biegen gleich links in die Mėsininkų gatvė. An der Ecke zur Kurpių gatvė steht die kleine Skulptur **Stebuklingasis peliukas** (Das Wundermäuschen). Um die Maus herum befindet sich ein rundes Band mit einer Aufschrift, die bedeutet: »Gedanken werden zum Wort – Wörter werden zum Wunder«. Das Mäuschen hat magische Kräfte und erfüllt alle Wünsche, die ihm ins Ohr geflüstert werden.

Noch ein kleines Stück auf der Kurpių gatvė und wir stehen auf dem berühmtesten Platz Klaipėdas, dem **Theaterplatz** mit dem klassizistischen Theater. Der Brunnen und darauf die Skulptur des **Ännchen von Tharau** ist das Wichtigste auf diesem Platz und Ziel vieler Touristen.

In der vom Theaterplatz abzweigenden Sukilėlių gatvė steht eines der schönsten Fachwerkhäuser. Wir schlendern durch die

KULTUR

ÄNNCHEN VON THARAU

Anna Neander aus Tharau war die wirkliche Person hinter der bekannten Lied-Figur. Ein Johann von Klingsporn warb um sie und beauftragte Simon Dach, ein Liebesgedicht zu verfassen. Dieser schrieb es 1636 ursprünglich in samländischem Niederdeutsch nieder. Es gibt auch eine Version, nach der Simon Dach selbst in Anna verliebt gewesen sein soll. Später wurde das Gedicht von Heinrich Albert vertont und schließlich von Johann Gottfried Herder zum deutschen Volkslied gemacht. Verewigt ist Anna Neander in Lied und als Figur auf dem Brunnen auf dem Theaterplatz in Klaipėda. Das Lied umfasst 17 Strophen und beginnt so:

»Ännchen von Tharau ist's, die mir gefällt,
sie ist mein Leben, mein Gut und mein Geld.
Ännchen von Tharau hat wieder ihr Herz
auf mich gerichtet in Lieb' und in Schmerz.
Ännchen von Tharau, mein Reichtum, mein Gut,
du meine Seele, mein Fleisch und mein Blut!«

Sogar auf den Dächern von Klaipeda sitzen Skulpturen.

Gassen und entdecken liebevolle Details und Skulpturen verschiedenster Art. Am Ende ist wieder die Pilies gatvė erreicht, auf deren anderer Seite sich die Burg befindet.

HERRLICHE KURISCHE NEHRUNG

Der **Nationalpark Kurische Nehrung** ist eine der größten Attraktionen Litauens und wird daher sehr stark besucht. Für eine Fahrt auf die Nehrung sind Wochenenden daher eher schlecht. Ist man einmal dort, gilt es wilde Natur und schmucke Dörfer zu erobern. Kilometerlange, traumhafte Sandstrände stehen an der Ostsee zur Auswahl.

Die Nehrung war ursprünglich von Nadelwald überzogen. Doch der Kahlschlag durch die Hand der Menschen ließ Dünen entstehen, die schließlich ihre Häuser verschlangen. Ab dem 19. Jahrhundert wurden die Dünen bepflanzt, um sie zu stabilisieren. Die Düne bei Nida ist eine der größten Dünen Europas. Die gesamte Kurische Nehrung wurde von der UNESCO zum Weltkulturerbe erklärt.

Vom Terminal in der Varnėnų gatvė in Klaipėda setzen Fähren über (www.keltas.lt). Zuzüglich der Kosten für die Fähre ist mit der Maut auf der Kurischen Nehrung zu rechnen (Fähre und Maut je nach Größe des Wohnmobils circa 50 bis 70 Euro). Freies Übernachten ist überdies auf der gesamten Halbinsel verboten und der einzige Campingplatz oft überfüllt. Eine kostengünstige Variante wäre, die Kurische Nehrung mit der Perso-

KULTUR

DIE SAGE VON DER RIESIN NERINGA

In alter Zeit lebte am Ostseestrand die Riesin Neringa mit goldblonden Zöpfen. Sie liebte die Fischer und half ihnen auf jede nur erdenkliche Weise. Wenn der Sturm ihre Boote zu versenken drohte, brachte sie die Fischer sicher ans Ufer der damaligen vielen kleinen Inseln. Dies erboste den Meeresgott Bangpūtys und er ließ es das ganze Jahr hindurch stürmen. Da beschloss die Riesin, einen langen Wall zu bauen, um das Meer nah der Küste vor Sturm und Wellen zu schützen. In ihrer Schürze schleppte sie gewaltige Mengen Sand heran und schüttete einen hundert Kilometer langen Damm auf, der das heutige Haff vom offenen Meer abtrennte. So schuf sie den Fischern ein sicheres Gewässer, damit sie nicht mehr auf die gefährliche Ostsee hinausfahren mussten. Die Fischer gaben dem schützenden Sandwall aus Dankbarkeit den Namen der Riesin: Neringa. So ist die Kurische Nehrung entstanden.

Die Kurische Nehrung prahlt mit ihren kilometerlangen Sandstränden.

nen-Schnellfähre, die in nur zwei Stunden nach Nida schippert, zu besuchen (Juni bis August). Zurück nach Klaipėda fährt man dann mit dem Fahrrad – rund 50 Kilometer auf besten Radwegen. Auch verkehren öffentliche Busse vom Fähranleger nach Nida.

Mit dem Wohnmobil können wir auf der Kurischen Nehrung an der ersten Kreuzung nach der Fähre rechts zum **Marinemuseum** fahren (Laivų veteranų ekspozicija, Smiltynės gatvė 43, www.muziejus.lt) und zum Meeresmuseum mit Delfinarium (Lietuvos jūrų muziejus, Smiltynės gatvė 3, Tel. +370 659 61497). An der ersten Kreuzung geradeaus kommen wir nach 700 Metern zum ersten kilometerlangen Sandstrand an der Ostsee.

An der Kreuzung nach links geht es über die Nehrung bis Nida. Haben wir das Mauthäuschen hinter uns, sind wir bald im Dorf **Juodkrantė**, das eine ganz eigene Atmosphäre bietet. Am Ortsbeginn fällt ein großes Hafenbecken auf. Es ist die Bernsteinbucht. Im 19. Jahrhundert wurde bei Baggerarbeiten an dieser Stelle Bernstein gefunden. Zwischen 1860 und 1890 betrug die durchschnittliche jährliche Fördermenge 75 Tonnen. Auch historischer Bernsteinschmuck wurde entdeckt, darunter Stücke aus der Bronzezeit, die etwa 4200 Jahre alt sind.

Weiter im Dorf gibt es einen Parkplatz am Schiffsanleger. Gegenüber ist auch die Touristeninformation. Ein nächster Parkplatz ist noch ein Stück weiter an der Mole des Hanse-Handelsschiffs vom Typ Kogge, die als Filmkulisse entstand. Kurz davor ist der Einstieg zum **Raganų kalnas** (Hexenhügel), ein Wanderweg mit 71 Eichenskulpturen aus der Hexen- und Dämonenwelt der Neringa-Sagen. Das könnte eine spannende Sache auch für Kinder werden.

Eine spezielle Sehenswürdigkeit gibt es an einem Parkplatz auf der Strecke zu entdecken (N 55°31′13.0″ E 21°06′44.9″). Eine Treppe führt hinauf zu einer Plattform mit Blick auf eine riesige **Kormorankolonie**. Der scharfe Kot der Vögel lässt die Bäume absterben. Sind die Nistbäume einmal tot, wenden sich die Vögel frischen Bäumen zu. Aber irgendwann wird sich der Wald regenerieren. Bei den Fischern sind die Kormorane höchst unbeliebt, fressen sie doch täglich 400 Kilogramm Fisch aus dem flachen Haff.

Nur 900 Meter danach ist ein weiterer Parkplatz, von dem ein Weg zu einer Aussichtsplattform hinaufführt. Einer der weiteren Parkplätze (N 55°26′30.7″ E 21°04′19.7″) ermöglicht den Aufstieg zum **Pilkosios kopos rezervate** (Reservat Graue Düne). Hier befindet sich das Gebiet der Grauen oder Toten Dünen auf über neun Kilometer Länge. Unter ihnen liegen vom Sand begrabene Fischerdörfer. An der Kreuzung zum Dorf **Pervalka**

Die Bepflanzung auf den Dünen stabilisiert den Sand.

können wir die Fahrt für eine Badezeit unterbrechen und rechts zu einem Strand abbiegen.

Schon am Ortsbeginn von **Neringa** (Nida) ist in der Pamario gatvė ein Parkplatz vor einem guten Souvenirgeschäft, von wo es zum **Thomas-Mann-Haus** hinaufgeht. Das im Jahr 1930 gebaute Haus auf der Düne mit schöner Aussicht über die Uferlandschaft des Haffs wurde von dem Schriftsteller samt Familie drei Sommer lang bewohnt (Thomas-Mann-Kulturzentrum, Skruzdynės gatvė 17, Tel. +370 469 52260, www.mann.lt). Im 20. Jahrhundert wurde Nida von Künstlern und Intellektuellen als inspirierender Ort entdeckt. Unter anderem malte Lovis Corinth in den Dünen von Nida.

In Nida gibt es wenig Parkraum, besonders zu Ausflugszeiten. Aber fast am Ortsende ist ein großer Parkplatz an der Taikos gatvė. Wer auf dem Campingplatz übernachten möchte, fährt jedoch besser gleich dorthin.

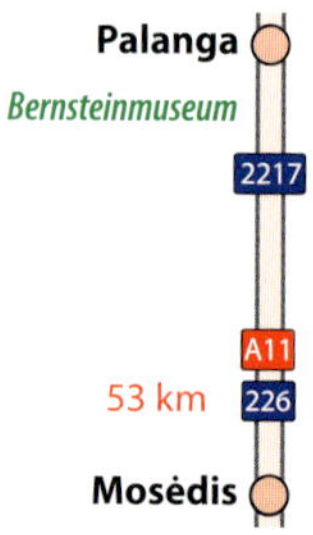

HOHE DÜNE UND MALERISCHES NIDA

Die größte Anziehungskraft hat die 50 Meter **Hohe Düne**, die vom Campingplatz und auch vom eben genannten Parkplatz zu Fuß erreichbar ist. Oben auf der Düne befindet sich eine Aussichtsplattform mit einer 14 Meter hohen Stele, die als Sonnenuhr dient. Von hier oben sind nicht nur Ostsee und Haff zu sehen, der Blick reicht bis nach Russland hinüber.

Der Ort Nida musste wegen der Wanderdünen mehrfach umziehen, zuletzt 1730. Die Sandmenge der Hohen Düne gibt eine Vorstellung von der Unerbittlichkeit einer wandernden Düne, die ganze Orte verschlucken kann. Von der Hohen Düne führen Treppen und ein Weg etwas mehr als einen Kilometer direkt nach Nida hinab.

Nida präsentiert sich malerisch mit schmucken **Fischerhäusern** und einigen Fischrestaurants. Überall wehen die traditionellen **Kurenwimpel**, die im 19. Jahrhundert an den Fischerbooten angebracht werden mussten. Sie waren wie ein Nummernschild für die kurischen Fischerboote. Jedes Dorf hatte einen Abschnitt im Haff, in dem es fischen konnte. Verstöße konnten anhand der Kurenfahne geahndet werden.

Ein Fischerhaus wurde als Museum eingerichtet. Es befindet sich in der Naglių gatvė 4 (Tel. +370 469 52372, www.neringosmuziejai.lt). Das **Besucherzentrum des Nationalparks** ist in der Naglių gatvė 8 (www.nerija.lt), die Touristeninformation in der Taikos gatvė auf dem Rückweg gleich nach dem Hafen links. Die Naglių gatvė führt am Hafen vorbei und verlängert in die Pamario gatvė. In dieser Straße finden wir im Haus Nummer 20 das interessante **Bernsteinmuseum** (Tel. +370 469 52052, www.ambergallery.lt). Schräg gegenüber thront auf einem Hügel die evangelische Kirche. Im alten **Fischerfriedhof** stehen sogenannte Kurenkreuze, das sind besonders geschnitzte Holzkreuze, die es nur hier in Kurland gibt. Dann ist es Zeit, die Kurische Nehrung wieder zu verlassen und Neues zu entdecken.

Blick auf die lange Seebrücke von Palanga

LEBHAFTES SEEBAD PALANGA

Im ehemaligen Fischerdorf **Nemirseta** (Nimmersatt), das schon zu Palanga gehört, findet sich ein Parkplatz an einem herrlichen Badestrand (N 55°52'10.8" E 21°03'48.6", Zufahrt 400 Meter über Sandstraße). Auch ein Campingplatz ist dort vorhanden. Nördlich von Palanga ist ein kleiner Campingplatz in einem größeren Hausgarten. Von diesem Platz führt ein Radweg fünf Kilometer nach Palanga hinein.

Palanga präsentiert sich als quirliger und lauter Urlaubsort mit charmanter Patina sowie modernen Zügen. Berühmt sind die makellosen **zehn Kilometer langen Strände** und die 470 Meter lange **Seebrücke**, die ursprünglich von Graf Feliks Tyszkiewicz erbaut wurde. Partys und Urlaubstreiben in allen kuriosen Formen beherrschen den Ort. Die alten Holzhäuser stammen zum Teil noch aus dem 19. Jahrhundert, als sich Palanga zu einem Badeort entwickelte. Die ein Kilometer lange J. Basanavičiaus gatvė ist die **Fußgängerzone**, die von unzähligen Restaurants, Fast-Food-Buden, Eisständen und Kneipen gesäumt ist.

Die Sehenswürdigkeiten Palangas sind abseits des Trubels: zum einen das große **Bernsteinmuseum** mit 20 000 Ausstellungs-

Thomas Mann verbrachte drei Sommer in seinem Haus in Nida.

Viele alte Holzhäuser sind ausgezeichnet renoviert.

stücken im Schloss des Grafen Tyszkiewicz, zum anderen der **botanische Garten**, der das **klassizistische Schloss** aus dem 19. Jahrhundert umgibt. In der Vytauto gatvė, entlang des Schlossparks, gibt es einige Parkplätze für kurze Wohnmobile. Ein Rundweg vom Bernsteinmuseum zur Seebrücke und über die Fußgängerzone zurück ergibt einen Spaziergang von vier Kilometern. Vom großen Parkplatz am Stadion in der Sporto gatvė ist es ein Kilometer bis zum Bernsteinmuseum und zwei Kilometer bis zur Seebrücke. Ein bewachter Parkplatz liegt in der Ronžės gatvė gegenüber dem Haus Nummer 8.

Im Schloss Tyszkiewicz ist das größte Bernsteinmuseum des Baltikums.

Den Händlern in den Bernsteinbuden ist nicht immer zu trauen. Der Schmuck kann schon mal aus gepresstem Bernsteinstaub oder Epoxidharz bestehen, oder die Verarbeitung ist nicht gut. Ausgesprochene Spitzenware ersteht man hingegen am nördlichen Ende des Schlossparks in der Bernstein-Galerie der **Palanga Meistergilde** in der Vytauto gatvė 21 (Zugang von der S. Dariaus ir S. Girėno gatvė).

IN DEN NATIONALPARK ŽEMAITIJOS

Der **Nationalpark Žemaitija** steht für fast unberührte Natur und für die besonderen Traditionen der Region. Radfahrer, Naturliebhaber, Wassersportler und Vogelbeobachter kommen hier auf ihre Kosten. Wer möchte, macht die Rundfahrt von 180 Kilometern durch den Nationalpark in der dünn besiedelten Region Žemaitija (Niederlitauen) mit. Zu den Kilometern zählt auch der weitere Abstecher zum mystischen **Berg der Kreuze**. Wer allerdings in der Tour 2 von Riga aus die Schlösserrundfahrt machen will, hat zum Berg der Kreuze nur noch 50 Kilometer einfache Wegstrecke als Abstecher.

Von Palanga fahren wir auf der A 11 (E 272) nach Osten, biegen bei **Kartena** auf der 226 nach Norden ab und kommen über Salantai auf der 169 in Richtung **Mosėdis**. Bei Šaukliai, südlich von Mosėdis, lockt der Naturwanderweg **Medinis lentų takas** mit Aussichtsturm im Šaukliai-Landschaftsschutzgebiet, das zum Teil eine Vegetation der Tundra zeigt. In einem Gatter wurden Mufflons angesiedelt. Sie halten die Landschaft zwischen den Wacholdern offen (www.salanturp.lt). Der Ausgangspunkt ist ein Parkplatz in einsamer Gegend (N 56°07'33.7" E 21°35'24.2"). Am Parkplatz am See, 150 Meter vorher, sind Picknickplätze, eine Feuerstelle und eine Badestelle. In dem See warten im Frühjahr Singschwäne auf ihren Rückflug in ihre Brutgebiete in Sibirien oder Grönland.

Noch vor Mosėdis ist links ein gut sichtbarer Parkplatz an der 169 vor einem Waldstück der Ausgangspunkt für den **Geologischen und archäologischen Lehrpfad Silales kūlis**, denn im Umkreis sind einige Findlinge und andere geschichtliche Besonderheiten zu entdecken.

Mosėdis ist ein nettes und gepflegtes Städtchen im **Salantai-Regionalpark**. Mitten im Städtchen gibt es einen See mit Spazierwegen. Im Ort fällt auf der linken Seite die Einfassung eines großen Geländes mit großen Findlingen auf. Hier befindet sich der Parkplatz des **Findlingsgartens** von Mosėdis (Respublikinis Vaclovo Into akmenų muziejus, Salantų gatvė 2, LT-98271 Mosėdis, Tel. +370 440 76291, www.akmenumuziejus.lt). Ein weiterer Parkplatz ist an der folgenden T-Kreuzung rechts. Im Findlingsgarten und in der alten Mühle aus dem 18. Jahrhundert im Norden des Gartens sind Gesteine und Mineralien das überragende Thema. Der frühere Besitzer hat Zigtausende Steine zusammengetragen. Auch erstaunlich – die Granitfindlinge hat die Eiszeit von Skandinavien über die Ostsee herübergeschoben.

Wir fahren zurück und biegen in Salantai links in Richtung **Plateliai** ab. Dieser Ort liegt vor dem Platelių ežeras, einer der 26 Seen des Schutzgebietes. In Plateliai befindet sich das **Besucherzentrum des Žemaitija-Nationalparks** mit Ausstellungsräumen (Didžioji gatvė 8, Tel. +370 448 49231, www.zemaitijosnp.lt).

Am **Plateliai-See** sind Parkplätze als auch Campingplätze am Ende der Ežero gatvė. Bei Wanderungen oder Radtouren im Seengebiet ist pure Natur zu beobachten. Östlich des Platelių ežer liegt das **Šaltojo karo muziejus** (Museum des Kalten Krieges, Didžioji gatvė 10, LT-90420 Plateliai, Tel. +370 677 86574, www.zemaitijosnp.lt). Es handelt sich um einst geheime Abschussrampen für Raketen mit Atomsprengköpfen und dazugehörige Bunkeranlagen.

TELŠIAI

Auf der 2302 bewegen wir uns im Norden um den Plateliai-See weiter ostwärts, nochmals an zwei schön gelegenen Campingplätzen vorbei. Die Straßen 4603, 4614 und A 11 bringen uns schließlich nach **Telšiai**. Wir halten unterwegs rechts am hölzernen Wegwei-

In der alten Mühle sind die kleineren Objekte des Gesteine Museums ausgestellt.

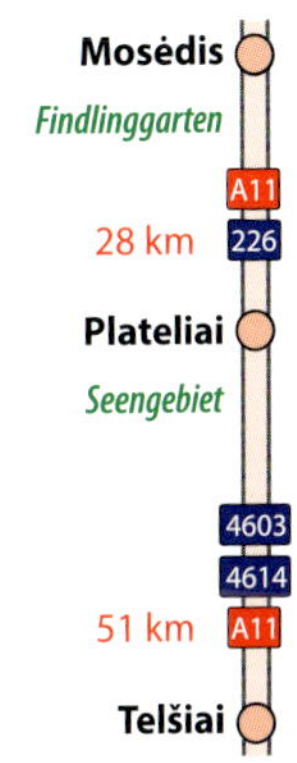

AUSFLUG

DER SALANTAI-REGIONALPARK

Der Salantai-Regionalpark bezaubert mit einer Landschaft, die von den Eiszeiten geformt wurde und für Steine geradezu berühmt ist. Tiefe Erosionstäler zwischen hügeligen Moränen mit Geröllfeldern und einzelnen Findlingen bestimmen die Gegend. Pflanzengesellschaften der Halbtrockenrasen, Heiden, feuchten Hochstaudenfluren und Felsspalten überziehen den Erdboden. Der Regionalpark ist auch berühmt für sein archäologisches Erbe.

Telsiai in Litauen hat über 25 000 Einwohner.

ser **Kęstaičiai** für ein schönes Fotomotiv bei den **Kęstaičių Kryžiai** (Holzkreuze).

Telšiai ist die 30 000 Einwohner zählende Hauptstadt der Region Žemaitija, die auf sieben Hügeln am Mastis-See erbaut wurde. In der Turgaus alėja an der Touristeninformation finden sich einige Parkplätze für kurze Wohnmobile. Das Stadtbild prägen moderne Bauten, aber auch einige Ziegelhäuser des 20. Jahrhunderts und noch ältere Gebäude. Der barocke **Bischofsdom Šv. Antonio Paduviečio** (Hl. Antonius von Padua) überragt die Stadt. Sehenswert ist auch die einzige im Stil des Kubismus erbaute **orthodoxe Kirche** Litauens, St. Nikolaus. Der **Stadtplatz** in der Turgaus alėja mit der Turmuhr, in der ein Bär sitzt, präsentiert sich recht ansprechend. Probieren sollte man den ausgezeichneten **Džiugas-Käse**. In dem Käseladen und **Café Sūrio Džiugas Namai** (www.dziugashouse.lt) in der Respublikos gatvė 49 ist er zu bekommen. Einen Besuch lohnt darüber hinaus das **Žemaitijos kaimo muziejus** (Ethnografisches Museum Zemetaisches Dorf) mit bäuerlichen Gebäuden des 19. und 20. Jahrhunderts (Malūno gatvė 5, LT-87392 Telšiai, Tel. +370 444 70283, www.muziejusalka.lt).

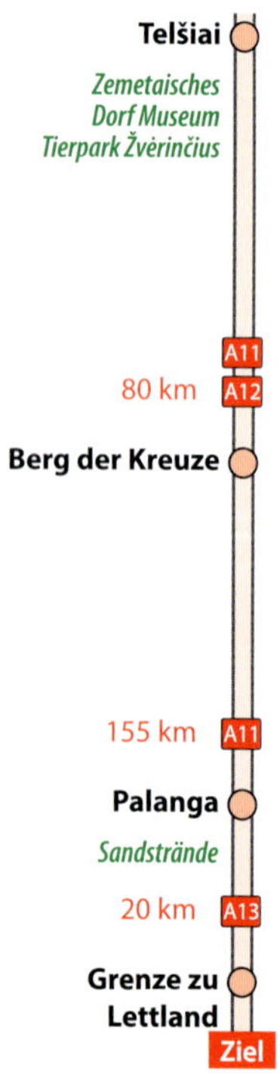

BERG DER KREUZE

Von Plateliai sind es noch 80 Kilometer auf der schnellen A 11 bis zum Berg der Kreuze. Wer möchte, unterbricht die Fahrt für einen Abstecher zum **Tierpark Žvėrinčius** mit Braunbär, Wolf, Luchs und Wisent (LT-88126 Žvėrinčius, Tel. +370 444 40324, www.telsiuuredija.lt, GPS-Daten: N 56°02'05.3" E 22°26'53.4"). Der **Kryžių kalnas** (Berg der Kreuze) ist in LT-81439 Jurgaičiai, zehn Kilometer nördlich von Šiauliai.

KULTUR

KREUZESKRAFT

Der Berg der Kreuze ist nicht nur ein katholischer Wallfahrtsort, sondern spiegelt die Identität der Litauer wider. Schon im Mittelalter sollen auf dem Hügel die ersten Kreuze zur Erinnerung an Tod und Leid aufgestellt worden sein. Obwohl während der sowjetischen Zeit das Aufstellen der Kreuze bestraft wurde und die Besatzer sie regelmäßig zerstörten, wuchsen auf dem Hügel immer neue und immer mehr Kreuze als Symbol des Widerstands aus dem Boden. Heute stehen Zehntausende verschiedenster Kreuze und Rosenkränze auf dem Berg, der auf diese Weise zur touristischen Attraktion geworden ist (www.hillofcrosses.com).

STADT ČIURLIONIS

Vom Berg der Kreuze geht es auf der A 11 (E 272) wieder zurück an die Ostsee bei Palanga, nicht ohne unterwegs wichtige Sehenswürdigkeiten zu besuchen. Die Landschaft um die 24 000 Einwohner zählende Stadt **Plungė** wird von zahlreichen Seen und Hügeln dominiert. Plungė glänzt vor allen Dingen durch den **Palast und Park des Fürsten Mykolas Oginskis** aus dem 19. Jahrhundert. Der Fürst war ein Gönner und Förderer des Malers und Komponisten Čiurlionis. Der große Parkplatz ist genau vor dem Schloss in der Stoties gatvė. Im Schloss befindet sich das Kunstmuseum (Žemaičių dailės muziejus, Tel. +370 448 52492, www.oginski.lt). Die Touristeninformation liegt am östlichen Ende des wunderschönen Schlossparks, der größte Litauens. Die Wege im Park führen bis in die Stadt und zur Kirche, neben der Čiurlionis in dem gelben Holzhäuschen lebte.

Vielleicht möchte jemand zur Erholung noch das **Landschaftsschutzgebiet Gandinga** südwestlich von Plungė besuchen. Wiesen, Wälder und Bäche fügen sich zu einem malerischen Landschaftsbild. Auch einen Campingplatz gibt es im Gebiet.

Kilometerlange Sandstrände soweit das Auge reicht

KILOMETERLANGE SANDSTRÄNDE

Von Palanga bis zur Grenze nach Lettland sind es auf der schnellen A 13 nur noch 18 Kilometer, aber wir können die Tage genauso gut an den herrlichen, kilometerlangen Sandstränden, die sich bis zur Grenze ziehen, verbummeln. Sowohl Parkplätze am Strand in der Kontininkų gatvė als auch Campingplätze sind vorhanden. Ein langer Küstenradweg ermöglicht Entdeckungen per Pedal, zum Beispiel nach Šventoji. In der Kuršių tak. befindet sich am Strand ein Skulpturenpark mit geschnitzten Holzpfählen.

Im Palast des Fürsten Oginskis ist ein Kunstmuseum untergebracht.

PRAKTISCHE HINWEISE

TOURISTINFORMATIONEN

Lazdijai
Vilniaus gatvė 1, LT-67106 Lazdijai,
Tel. +370 318 51160, www.lazdijai-turizmas.lt

Naturparkzentrum Metelių regioninis parkas
Seirijų gatvė 2, LT-67482 Meteliai,
Tel. +370 601 55716, www.meteliuparkas.lt

Birštonas
B. Sruogos gatvė 4, LT-59209 Birštonas,
Tel. +370 319 65740, www.visitbirstonas.lt

Kaunas
Rotušės aikšte 28, LT-44279 Kaunas,
Tel. +370 616 50991, www.kaunas.lt,
www.kaunastic.lt, www.visit.kaunas.lt

Jurbarkas
Vydūno gatvė 19, LT-74118 Jurbarkas,
Tel. +370 447 51485, www.jurbarkas.info

Šilutė
Lietuvininkų gatvė 4, LT-99185 Šilutė,
Tel. +370 441 77785, www.siluteinfo.lt

Rusnė
Neringos gatvė 7, LT-99350 Rusnė,
Tel. +370 441 50010, www.rusne.org

Klaipėda
Turgaus gatvė 7, LT-91247 Klaipėda,
Tel. +370 464 12186, www.klaipedainfo.lt

Juodkrantė
L. Rėzos gatvė 8, LT-93101 Neringa,
Tel. +370 469 53490, www.visitneringa.com

Nida
Taikos gatvė 4, LT-93123 Neringa,
Tel. +370 469 52345, www.visitneringa.com

Palanga
Vytauto gatvė 94, LT-00132 Palanga,
Tel. +370 460 48811, www.palangatic.lt

Telšiai
Turgaus alėja 21, LT-87122 Telšiai,
Tel. +370 444 53010, www.telsiaitic.lt

Plungė
S. Dariaus ir S. Girėno gatvė 27,
LT-90118 Plungė, Tel. +370 640 53644,
www.visitplunge.com

CAMPING UND STELLPLÄTZE

C 1 **Camping Meteliai, Vitrūna** (S. 204 B4/5)
Seirijų gatvė 50, LT-67482 Meteliai,
Tel. +370 687 70748, www.vitruna.lt
GPS-Daten: N 54°18'13.2" E 23°42'54.5"
An einem Landhaus am Dusia-See mit Badestrand

S 2 **Stellplatz Rumšiškės, Freilichtmuseum** (S. 204 C2)
L. Lekavičiaus gatvė 2, LT-56337 Rumšiškės,
Tel. +370 346 47233, www.llbm.lt
GPS-Daten: N 54°51'59.1" E 24°12'08.1"
Asphaltierter Parkplatz am Freilichtmuseum

S 3 **Stellplatz Kaunas, Jachtklubas** (S. 204 C1)
R. Kalantos gatvė 124, LT-52330 Kaunas,
Tel. +370 678 29999,
www.restoranaskaunejachtklubas.lt
GPS-Daten: N 54°53'12.3" E 24°01'28.8"
Am Jachthafen am Kauno marių, sieben Kilometer mit dem Bus ins Zentrum

C 4 **Camping Kaunas, Kaunas city camping** (S. 204 B1)
Jonavos gatvė 51a, LT-44131 Kaunas,
Tel. +370 618 09407, www.kaunascamping.eu
GPS-Daten: N 54°56'05.5" E 23°55'04.8"
Guter Stadtplatz, verkehrsgünstig am nördlichen Stadtrand nahe der A1, ganzjährig offen, fünf Kilometer mit dem Bus ins Zentrum

C 5 **Camping Kaunas Camp Inn** (S. 204 B1)
Raudondvario plentas 161a, LT-47168 Kaunas,
Tel. +370 602 33444, www.campinn.lt
GPS-Daten: N 54°54'57" E 23°50'00"

Wiese mit Picknicktischen auf dem Campingplatz Belvederio sodai in Seredžiaus

Guter Stadtplatz am Lampedis-See, verkehrsgünstig am westlichen Stadtrand nahe der A 5, drei Kilometer mit dem Bus ins Zentrum

C 6 **Camping Belvederio sodai** (S. 204 A1)
LT-74405 Seredžius, Tel. +370 698 30251
GPS-Daten: N 55°04'58.6" E 23°23'20.7"
Wiese an kleinem Weiher

C 7 **Camping Medaus Slėnis** (S. 207 G6)
LT-74465 Šilinė, Tel. +370 640 3212,
www.medaus-slenis.lt
GPS-Daten: N 55°05'30.3" E 22°57'49.3"
Wiese an kleinem Weiher

S 8 **Stellplatz Jurbarkas, Mažųjų laivų prieplauka-uostas** (Kleiner Hafen) (S. 207 F6)
Nemuno gatvė 8, LT-74111 Jurbarkas
GPS-Daten: N 55°04'26.1" E 22°45'43.7"
Wiese am Hafen

C 9 **Camping Šyšos kaimo sodyba** (S. 206 D5)
LT-99187 Šyša, Tel. +370 686 86599,
www.sysossodyba.lt
GPS-Daten: N 55°19'07.0" E 21°23'18.3"
An der Memel, Zufahrt einen Kilometer über schlechte Schotterstraße

S 10 **Stellplatz Pakalnė-Hafen** (S. 206 C5)
LT-60424 Pakalnė
GPS-Daten: N 55°18'57.9" E 21°18'28.3"
Wiese hinter einem Haus an einem Kanal, sehr schlechte Zufahrt

C 11 **Camping Ventainė** (S. 206 B5)
Mariu gatvė 7, LT-99361 Ventė,
Tel. +370 441 68525, www.ventaine.lt
GPS-Daten: N 55°21'22.5" E 21°12'21.5"
In schöner Lage am Haff, Bootsauflüge, Restaurant

C 12 **Camping Pajūryje** (S. 206 B3)
Šlaito gatvė 3, LT-92281 Klaipėda,
Tel. +370 683 25055, www.campingklaipeda.lt
GPS-Daten: N 55°45'57.2" E 21°05'30.9"
In dichtem Wald, 700 Meter zum Strand, acht Kilometer mit dem Bus ins Zentrum

C 13 **Camping Pajūrio Takas** (S. 206 B2)
Placio gatvė 60, LT-92383 Karklė,
Tel. +370 688 48280, www.pajuriotakas.lt
GPS-Daten: N 55°48'31.0" E 21°04'24.9"
An einem Hotel, 250 Meter zum Strand

C 14 **Camping Nida** (S. 206 B5)
Taikos gatvė 45, LT-93121 Nida,
Tel. +370 682 41150, www.kempingas.lt
GPS-Daten: N 55°17'55.4" E 20°58'58.0"
Wiese/Sand mit Bäumen, Restaurant, 600 Meter zur Hohen Düne, zwei Kilometer nach Nida, Reservierung erforderlich

Ein ruhiger Stellplatz am Badesee

C 15 **Camping At The Sea** (S. 206 B2)
Užkanavės gatvė 43, LT-00169 Palanga,
Tel. +370 698 31503
GPS-Daten: N 55°57'47.2" E 21°04'26.5"
Wiese mit wenig Bäumen, 150 Meter zum Strand

C 16 **Natur-Camping Beržynėlis** (S. 206 D1)
LT-90419 Beržoras, Tel. +370 448 49123
GPS-Daten: N 56°01'29.4" E 21°50'13.0"
Wiese mit Bäumen, 150 Meter zum Strand

C 17 **Camping Laumių lankų sodyba** (S. 206 D1)
Plungės gatvė 5, LT-90419 Beržoras,
Tel. +370 647 01000
GPS-Daten: N 56°01'14.7" E 21°49'46.0"
Wiese mit Bäumen am See

C 18 **Natur-Camping Ąžuolų sala stovyklavietė** (S. 206 D1)
im Norden am Plateliai-See,
LT-90413 Medsėdžiai, Tel. +370 448 49123
GPS-Daten: N 56°04'00.6" E 21°49'40.5"
Wiese mit Bäumen am See, 150 Meter zum Strand

C 19 **Camping Plateliai Klasco** (S. 206 D1)
Poilsio Bazė, LT-90423 Plateliai
GPS-Daten: N 56°03'51.4" E 21°50'55.7"
Wiese mit Bäumen am See

C 20 **Camping Sodyba Žemsodis** (S. 206 D2)
Mardosu kaimas, LT-90103 Plungė,
Tel. +370 620 26033, www.zemsodis.lt
GPS-Daten: N 55°52'32.2" E 21°44'56.5"
Wiese mit Bäumen am Fluss, Restaurant, Bootsverleih

C 21 **Camping Ošupio** (S. 206 B1)
Ošupio tak. 1a, LT-00324 Šventoji,
Tel. +370 680 84332, www.osupis.lt
GPS-Daten: N 56°00'52.6" E 21°04'38.6"
Wiese mit Bäumen, Restaurant, 200 Meter zum Strand, der zum Teil für Nudisten ist

2 SANDSTRÄNDE, HAFENSTÄDTE UND RIGA, PERLE DER OSTSEE

Westlettland und lettische Ostseeküste

Die zweite Etappe führt auf 500 Kilometer entlang der Ostseeküste der Regionen Kurzeme (Kurland) und Vidzeme (Livland). Abstecher in das Landesinnere zeigen historische Orte, ruhiges Landleben und wunderschöne Naturschutzgebiete in unberührter Natur. Die alten Hafenstädte sind geprägt von hanseatischer und maritimer Architektur. Lettlands Hauptstadt Riga wurde von der UNESCO zum Weltkulturerbe erklärt. Riga ist die Stadt des Jugendstils, in das sich barockes Erbe mischt. Die vielen offenen Plätze mit den Terrassenrestaurants sind im Sommer von Musik aller Art und buntem Treiben erfüllt.

Die Musik hat in Lettland einen hohen Stellenwert.

Das im Westen Lettlands gelegene Kurland (Kurzeme) ist nach dem baltischen Volk der Kuren benannt. Das kulturhistorische Erbe Kurzemes ist vielfältig. In dieser Region finden wir die UNESCO-Kulturerbe-Stadt Kuldīga, die 30 Kilometer lange Steilküste von Jūrkalne, menschenleere Strände, nette Hafenstädtchen, das wilde Kap Kolka und zuerst die Lagunenseen im Pape-Naturpark.

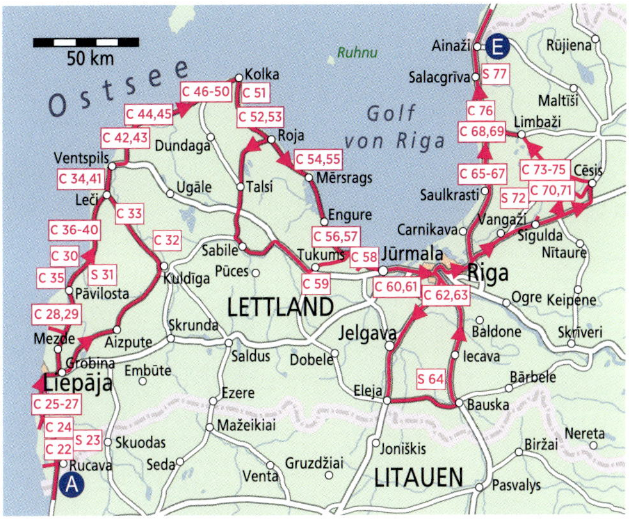

IM NATURPARK PAPE

Bereits neun Kilometer auf der A11 nach der Grenze steht nach Belieben der Abstecher auf sechs Kilometer Schotterstraße in den berühmten **Pape-Naturpark** an, in dem Konik-Wildpferde, Wisente und Heckrinder (eine Rückzüchtung) weiden. Das Gebiet um den Pape-See ist im Frühjahr und Herbst ein Traum für Ornithologen. Die Touristeninformation für das Gebiet ist jedoch östlich der A11 im Dorf **Rucava** und sollte für Informationen zuerst angefahren werden.

Wer möchte, besucht in Rucava auch gleich das kleine **Etnogrāfiskā māja Zvanītāji** (Ethnografisches Museum, GPS-Daten: N 56°09'41.1" E 21°09'41.3"), wo man zum Beispiel traditionelle gestrickte oder bestickte Kleidungsstücke bewundern kann. Westlich der A11 führt das Schottersträßchen vorbei am Schilfgürtel des Papes ezers (Pape-See) und vorbei am Amber Wind Beach Cafe zum Parkplatz und Campingplatz am Leuchtturm und langen Sandstrand. Es gibt dort weitere private Campingplätze und Stellplätze, so auch beim Amber Wind Beach Cafe.

AM WESTLICHSTEN PUNKT LETTLANDS

Jūrmalciems ist ein verstreut liegendes Fischerdorf in offener Landschaft mit einzelnen fotogenen Bäumen. Einige Privatleute haben aus ihren großen Grundstücken einen Campingplatz gemacht, von dem aus es nicht weit zum Strand ist.

An den Naturpark Pape schließt sich der **Naturpark Bernati** an. Die Strände vor den Dünenwäldern bestehen aus feinem weißen Sand. Mit 37 Metern befindet sich die **höchste Düne Lettlands** (Pūsēnu kalns) im südlichen Teil des Naturparks Bernati. Von einem Parkplatz aus (N 56°19'44.5" E 20°59'32.8") kann sie bestiegen werden. Im 18. Jahrhundert waren hier einige Häuser unter den Sandmassen begraben worden. Im Naturpark Bernati gibt

ROUTE 2

STARTPUNKT
Grenze zu Litauen bei Šventoji an der Ostsee

ENDPUNKT
Grenze zu Estland bei Ainaži

STRECKENLÄNGE
560 km

FAHRZEIT
4 bis 5 Tage

BESTE JAHRESZEIT
Juni bis September

AUSFLUG

DER PAPE-NATURPARK

Der Pape-Naturpark umfasst die Ostseeküste mit den Dünen, dem Lagunensee Papes und das Hochmoor in Nida. In grauer Vorzeit grasten Wildpferde, Tarpane und Wisente in freier Natur. Die großen Pflanzenfresser ernährten sich von Gras, Sträuchern und Schilf. Dadurch wurden die Flächen frei gehalten für andere Pflanzen- und Tierarten. Im Pape-Naturpark wird dieser frühe Zustand dargestellt und ist durch die freie Beweidung wirksam. Im Park gibt es verschiedene Themenwanderwege wie Seepfad oder Orchideenpfad. Für die Kernzonen besteht Betretungsverbot. Die Moore und die Lagunenseen sind zur Vogelbeobachtung gut geeignet. Im Herbst und Frühling wird die Zone zwischen dem Pape-See und dem Meer von Tausenden Zugvögeln und Fledermäusen als Flugroute genutzt. Über 200 verschiedene Arten kann man dann beobachten. Das Fischerdorf Papa zeigt sein kulturelles Erbe in den alten Häusern (www.rucava.lv).

Der Petermarkt in Liepāja ist der zweitgrößte Markt in Lettland.

es einige Campingplätze und auch freie Parkplätze. Bernati ist aber auch der westlichste Punkt Lettlands. Von einem weiteren Parkplatz aus (N 56°22′43.9″ E 20°59′06.1″) ist ein Grenzzeichen mit einer Granitskulptur zu erreichen.

DIE HAFENSTADT LIEPĀJA

Schon bei der Einfahrt nach **Liepāja** fallen die alten Ruinen der Verteidigungsanlagen aus dem 19. Jahrhundert auf, von denen im Norden der Stadt neben dem Karosta-Kriegshafen noch viel mehr vorhanden sind. Zar Alexander III. ließ von 1890 bis 1906 einen Stützpunkt der Kriegsflotte mit mächtigen Befestigungsanlagen um ganz Liepāja bauen, ein richtiges Bollwerk mit Schutzwällen und Kanonen. Damals war die Festung von Liepāja die modernste Bastion des zaristischen Russlands. In Sowjetzeiten war Liepāja U-Boot-Hafen und natürlich Sperrgebiet.

Am Parkplatz im Küstenwald zur Hohen Düne

Der ganze Stolz des heutigen Liepāja mit seinen 80 0000 Einwohnern ist der makellose, acht Kilometer lange und 70 Meter breite Strand. Der feine weiße Sand wurde im Russischen Reich ohne weitere Verarbeitung in Sanduhren verwendet. Am Strand liegt auch der drei Kilometer lange Jūrmala-Park, ein riesiger dendrologischer Park. Die Universitätsstadt Liepāja ist wegen der Industrie nicht schön, gilt aber als eine Stadt mit besonders kreativer Atmosphäre für Musiker und Künstler. Ein Stopp lohnt wegen einer der schönsten Markthallen Europas und wegen einiger gut renovierter Häuser und Villen.

Einen Parkplatz gibt es in Strandnähe am Ende der Pērkones iela (ein Kilometer ins Zentrum), zentral an der Touristeninformation in der Rožu iela 5/6 oder einfach in einer der größeren Nebenstraßen. Im Norden ist ein großer Parkplatz am Sportplatz in der Zvejnieku aleja, der auch in Strandnähe liegt (ein Kilometer ins Zentrum).

Von der Touristeninformation am Rožu laukums (Rosenplatz) gehen wir zur **Markthalle** (Petermarkt) in der Zivju iela nach Süden, in die Peldu iela rechts und dann in der Kuršu iela links. Der **Petermarkt** ist von drei

Kirchen umgeben und ist der zweitgrößte Markt in Lettland. Die schöne Markthalle wurde 1910 eingeweiht. Die frischen Waren sind eine Augenweide und der Einkauf reicht für ein paar Tage.

Die St.-Anna-Kirche steht im Osten und die St.-Josephs-Kirche im Westen der Markthalle. Die evangelische **St.-Anna-Kirche** aus dem 16. Jahrhundert zeigt mit ihrem holzgeschnitzten Altaraufsatz ein Meisterwerk des Barocks. Die **St.-Josephs-Kirche** trägt ein neuromanisches Gewand. Sie wurde erst im 19. Jahrhundert erbaut. Die **Dreifaltigkeitskirche** aus dem 18. Jahrhundert in der Lielā iela, gleich nördlich der Touristeninformation, beherbergt eine der größten Orgeln Europas. Sie wurde 1758 gebaut.

Genau östlich des Rožu laukums (Rosenplatz) steht in der Dārza iela 4/8 das **Kunsthandwerkerhaus**. Hier können Besucher zuschauen, wie handwerkliche Traditionen hochgehalten werden. Es steht auch schönes Kunsthandwerk zum Kauf. Außerdem liegt dort Lettlands längste Bernsteinkette mit einer Länge von 123 Metern zur Besichtigung aus.

Die schöne orthodoxe Kathedrale **St. Nikolai** ist eine Marinekathedrale, benannt nach dem Schutzpatron der Seefahrer, und befindet sich im nördlichen Stadtteil Karosta am östlichen Ende der Katedrāles iela. 1903 weihte Zar Nikolaus II. sie persönlich ein. Am westlichen Ende der Katedrāles iela befindet sich übrigens ein großer Parkplatz an der Ostsee. Hier nördlich des Karosta-Kanals war der Kriegshafen. Geblieben sind Kasernen, unansehnliche russische Plattenbauten und das ehemalige **Militärgefängnis**. Das im Originalzustand erhaltene Gebäude beinhaltet heute ein Museum und eine Herberge für Touristen (Invalīdu iela 4, Tel. +371 263 69470, www.karostascietums.lv).

Nördlich der Stadt gibt es auch wieder Möglichkeiten, auf Seitenwegen des Atmodas bulvāris einen Parkplatz am Meer zu finden. Die Strände sind schön, wenn auch mit Resten der alten Bunker bestückt. Vielleicht haben wir Glück und finden hier endlich ein eigenes Stück Bernstein. Die Chancen bestehen, besonders nach Sturm, nicht schlecht, so einen Gruß aus der Ewigkeit zu entdecken.

Herrliche Sandstrände in Liepaja

Nach Liepājā haben wir nun die Wahl zwischen zwei Routen nach Norden mit völlig unterschiedlichem Anstrich. Die **P 111 verläuft nahe der Ostsee** durch Wälder und Natur, wobei vom Meer oft nur in Abstechern etwas zu sehen ist. Aber es gibt stille, einfache Campingplätze direkt am Meer. Die **P 112 über Aizpute und Kuldīga** ist etwas für kulturell Interessierte, denn die Holzhausarchitektur Kuldīgas ist sogar UNESCO-Weltkulturerbe.

VARIANTE AN DER OSTSEE NACH VENTSPILS

Die P 111 quert auf dem Weg nach Norden Felder, Wiesen und Wälder. Die Ostsee ist nicht zu sehen. Erst wenn wir 20 Kilometer nach Liepāja in Richtung **Ziemupe** abbiegen, kommen wir nach acht Kilometern an die Ostsee. Familiäre Campingplätze liegen vor Traumstränden. Je nachdem, welcher Campingplatz angesteuert wird, ist auch mit Sandpisten zu rechnen. Weiter nördlich steht an dem Küstenbogen der **Akmeņraga bāka** (Akmenraga-Leuchtturm).

Auf der P 111 erreichen wir in kurzer Entfernung den Abzweig nach **Pāvilosta**. Der Ort glänzt mit langem, goldenen Sandstrand, fast unberührter Natur und kristallklarem Ostseewasser. Wegen der Fülle an Sand findet in Pāvilosta im Sommer ein Wettbewerb im

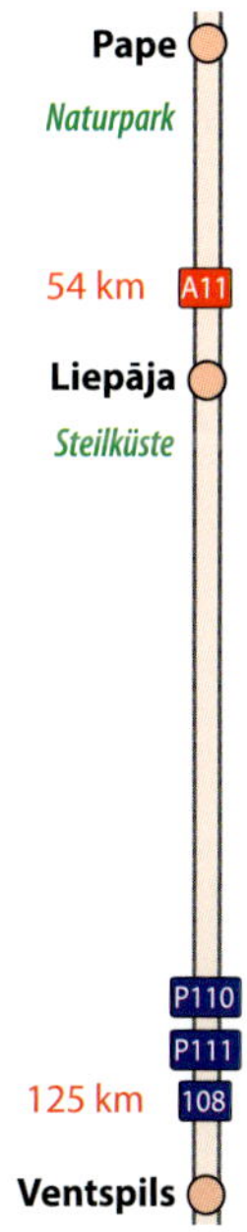

Holzbuhnen am Strand von Pāvilosta

Sandburgenbauen statt. Der Ort ist auch bekannt für den roten Bernstein, den das Meer anspült.

Interessant ist auf der Nordseite des Kanals das **Novadpētniecības muzejs** (Heimatmuseum), das die Geschichte der Fischerei zum Thema hat (Dzintaru iela 1, Tel. +371634 98276, www.pavilosta.lv). In der Dzintaru iela 2 ist auch die Touristeninformation. In der Nähe des Hafens existiert ein Campingplatz in der Jūras iela und in Verlängerung dieser Straße ist am Strand ein Parkplatz.

Ein beliebter Parkplatz am Strand mit Übernachtungsmöglichkeit mit dem Wohnmobil liegt am Ende der Kalna iela im Norden. Im Flachwasser thront ein großer Findling als Gruß aus Skandinavien. Hier ist ein guter Ausgangspunkt für den Spaziergang nach Norden in das Naturreservat **Pāvilostas pelēkā kāpa** (Graue Düne). Die Dünen gehören zu den vielfältigsten und artenreichsten Dünen Lettlands. Bekannt sind auch die vom Wind geformten »Sturm-Kiefern«.

Auf dem Parkplatz vor dem Rīvas Krogs

Nördlich von Pāvilosta wirft die Ostsee ihre Wellen gegen eine echte Steilküste, vor der im Normalzustand der See aber noch ein Badestrand liegt. Ein Campingplatz in diesem Bereich vor Ulmale ist der Baltmuiža.
Labrags im Bezirk Ventspils wartet gleich an der P111 mit dem Gasthaus Rīvas Krogs (N 56°58'24.3" E 21°20'57.1") am natürlichen Fluss Rīva auf. In der Rīva gibt es Lachse und so füllen sie auch die Speisekarte des Rīvas Krogs. Die Holzbrücke vor dem Gasthaus wurde Anfang des 20. Jahrhunderts für die Eisenbahn nach Ventspils gebaut.

An der Rīva gibt es eine urtümliche Natur zu entdecken. Zwei Campingplätze am Strand von Labrags mit bunten Findlingen ermutigen zu bleiben. Es lohnt: Die Küste von **Jūrkalne** ist eine der malerischsten Küsten Lettlands mit einem stillen, von der Zivilisation fast unberührten Strand und einer bis

Wegen der Holzhausarchitektur ist Kuldīga UNESCO Welterbe

zu 20 Meter hohen Steilküste (www.jurkalnesstavkrasts.lv). Einen privaten Campingplatz am Meer finden wir nach **Ošvalki** (N 57°03′52.2″ E 21°24′58.7″). Nur eine Wiese, aber himmlisch sind die rauschenden Ostseewellen vor den Dünen.

Die P111 und P108 bringen uns schließlich nach Ventspils hinein. Betrachten wir jedoch noch die Version der Reise über Kuldīga für Kulturinteressierte. Die Strecke ist nur 15 Kilometer länger als die Route entlang der Ostsee.

VARIANTE ÜBER KULDĪGA NACH VENTSPILS

An der P112 liegt **Aizpute**, das als Burg und Siedlung im 13. Jahrhundert entstand. Die Reste der **Aizputes pilsdrupas** (Ordensburg) stehen direkt an der Durchfahrtsstraße mit kleinem Parkplatz davor. Weiter unten quert die P112 den Mühlenteich, den die Tebra speist. Am Teich steht die alte **Wassermühle**. Mühle und **Herrenhaus** stammen aus dem 18. Jahrhundert. Rechts an der Straße befindet sich auf dem Hügel die Kirche **Svētā Jāņa**, eine der ältesten Kirchen in Kurland, denn sie wurde im 13. Jahrhundert gebaut. 1860 erhielt sie ihr heutiges Aussehen. Wie in Kuldīga stehen auch in Aizpute alte Holzhäuser.

Das historische Zentrum der Altstadt **Kuldīgas** an der Venta wurde aufgrund der Holzhausarchitektur in die Liste des UNESCO-Weltkulturerbes aufgenommen. Die gut erhaltenen Ensembles von Kleinstadtbauten sind aus dem 17. und 18. Jahrhundert. Vor mehr als 1000 Jahren war Kuldīga das größte Handels- und Kulturzentrum der Kuren, das auch von Wikingern besucht wurde. Ab 1368 gehörte Kuldīga zum Städtebund der Hanse. Im 16. Jahrhundert war sie auch Hauptstadt des Herzogtums Kurland.

Parken können wir am großen **Pilsētas laukums** (Stadtplatz). Hier beginnt auch nach Osten die 600 Meter lange Fußgängerzone in der Liepājas iela. Am Ende der Straße gehen wir rechts in die Baznīcas iela, denn da ist im **Alten Rathaus** aus dem 17. Jahrhundert (Hausnummer 5) die Touristeninformation. Hier steht auch das imposante **Neue Rathaus**, das im 19. Jahrhundert im italienischen Renaissancestil erbaut wurde.

Jetzt wenden wir uns um und laufen in der Baznīcas iela in großem Bogen, vorbei an der **Katharinenkirche** aus dem 17. Jahrhundert, zur bekanntesten Sehenswürdigkeit Kuldīgas: Die Baznīcas iela quert auf einer der **längsten Ziegelsteinbrücken Europas** aus dem 19. Jahrhundert die Venta. Auf der

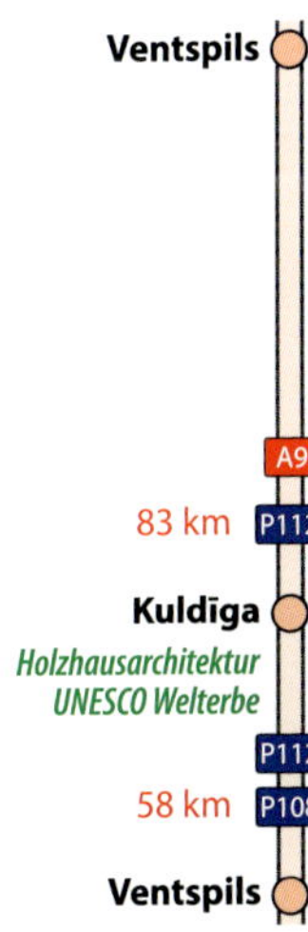

Eine der längsten Ziegelsteinbrücken Europas überspannt die Venta.

Die Kuh ist das Wahrzeichen von Ventspils und in der Stadt hundertfach vertreten.

anderen Seite des Flusses befindet sich ein großer Parkplatz. Wir folgen der Krasta iela nach links und 300 Meter weiter steht ein Aussichtsturm.

Auf der rechten Seite der Brücke fällt der Blick auf Europas breitesten Wasserfall, den **Ventas rumba**. Stolze 250 Meter ist er breit, allerdings nicht sehr hoch. Im Frühjahr springen hier Rußnasen und Lachse den Wasserfall nach oben. Flussabwärts treffen wir auf den **Pilspark**, wo im 13. Jahrhundert die Burg des Schwertbrüderordens stand. Heute befinden sich in dem Park ein Museum und Skulpturen. Kuldīga nennt sich Radfahrer-Stadt. So ist es nicht verwunderlich, dass die Umgebung mit guten Fahrradwegen ausgebaut ist.

Die **Sandhöhlen von Riežupe** (Tel. +371 295 55042, www.smilsualas.lv) liegen vier Kilometer auf der Krasta iela außerhalb im Norden (drei Kilometer Schotterstraße). Es ist das größte unterirdische Höhlenlabyrinth Lettlands und zum Teil für Besucher zugänglich. Ein Parkplatz davor eignet sich auch für Wohnmobile (N 57°00′25.1″ E 21°58′41.5″).

Weiter geht es aus Kuldīga hinaus in nordwestliche Richtung und auf der P 108 entlang den Schleifen der Venta. An der Strecke laden Campingplätze zur Übernachtung ein. Bei Leči stößt die P 111 (Ostseeroute) zur P 108, die nach Ventspils hineinführt. Kurz vor Ventspils begrüßen uns links und rechts der Straße Kraniche in den Feldern.

DAS ELEGANTE VENTSPILS

Obwohl Industrie- und Hafenstadt, schmückt sich **Ventspils** mit unglaublich vielen Blumen, Brunnen, sauberen Häusern und viel Grün.

Auch in der Ostas iela am Hafen steht eine Kuh.

Das westliche Stadtviertel Ostgals besitzt noch ursprüngliche Holzhäuser. An der Venta steht die schmucklose **Livländische Ordensburg**, die ein überraschend modernes, interaktives Museum beherbergt. Die Altstadt besticht durch enge Gassen, pittoreske Gebäude und malerische Plätze. Einige Stadthäuser sind im Art-déco-Stil erbaut. Das Beste an Ventspils ist der lange, herrliche Ostseestrand mit blauer Flagge und Dünen. Gute Gründe, hier festzumachen.

Parkplätze finden wir an der langen Ostas iela an der Venta oder in der Dārza iela hinter dem Tourismusbüro. Sehr gut auch in der Lauku iela am Busbahnhof. Natürlich gibt es auch einen Campingplatz, der vorteilhaft in Strandnähe liegt. Neben dem Campingplatz befindet sich das sehenswerte **Piejūras brīvdabas muzejs** (Meeres-Freilichtmuseum), das sich nicht nur mit Fischerei und Seefahrt beschäftigt (Riņķa iela 2, LV-3601 Ventspils, Tel. +371 636 24467, www.muzejs.ventspils.lv). Die beliebte **Mazbānītis** (Schmalspurbahn) startet am Freilichtmuseum und schnauft auf ihrer zwei Kilometer langen Strecke hinter dem Campingplatz vorbei.

Wichtigstes historisches Gebäude ist die **Livländische Ordensburg** aus dem 13. Jahrhundert mit angeschlossenem Museum (Jāņa

SPECIAL

VENTSPILS IM RAD DER GESCHICHTE

Schon immer war Ventspils in strategisch günstiger Lage wichtiger Marine- und Industriehafen. Im 13. Jahrhundert fasste der Livländische Orden an dieser Stelle Fuß. Im 16. Jahrhundert war Ventspils Handelsstadt im Hanse-Städtebund.
In sowjetischer Zeit bot der Hafen Grundlage für den Ölhandel und galt als Tor zu den Weltmeeren. Auch heute ist das noch so. Aber jetzt werden die Einkünfte erfolgreich in Sanierungs- und Investitionsmaßnahmen gesteckt. Es gibt ein Technologie- und Innovationszentrum zur Förderung von Unternehmensneugründungen im Hochtechnologiebereich. Die meisten Häuser sind restauriert, die Straßen und die Luft sind sauber und die Parks gepflegt. Ventspils hat sich zu einem außerordentlich netten Städtchen entwickelt.

Die Livländische Ordensburg ist das älteste Bauwerk in Ventspils.

iela 17, Tel. +371 636 22031, www.muzejs.ventspils.lv). Sie ist das älteste Bauwerk in Ventspils. Wir schlendern von der Ordensburg auf der **Ostas iela** an der Venta flussaufwärts. Überraschende Skulpturen verkürzen den Weg zum **Rātslaukums** (Rathausplatz) und **Tirgus Laukums** (Marktplatz).

Der Rathausplatz liegt mit der **Nikolaikirche** und den anschließenden engen Gassen aus dem Mittelalter im Mittelpunkt der Altstadt. Weiter nördlich befindet sich der Marktplatz. Davon westlich ist das **Amatu māja** (Handwerkerhaus, Skolas iela 3, www.muzejs.ventspils.lv). In diesem Museum ist Handwerkskunst der Region zu sehen und zu erleben, denn Besucher können die Entstehung der Stücke aus Töpferei und Weberei mitverfolgen. Es gibt im Übrigen ein günstiges Sammelticket für alle Museen in Ventspils.

Bevor wir Ventspils wieder verlassen, sollten wir noch zu dem Parkplatz am **Aussichtsturm** und **Museumsschiff Azova** an der Mündung der Venta am Ende der Medņu iela fahren. Der Blick über die Mole und über das Schiff vermittelt maritimes Flair. Über den hohen Dünen liegt der kilometerlange, herrliche Sandstrand, für den Ventspils berühmt ist.

Der Campingplatz in Ventspils ist eine gepflegte Anlage.

WILDE HALBINSEL KOLKA

Die Halbinsel Kolka ist Teil des **Nationalparks Slītere** und bietet wilde Küste, Dünen und Wälder. Aus Ventspils fahren wir nicht auf der A 10 (E 22), sondern auf der kleinen **Talsu iela** heraus. Ein Abstecher von der Talsu iela bis ans Ende der **Bangu iela** bringt uns mit dem Wegweiser »Staldzenes pludmale« an einen Parkplatz mit Badestrand an der Steilküste von Staldzene.

Weiter auf der Talsu iela in Richtung Kap Kolka, tangieren wir einen **Tierpark** mit bodenständigem Tierbestand und den **Būšnie-**

ku ezers mit Badeplätzen. Die guten Fahrradwege zeigen, dass dieser Bereich zum Naherholungsgebiet Ventspils gehört.

Die P124 führt bis zur Spitze am Kap Kolka hinaus. Unterwegs gibt es in den Küstenwäldern einige Campingplätze bei **Liepene**, die für eine ausgiebige Erholung gut sind. Die kilometerlangen Strände sind erstaunlich menschenleer.

In Ovīšu steht ein **Leuchtturm** mit Museum (N 57°34′16.4″ E 21°43′32.5″, zwei Kilometer Schotterstraße, www.kurzeme.lv), der weiten Blick über die Wälder und die Ostsee bietet. Er wurde bereits zu Beginn des 19. Jahrhunderts erbaut und erst später auf elektrisches Licht umgerüstet.

Von **Miķeļtornis**, weiter im Norden strahlt ebenfalls das Licht auf das Meer zur Orientierung der Schiffer. Der Leuchtturm ist mit 62 Metern der höchste im gesamten Baltikum. Am Leuchtturm befinden sich zwei Campingplätze und ein traumhafter Strand.

Der kleine Fischerort **Mazirbe** ist beachtenswert. Es sind nicht nur die makellosen und fast leeren Strände, in Mazirbe steht das **Livenhaus**, ein Museum über die Kultur des finno-ugrischen Volkes der Liven. Parken kann man an den Infotafeln an der Hauptstraße nach dem Gemeindezentrum.

Zum Parkplatz am Strand lenken wir nach dem Gemeindezentrum rechts. Hier ist wie in allen Nationalparks die Übernachtung im

Hinter den Dünen am Museumsschiff Azova erstrecken sich phantastische Strände.

SPECIAL

DIE LIVEN

Erstmals namentlich angeführt wurden die Liven in Chroniken des 12. und 13. Jahrhunderts. Die Geschichte livischer Stämme soll aber bis auf das 3. Jahrtausend vor Christi Geburt zurückgehen. Man schätzt, dass es heute nur noch circa 200 registrierte Liven gibt, die an der Livenküste, hauptsächlich im Ort Kolka, leben. Im übrigen Lettland sollen noch etwa 1000 Liven existieren, ohne dass diese im Pass als Liven bezeichnet sind. Die Sprache der Liven heißt Livisch und gilt als ausgestorben. Die Liven waren einst eine starke Nation mit eigener Flagge. Am »Haus der Liven« in Mazirbe ist sie noch zu sehen. Die Farben sind Grün, Weiß und Blau. Grün steht für die Wälder, Weiß für die Strände und Blau für das Meer. In Mazirbe feiern die Liven am ersten Sonntag im August das Ende der Unterdrückung ihrer Minderheit in der ehemaligen Sowjetunion.

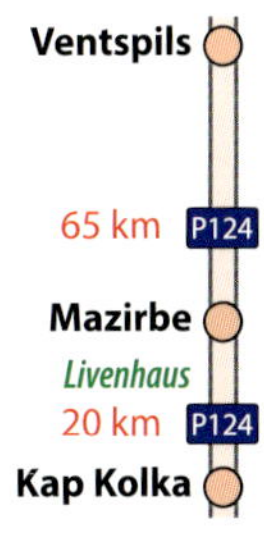

Die Sandstrände auf der Halbinsel Kolka sind mit Findlingen übersät.

Wohnmobil nicht erlaubt. In den Küstenwäldern liegen Fischerboote, die während der Sowjetzeit dort zerstört wurden, weil die Fluchtgefahr unterbunden werden sollte. Ein privater Campingplatz befindet sich bereits bei der Einfahrt in das Dorf und ein zweiter hinter dem einzigen Laden des Dorfes.

Auf der anderen Seite der P124 stehen die zwei schlichten Kirchen von Mazirbe. Vier Kilometer auf der P125 in Richtung Talsi ist ein Parkplatz (N 57°39′15.8″ E 22°16′14.2″). Von ihm geht es zu dem vier Kilometer langen Moorwanderweg im **Lielais pēterezers pietauvot** (Moor Peter des Großen). Auf Stegen und Bohlenwegen sind dort Orchideen und Tiere von der Eidechse bis hin zum Seeadler zu entdecken.

Noch ein Stück auf der P125 weiter ist der Ort **Šlītere**, der dem Nationalpark seinen Namen gab und bekannt ist für den 32 Meter hohen Leuchtturm **Šlīteres bāka** aus dem Jahr 1849 (N 57°37′34.7″ E 22°17′31.5″, Zufahrt ein Kilometer Schotterstraße). Er steht in den **Zilie kalni** (Blaue Berge) über fünf Kilometer von der Küste entfernt und dient dennoch den Seefahrern als Landmarke, weil er auf einer Anhöhe steht. Vom Turm schweift der Rundblick über die »Blauen Berge« und deren natürlichen Laubwald, über das vorgelagerte Sumpfgebiet und über den Küstenstreifen. Am Leuchtturm beginnt auch ein Naturlehrpfad.

Weiter geht es auf der P124 gen Norden. Auch in den winzigen Orten **Košrags**, **Pitrags**

AUSFLUG

SLĪTERE-NATIONALPARK

Das glaziale Gefüge im Nationalpark Slītere ist einzigartig. Am Strand erstreckt sich kilometerweit eine herrliche Dünenlandschaft. Die ausgedehnten Küstenwälder, in denen sich auch Moore ausbreiten, sind sehr artenreich. Es wurden 128 Moose, 195 Flechten und mehr als 700 Pilze dokumentiert. Zudem sind 40 Säugetierarten im Nationalpark nachgewiesen, darunter Wolf, Luchs, Elch und Biber. An geschützten Amphibien und Reptilien leben hier die Kreuzkröte, die Europäische Sumpfschildkröte und die Schlingnatter. 125 Vogelarten brüten im Nationalpark, darunter Auerhuhn, Birkhuhn und Schwarzstorch sowie Fischadler, Schlangenadler, Steinadler und Uhu. Das Gebiet liegt auf dem Weg des Vogelzugs. Am Kap Kolka, wo sich die Wasser der Ostsee mit denen der Rigaer Bucht treffen, fliegen im Frühjahr und Herbst manchmal mehrere Zehntausend Vögel pro Stunde vorbei. Die sogenannten »Blauen Berge« von Slītere sind eine bis zu 20 Meter hohe Steilwand der Urküste des ehemaligen Baltischen Eismeeres (www.slitere.lv).

und **Vaide** stehen Campingplätze zur Verfügung. In **Vaide** ist der Campingplatz hinter dem **Hörner- und Geweihmuseum**, in dem über 500 abgeworfene Geweihschaufeln zu sehen sind.

Bis zum **Kolkasrags** (Kap Kolka) sind es nur noch sieben Kilometer. Wir fahren hinaus bis zur Landspitze, wo sich Ostsee und Rigaer Bucht treffen (wegen der Strömungen gilt Badeverbot). Strandspaziergänge an der wilden Küste am Kap Kolka dringen in die Seele. Ein Parkplatz befindet sich am Kreisverkehr links beim **Vogelbeobachtungsturm**, von wo es noch 500 Meter bis zum Kap sind. Hier beginnt auch ein kurzer **Küstenwanderweg**. Ein weiterer Parkplatz ist am Kreisverkehr geradeaus 200 Meter vor dem Kap. Hier liegt auch das Besucherzentrum für das Kap Kolka. Auf beiden Parkplätzen darf gegen eine Gebühr im Wohnmobil übernachtet werden.

Fünf Kilometer vor dem Kap steht auf einer künstlichen Sandbank der **Leuchtturm Kolka** seit 1875 im Meer. Heute ist er allerdings nicht mehr aus Holz, sondern aus Stahl und 21 Meter hoch. Der Sonnenuntergang am Kap Kolka ist ein fantastisches Erlebnis.

AN DER KÜSTE DER LIVEN

Die Livenküste ist keine offizielle geografische Bezeichnung. Damit wird nur ausgedrückt, dass sich an der Spitze der Halbinsel Kolka die Fischerdörfer der Liven befinden, von denen die meisten im Ort Kolka leben. Die P131 bestimmt nun unser Fortkommen nach Süden und gleich beginnt der Ort Kolka, an dessen Beginn ein großer Parkplatz mit Zugang zum Strand ist. Schräg gegenüber dem Parkplatz versteckt sich die hübsche **evangelische Kirche** hinter Bäumen. 200 Meter nach dem Parkplatz liegt auf der linken Seite der Camping Ūši. Die Besitzerin, Frau Dženeta Marinska, hat ein Kochbuch mit kurländischen Gerichten verfasst und serviert diese auch auf Bestellung. Ein traditionelles Gericht Nordkurlands beispielsweise ist **Sklandrauschi** – mit Möhren und Kartoffeln gefüllte Piroggen aus Teig und geräucherten Fischen.

Weiter im Ort, der sich über zwei Kilometer erstreckt, steht auf der rechten Seite die **orthodoxe Kirche**, deren Kontrast von Zie-

Mazirbe ist die Heimat der Liven.

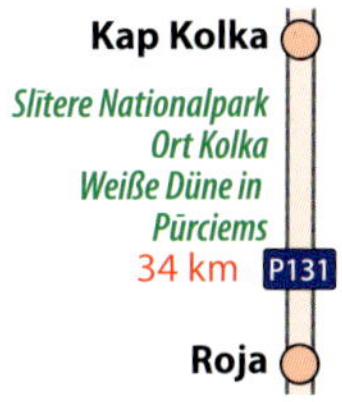

Der Sonnenuntergang am Kap Kolka ist eine unvergessliche Erscheinung.

Architektonisch spannend ist die orthodoxe Kirche in Kolka.

geln und Findlingen im Mauerwerk sehr interessant wirkt. Etwa in der Mitte des Ortes finden wir auf der rechten Seite noch einen kleineren Parkplatz gegenüber dem Sportplatz. Auch bei der Touristeninformation kann geparkt werden. Vor einem weißen Wohnblock unweit davon steht in der nach links abzweigenden Straße eine originelle hölzerne katholische Kirche aus dem Jahr 1935.

Sieben Kilometer nach Kolka ist auf der rechten Seite vor dem Zebrastreifen ein Parkplatz mit einem kleinen Kiosk-Café. Auf der gegenüberliegenden Seite beginnt der **Ēvažu dabas taka**, ein Naturweg an der steilen Dünenküste. In **Melnsils** hat der schöne gleichnamige Campingplatz eine originelle Bar.

Die **Baltā kāpa** (Weiße Düne) von **Pūrciems** ist berühmt (bei N 57°34'40.8" E 22°37'33.6" am Abzweig links). Gegenüber dem Parkplatz am Zebrastreifen führt ein Weg zur Weißen Düne, die von der Pilsupe in einer Schlucht durchschnitten wird. In Pūrciems kann man auch länger bleiben, denn es bietet einen guten Campingplatz. Nach dem sich anschließenden Dorf **Ģipka** lädt ein Schild zu einem Parkplatz direkt am Strand im Naturreservat Ģipka ein.

Das Hafenstädtchen **Roja**, mit einigen Restaurants, Hotels und Geschäften, ist nach dem Flüsschen Roja benannt, das an diesem Ort in die Ostsee mündet. Schon im 14. Jahrhundert lag hier der Handelshafen des Bischofs von Riga und im 19. Jahrhundert baute man in Roja bedeutende Schiffe. Das Städtchen verfügt über einen beliebten Strand, zum großen Parkplatz dafür geht es gleich am Ortsbeginn nach links.

Nun müssen wir eine Entscheidung über die weitere Route treffen. Nach Riga geht es für kulturell Interessierte über das schöne Talsi und durch das Abava-Urstromtal durch die

An der Küste bei Roja

Blick auf die schöne alte Stadt Talsi

»Kurländische Schweiz«. Fans der Ostsee werden der Route am Meer treu bleiben.

VARIANTE AN DER OSTSEE NACH RIGA

Der weitere Verlauf der P131 die Küste entlang ist mit den vielen Findlingen an der Strecke etwas Besonderes. Zu sehen ist das gut an dem Parkplatz auf der linken Seite vor **Kaltene**. Der Strand am großen Parkplatz in Kaltene eignet sich herrlich zum Baden.

Die Hafenstadt **Mērsrags** bietet in der Bākas iela einen **Leuchtturm** auf. Ein Parkplatz und ein Campingplatz befinden sich ganz in der Nähe. Im südlichen Bereich der Bākas iela ist ein weiterer Campingplatz, der ruhiger und vor allen Dingen nicht unter der großen Antennenanlage liegt. Der schönen Strände und der Campingplätze ist bis hinunter nach Jūrmala nunmehr kein Ende, sei es in **Plieņciems**, **Apšuciems** oder in **Ragaciems**. Parkplätze mit Strandzugang und Campingplätze gibt es an der Strecke einige, zuletzt vor Jūrmala in **Jaunķemeri** (N 56°58′27.4″ E 23°34′21.4″).

Nun stehen wir vor den Toren des altehrwürdigen Seebads Jūrmala, betrachten aber zuerst die Tourenvariante durch die sogenannte Kurländische Schweiz im Landesinneren von Kurzeme (Kurland), die mit Sehenswürdigkeiten und Besonderheiten geradezu gespickt ist. Diese Variante ist 55 Kilometer länger als die Strecke entlang der Ostsee.

VARIANTE ÜBER TALSI NACH RIGA

Von Roja übernimmt nun das Asphaltband der P126 die Aufgabe der Routenführung nach Süden. Wir durchfahren Wälder, Felder, kleine Dörfer und begegnen zweimal dem Flüsschen Roja. Dann tangieren wir den **Sasmakas ezers**, einen neun Kilometer langen See bei **Valdemārpils**. Ein Parkplatz mit Badestrand ist am Ende der Krasta iela. In **Valdgale** können wir in der rechten Seitenstraße die Windmühle **Valdgales dzirnavas** sehen. Sie beherbergt ein sehr stimmungsvolles

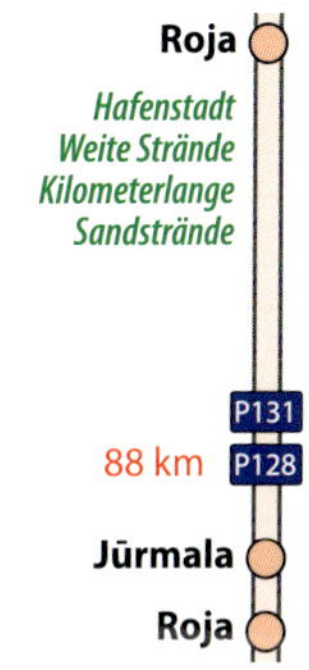

KULTUR

DIE REGION VIDZEME

Die Region Vidzeme beginnt schon vor Ragaciems und erstreckt sich über Riga hinaus bis Estland und im Osten bis zum Peipussee. Vidzeme bedeutet im Lettischen »Mittelerde«. Der Name entstammt dem Volk der Liven, deren Gebiet einst viel größer war und im weitesten Sinne Nordlettland und Estland umfasste. Das frühere Livland wurde schließlich zwischen Lettland und Estland aufgeteilt und ist damit nicht mehr existent. Wenn heute von Livland die Rede ist, ist damit nur die Region Vidzeme gemeint.

Das Freiheitsdenkmal Koklētājs in Talsi

Café und Restaurant (Tel. +371 266 78889). Hoffentlich hat es gerade geöffnet, wenn sich der Hunger meldet.

Dann sind wir auch schon im schönen, 10 000 Einwohner zählenden **Talsi** angelangt, wo wir gut am Rathaus gegenüber der Touristeninformation in der Lielā iela parken können. Das malerische Städtchen in der »Kurländischen Schweiz« gilt als eines der schönsten Lettlands. Das Besondere an Talsi ist seine Lage auf neun Hügeln zwischen zwei Seen.

Südwestlich des Rathauses liegt der **Talsu ezers**. Auf einem Spazierweg von einem Kilometer kann dieser See umrundet werden. Auf seiner westlichen Seite ist in der Fabrikas iela ein Parkplatz unterhalb des **Freiheitsdenkmals Koklētājs**. Der Hügel hinter diesem Denkmal für die Gefallenen der Freiheitskämpfe heißt **Ķēniņkalns** (Kaiserberg). Gegenüber dem Denkmal, auf der anderen Seite des Sees, erhebt sich der **Talsi linnus**. Der Burgberg war im 10. Jahrhundert die Urzelle der Ansiedlung. Südöstlich des Sees sieht man den **Saules kalns** (Sonnenhügel) in der Jaunatnes iela, wo auch ein stiller Parkplatz und ein Wasserturm zu finden sind. Gleich östlich daneben ist das **Talsu novada muzejs** (Heimatmuseum, Kārļa Mīlenbaha iela 19, LV-3201 Talsi, Tel. +371 632 22770, www.talsumuzejs.lv). Um das Museum befindet sich ein dendrologischer Park, in dem 250 verschiedene Baumarten wachsen.

WEINBERGE IM TAL DER ABAVA

Die P120 weist uns den Weg nach Süden in den **Naturpark** des **Abava-Urstromtals**. Nach Stende bleiben wir zunächst auf der abknickenden P120, müssen dann aber auf der P130 nach links im Tal der Abava weiter. Vier Kilometer nach der Kreuzung von P120 und P130 ist rechts ein Parkplatz mit dem Hinweisschild **Abavas rumba**. Hier geht es zum zweitgrößten Wasserfall Lettlands, der allerdings nur einen Meter hoch, dafür 30 Meter breit ist. Es handelt sich eher um eine Stromschnelle, die hier über eine Dolomit-Schwelle rauscht. Im Sommer wird am Wasserfall auch gebadet (www.abavasrumba.lv).

Sabile ist eine Kleinstadt mit 1700 Einwohnern, aber dennoch der bekannteste Ort im Abavatal. Das Städtchen liegt auf Terrassen entlang des schönsten und tiefsten Abschnitts des Urstromtals. Wir parken am besten mitten im Ort nahe der Touristeninformation an der Pilskalna iela. Die Kirche trägt die älteste Glocke Lettlands, die im Jahr 1450 gegossen wurde. Sabiles Bekanntheitsgrad basiert aber auf dem, laut Guinnessbuch der Rekorde, **nördlichsten Weinberg der Welt**.

Zum Weinberg geht es auf der Rigas iela 30 Meter weiter nach Südosten und links die

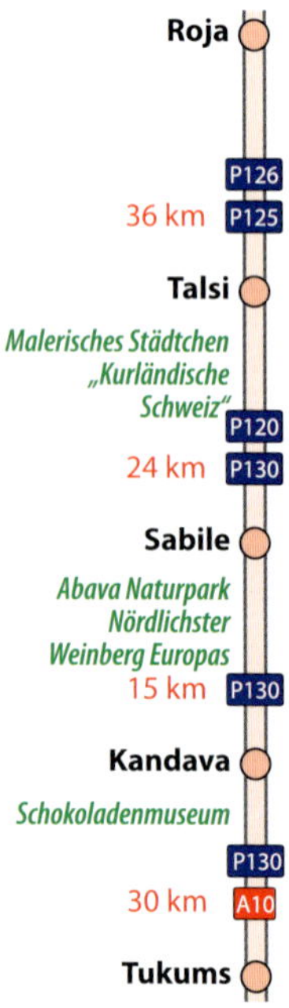

AUSFLUG

DER ABAVA-NATURPARK

Das Herzstück des Naturparks ist das 30 Meter tiefe und bis zu zwei Kilometer breite Abava-Urstromtal. Es entstand durch die Schmelzwasser der Eiszeit und zählt zu den schönsten Landschaften Lettlands. Das Tal zeichnet sich durch ein Mosaik aus Kiefern- und Birkenwäldern, Wacholderhainen, Wiesen und Feldern aus. Hier gibt es eine große Vielfalt an Biotopen und darin mehr als 50 unter Naturschutz stehende Pflanzenarten. Der Fluss schlängelt sich durch romantische Flussbiegungen vorbei an gemütlichen Dörfern, kleinen, erfrischenden Stromschnellen und geheimnisvollen Höhlen (www.daba.gov.lv).

schmale Kaln iela hinauf. Auf diesem Berg wird schon seit der Ordenszeit Wein kultiviert. Der Weinberg hat aber nur eine Anbaufläche von 1,5 Hektar. Jährlich findet im Juli ein Weinfest statt. Wein kann, wenn nicht schon ausverkauft, in dem örtlichen Laden erstanden werden.

Eine Sehenswürdigkeit zum Thema »Kunst in der Natur« ist über dem Fluss das **Pedvāle-Freilichtmuseum mit Skulpturenpark** in der Brīvības iela (Tel. +371 29133374, www.pedvale.lv).

Auf der P130 verlassen wir Sabile entlang der Abava nach Südosten und sind schon nach 15 Kilometern in **Kandava**. An der Hauptstraße ist auf der rechten Seite die Touristeninformation, hinter der ein großer Parkplatz liegt. Die kleine, nette **Altstadt** mit dem **Pulverturm**, nördlich der Touristeninformation, ist schnell besichtigt. Vor der Altstadt liegt noch der **Pilskalns** mit der Parkanlage: der Burgberg mit den Mauerresten der Ordensburg. In der Daigones iela im Osten des Ortes befindet sich der Sportplatz mit einem Parkplatz davor. Hinter dem Sportplatz liegt der kleine **Teteriņu ezers** im Wald, die sommerliche Badewanne der 4000 Einwohner Kandavas.

Vor dem Weinberg in Sabile stehen diese Stoffgesellen.

Die alte Synagoge von Sabile steht direkt an der Abava.

Im Restaurant »Terase« in Pūre

Tukums

Schloss Šlokenbeka
Lettisches Straßenmuseum
Kilometerlange Sandstrände

38 km P128

Jūrmala

Kemeri Nationalpark
Mondäner Kurort Jūrmala

35 km A10

Riga

Bald nach Kandava verlassen wir die P130 und fahren rechts auf der A10 (E22) immer noch in Begleitung der Abava nach Osten. Das **Schokoladenmuseum** nebst Laden in Pūre am Ende der Kalna iela ist ein kulinarisches Highlight (LV-3124 Pūre-9, Tel. +371 22100042, www.purechocolate.lv). Nebenan lockt das Terrassenrestaurant »Terase« über dem Fluss Abava: eine genussreiche Krönung mit Spitzenleistung der Küche, aber moderaten Preisen.

KLEINSTADTFLAIR IN TUKUMS

Die fast 20000 Einwohner zählende Stadt **Tukums** mit alten Holzhäusern und gemütlichen Ecken verbreitet eine angenehme Atmosphäre. Die **Altstadt** mit ihrem Feldsteinpflaster und den alten Häusern, der Springbrunnen und die gemütliche Stimmung in den Cafés laden uns zum Verweilen ein. Parkplatz gibt es gegenüber der Touristeninformation in der Talsu iela 5 oder auf dem großen Marktplatz in der J. Raiņa iela 7. Ein Parkplatz am See Melnezers mit **Badeplatz** liegt zwei Kilometer nordöstlich von Tukums (N 56°59′02.8″ E 23°10′18.3″). Im Norden der Stadt ist auch ein Campingplatz in purer Natur.

Entlang des langen Šlokenbekas Dzirnavu Ezers verlassen wir Tukums in Richtung Osten und kommen nach **Milzkalne**. Das dortige **Schloss Šlokenbeka** sollte das nahe Tukums schützen. Es wurde zum ersten Mal 1484 in historischen Quellen erwähnt. Heute birgt es das **Latvijas ceļu muzejs** (Lettisches Straßenmuseum). Zu sehen sind interessante, betagte Fahrzeuge bis hin zu Ochsenkarren und die Geschichte des Straßenbaus wird anschaulich dargestellt (Milzkalne, Tel. +371 631 82354, www.celumuzejs.lv).

Die Straße ändert nun die Richtung nach Nordosten zum kleinen Badeort **Klapkalnciems** an der Ostsee. Mit Variante der Ostseeroute schwenken wir nach rechts auf der P128 in Richtung Jūrmala und Riga. Einige Parkplätze entlang der Straße erlauben den Zugang zum kilometerlangen Strand.

Im Schokoladenmuseum in Pūre

JŪRMALA – DIE MONDÄNE REICHE

Vor der Einfahrt in den eleganten Kurort Jūrmala machen Naturfreunde einen Abstecher in Richtung Ķemeri in den **Ķemeri-Nationalpark**, um dort im Moor unterwegs zu sein. Am großen **Slokas ezers** ist ein Vogelbeobachtungsturm (N 56°57'26.7" E 23°32'47.0"). Das **Nationalparkzentrum Meža māja** (Waldhaus) mit Ausstellungsräumen und einem kurzen Rundweg ist an der Tūristu iela vor Ķemeri gut ausgeschildert (www.kemerunacionalaisparks.lv). Ein großer Moorrundweg (Lielais Ķemeru tīrelis) mit Beobachtungsturm ist im **Ķemeri Swamps** (Sumpf) südlich vom Ort Ķemeri.

Auf der A10 (E22) könnten wir nun schnell in Riga sein, aber wir fahren mit geringer Umweltgebühr durch **Jūrmala** mit seinen Villen in **Holzbauarchitektur** aus der Zeit des Jugendstils. Jūrmala war schon vor 1914 der bevorzugte Sitz des deutschbaltischen Geld- und Blutadels. Der Kurort ist durch sein mildes Klima, den fast **30 Kilometer langen Sandstrand**, die gesunde Luft, den Heilschlamm und das Mineralwasser bekannt. In den Kiefernwäldern gibt es moderne und vielseitige Erholungsmöglichkeiten. Kein Wunder, dass in Jūrmala, an der »lettischen Riviera«, im Sommer reges Treiben herrscht, sind es doch nur 25 Kilometer bis Riga und Jūrmala gilt auch heute noch als bevorzugte und sehr teure Wohnlage. Die Touristeninformation befindet sich an der Durchgangsstraße Lienes iela 5 mit Parkplatz dahinter. Wer länger bleiben möchte, checkt auf einem der zwei Campingplätze ein. Am Camping Nemo ist auch ein gebührenpflichtiger Parkplatz.

AUSFLUG

ĶEMERI-NATIONALPARK

In dem Gebiet befinden sich ausgedehnte Feuchtgebiete, Lagunenseen und Sümpfe. Es gibt einige schwefelhaltige Mineralquellen. Die Sumpfflächen machen ein Viertel der Gesamtfläche des Nationalparks aus. Hier wachsen einige Orchideenarten. Der große Ķemeri Swamps ist ein typischer Moos-Sumpf. Es gibt mehrere geschützte Tierarten, wie gefleckte Flussschnecken, Süßwassermuscheln, Wasserfledermäuse, Schwarzstörche und Otter. Auch der Sonnentau, eine »fleischfressende« Pflanze, ist zu finden.

Wunderschön ist das **Jūrmalas brīvdabas muzejs** (Freilichtmuseum) in Lielupe, am östlichen Ende von Jūrmala. Es zeigt das Leben der Fischer und ist zugleich ein Schiffsmuseum (Tīklu iela 1a, LV-2010 Jūrmala, Tel. +371 677 54909, www.jbmuzejs.lv, GPS-Daten: N 56°59'45.1" E 23°55'00.0").

RIGA, PARIS DES NORDENS

Riga ist politisches, wirtschaftliches und kulturelles Zentrum Lettlands an der Mündung der Daugava. Die Stadt zählt, in rückläufigen Zahlen, nicht ganz 700 000 Einwohner, ist

Burg, Dom, Petrikirche und Anglikanische Kirche in Riga

Das Schwarzhäupter-Haus auf dem Rathausplatz

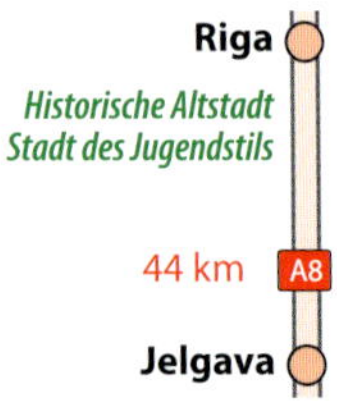

aber immer noch die größte Stadt im Baltikum. Die Hälfte aller Bewohner Lettlands lebt im Großraum Riga. Über 30 Prozent der Einwohner sind russischer Herkunft. Gegründet wurde die Stadt Riga vom deutschen Bischof Albert 1201. Seit dem 13. Jahrhundert war Riga Hansestadt und zählt heute in ihrer Gesamtheit zum UNESCO-Weltkulturerbe. Die Stadt bezeichnet sich gern als Perle des Baltikums.

Am besten geht es geradewegs auf einen der zwei Stadtcampingplätze in Riga, die nahe der Innenstadt auf der Insel Ķīpsala in der Daugava untergebracht sind. Zur Innenstadt kommen wir zu Fuß oder mit dem Bus der Linie 57 über die große Hängebrücke mit schöner Sicht auf die Stadt und dann nach rechts entlang der Daugava an der Rigaer Burg vorbei. An der nächsten Brücke ist links der **Rathausplatz** mit dem **Schwarzhäupter-Haus**, in dem die Touristeninformation ihren Sitz hat. Das Schwarzhäupter-Haus ist ein originalgetreuer Nachbau des ursprünglichen Hauses aus dem 14. Jahrhundert.

Vielleicht sollten wir überlegen, ob der Riga-Pass rentabel ist, der hier zu bekommen ist. Er umfasst kostenlosen Eintritt in Museen und Fahrten mit öffentlichen Verkehrsmitteln. Hier am Rathausplatz ist in dem avantgardistischen, aber düsteren Gebäude das beeindruckende **Okkupationsmuseum** (www.okupacijasmuzejs.lv). In nordöstlicher Richtung steht die gotische **Petrikirche**, erbaut im Jahre 1209. Vom hohen Turm lohnt ein Blick über die Stadt. Hinter der Petrikirche steht die **Johanneskirche**, ursprünglich aus dem 13. Jahrhundert.

Im Südosten zeichnen sich deutlich die vier **Zeppelinhallen** ab, in denen täglich auf 15 000 Quadratmetern der größte Markt des Baltikums abgehalten wird. Ein Besuch ist unbedingt empfehlenswert, denn der Zentralmarkt von Riga ist ein wirkliches Erlebnis. Auch die Markthallen stehen auf der Liste des UNESCO-Weltkulturerbes. Nördlich der Markthallen ist in der Elizabetes iela 83 der elegante **Berga Bazārs**, eine historische Fußgängerpassage, die von 1887 bis 1900 erbaut

Die Johanneskirche wurde mehrfach umgebaut

wurde und heutzutage zu einem der beliebtesten Einkaufs- und Schlemmerorte in Riga zählt. Hier gibt es stilvolle Boutiquen, erlesene Restaurants und beliebte Cafés (www.bergabazars.lv).

IN DER ALTSTADT

Von der Petrikirche aus gesehen stoßen wir nach Nordwesten über die Tirgoņu iela weiter in die **Altstadt** vor. Zahlreiche Restaurant-Terrassen und Bars laden zum Verweilen ein. Abends gibt es an vielen Ecken Livemusik. In Riga ist immer etwas los. Der **Backsteindom St. Marien** von Beginn des 13. Jahrhunderts am Domplatz ist die größte Kirche im ganzen Baltikum. Der Turm ist allerdings barock und stammt aus dem 18. Jahrhundert. Die Häuser 17, 19 und 21 in der nördlich gelegenen Mazā pils iela sind die ältesten Häuser Rigas und werden die **Trīs Brāļi** (Drei Brüder) genannt. Das Handwerkerhaus mit der Nummer 17 entstand um 1490. Das mittlere Haus ist das prächtigste und wurde im Stil des niederländischen Manierismus 1646 errichtet. Das dritte Haus wurde in der zweiten Hälfte des 17. Jahrhunderts als Wohnhaus gebaut.

Am **Līvu laukums** (Livenplatz), zwischen Altstadt und Freiheitsdenkmal, pulsiert das Leben. Im Nordosten der Altstadt liegen der alte **Stadtgraben** und die **Esplanāde**, die zu schönen Parkanlagen geworden sind. Auch die hohe **Freiheitsstatue** aus dem Jahr 1935 steht auf dieser Seite. Hier ist auch die **»Laima-Uhr«**, der beliebteste Treffpunkt in Riga, mit der Reklameaufschrift der größten Schokoladenfabrik Lettlands.

Gleich in der Nähe steht das Rigaer **Opernhaus**. Im historischen Gebäude am Brīvības bulvāris 19 befindet sich ein guter **Souvenirladen**, in dem nicht nur typisch lettische Andenken, sondern auch Handwerkserzeugnisse aus Leinen, Wolle und Baumwolle angeboten werden, daneben Schmuck, Glas und Keramik sowie feine Delikatessen. Hier bekommt man auch den legendären Kräuterschnaps »Black Riga Balsam«. Oder wir gehen später zur Kostprobe in die rustikalen Gewölbe der **Balzambārs** in der Torņa iela 4 (Tel. +37167214494, www.balzambars.lv). Eine ebenso rustikale Alternative ist das **Riga Black Magic** in der Kaļķu iela 10 (Tel. +371 672 22877, www.blackmagic.lv). An Läden und Kneipen ist in Riga kein Mangel.

Vor und in den Zeppelinhallen gibt es alles.

ARCHITEKTUR UND KULTUR

Das Stadtviertel mit den schönen **Jugendstilhäusern** liegt nördlich der Altstadt und wird »Das stille Zentrum« genannt. Wir laufen am Freiheitsdenkmal auf dem Brīvīdas bulvāris nach Nordosten. An der **Elizabetes iela** gehen wir nach links bis zur **Strēlnieku iela**. Auf dieser nach rechts und auf der **Alberta iela** schlendern wir dann zurück nach Südosten. Damit haben wir die herrlichsten

Die »Drei Brüder« sind die ältesten Häuser in Riga.

An Kneipen ist in Riga kein Mangel.

Jugendstilhäuser Rigas auf einem Rundgang von fast drei Kilometern gesehen. Ungefähr 40 Prozent der Gebäude im Zentrum sind Jugendstilbauten. Das ist erheblich mehr als in jeder anderen Stadt der Welt. Riga ist an einem Tag nicht zu erkunden.

Da wären dann noch die Museen der Stadt, von denen hier nur die wichtigsten genannt werden. Das **Historische Museum** greift die ferne und nahe Vergangenheit Lettlands auf (Brīvības bulvāris 32, Tel. +371672 21357, www.lnvm.lv). Das **Lettische Nationale Kunstmuseum** zeigt Gemälde und Skulpturen (Jaņa Rozentāla laukums 1, Tel. +371673 24461, www.lnmm.lv). Das **Jugendstilmuseum** (Alberta iela 12, Tel. +37167181465, www.jugendstils.riga.lv) ist für alle Kunstinteressierten ebenso ein Magnet. Einen süßen Höhepunkt verspricht die **Laima Schokoladenfabrik** mit Museum und Laden (Miera iela 22, LV-1001 Riga, www.laima.lv).

Im Osten der Stadt befindet sich das richtig gute **Riga Motor Museum**, in dem Kuriositäten zu sehen sind, die in keinem Museum der westlicheren Länder stehen (Sergeja Eizenšteina iela 8, Tel. +37167025888, www.motormuzejs.lv). Das umfangreiche, hervorragende **Lettische Ethnografische Freilichtmuseum** wiederum beherbergt über 100 historische Gebäude aus allen Regionen Lettlands und zeigt das bäuerliche Leben vergangener Zeiten (Brīvdabas iela 21, Tel. +371 67994106, www.brivdabasmuzejs.lv). Ebenfalls im Osten der Stadt lässt sich dann noch der beste Zoo des Baltikums mit großem Spielplatz und Reitmöglichkeit für Kinder entdecken (Meža prospekts 1, Tel. +371675 18409, www.rigazoo.lv).

DIE SCHLÖSSER ZEMGALES

Schloss Rundāle, das Versailles des Baltikums, und **Schloss Jelgava**, eines der größten Architekturdenkmäler des Baltikums, stehen

Der ehemalige Stadtgraben ist Spazier- und Erholungsgebiet.

Die Jugendstilhäuser Rigas sind eine immer neue Sensation.

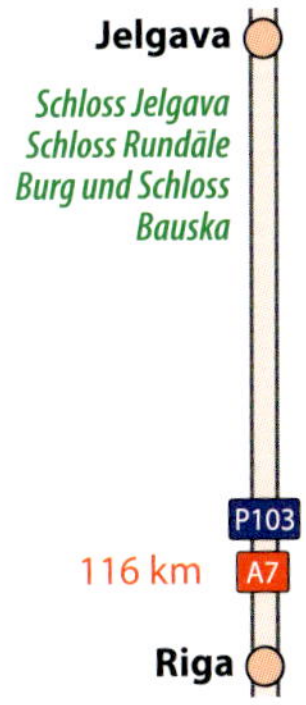

südlich von Riga in der Region Zemgale (Kurland). An Riga lässt sich daher eine Schlösserrundfahrt von 160 Kilometer Länge anschließen.

Auf der A8 (E77) fahren wir nach Südwesten in Richtung Jelgava, die schöne Perle Zemgales mit 60 000 Einwohnern. Bei der Überquerung des Flusses Lielupe ist rechts das Schloss zu sehen, vor dem es zu dem Parkplatz in der Pilssalas iela hinter dem Schloss geht. Jelgava war vom 16. bis 18. Jahrhundert das Zentrum des ehemaligen Herzogtums Kurland und Semgallen und beherbergt daher heute noch Architektur-, Kultur- und Geschichtsdenkmäler.

JELGAVA

Das **Schloss Jelgava** ist ein Werk des bedeutenden Architekten Bartolomeo Francesco Rastrelli. Er plante und baute es im 18. Jahrhundert für Herzog Ernst Johann von Biron. Das **Schlossmuseum** präsentiert die Geschichte, Architektur, Baugeschichte und Einrichtung des Schlosses in der Zeit des Herzogtums Kurland.

Am östlichen Ufer Rigas stehen moderne Bauten, hier die Lettische Nationalbibliothek.

Schloss Jelgava wurde im 18. Jahrhundert erbaut.

Das Hochflutbett **Lielupes palienes pļavas** auf der Insel nördlich hinter dem Schloss ist ein Naturparadies, in dem über vierzig wild lebende Pferde grasen. Pflanzen und Vögel kommen in großer Vielfalt vor. Die ab dem Schloss noch drei Kilometer lange Insel kann nicht mit dem Wohnmobil, sondern nur zu Fuß oder mit dem Fahrrad erkundet werden.

Schweift der Blick vom Schloss nach Süden, steht die ehemalige **Dreieinigkeitskirche** westlich des Flusses im Gesichtskreis. Der Turm der Kirche ist ein beeindruckendes Besichtigungsobjekt, denn die Spitze ist eine gläserne **Aussichtsplattform**. Außerdem sind im Turm Ausstellungen mit interaktiven Elementen, die Touristeninformation und das noble Restaurant La Tour de Marie. Vor der Kirche gibt es auch kleinere Parkplätze. Die Stadt Jelgava wurde im Zweiten Weltkrieg sehr zerstört. Dennoch lohnt ein Blick in das **alte Quartier** um die Vecpilsētas iela mit seinen Holzhäusern. Wer länger bleiben will: Es gibt einen ruhigen Parkplatz am Fluss am Ende der Peldu iela, aber keinen Campingplatz in der Stadt.

Die A 8 bringt uns von Jelgava durch weite Kornfelder weiter nach Süden, bis wir in Meitene auf der P103 nach Osten abbiegen. Ein Sträßchen zweigt rechts ab zum Schloss-

Das Barockschloss Rundāle ist das »Versailles Lettlands«.

Restaurierte Burg und Schloss Bauska

gelände Rundāle in **Pilsrundāle**. An der Zufahrt ist rechts für speziell Interessierte ein **Museum für Retroautos** (retro automašīnu muzeja). 200 Meter vor dem Schloss liegen ausgeschilderte Parkplätze. Am Hotel Baltā mājā sind Wohnmobilstellplätze.

RUNDĀLE

Wie eine Perle in dem ebenen Land liegt **Schloss Rundāle** inmitten eines herrlichen Parks. Es gehört zu den bedeutendsten Baudenkmälern des Barock und des Rokoko in Lettland und wurde in der Mitte des 18. Jahrhunderts nach dem Vorbild des französischen Schlosses Versailles gestaltet. Das dreiflügelige Schloss verfügt über 138 Zimmer und Säle. Der Entwurf stammt wiederum von dem Architekt des Zarenhofs Bartolomeo Francesco Rastrelli, der auch die Pläne für den Winterpalast in Sankt Petersburg und für das Schloss Jelgava erstellt hat.

Im östlichen Schlossflügel sind die repräsentativen Räumlichkeiten – der **Goldene Saal**, der **Weiße Saal** und die **Große Galerie**. Im zentralen Teil befinden sich die **Wohnräume des Herzogs** und im westlichen Flügel die **Zimmer der Herzogin**. Das **Schlossmuseum** Rundāle beherbergt die Ausstellung der Kunstschätze. Präsentiert werden Möbel, Porzellan, Silber, Gemälde und Hinterlassenschaften der kurländischen Herzöge. Der **Schlosspark** wurde im französischen Stil angelegt und mit über 300 000 Linden und vielen Blumenbeeten bepflanzt. Der Rosengarten ist einen Hektar groß. Hier können auch Boote ausgeliehen werden (www.rundale.net).

BAUSKA

Auf der P103 und A7 sehen wir zu, dass wir über Bauska wieder nach Riga kommen. **Bauska** am Zusammenfluss der Flüsse Mūša und Mēmele hat 10 000 Einwohner. Die **Burg Bauska** wurde 1443 vom Deutschen Orden errichtet. An der P103 befinden sich auf der linken Seite Parkplätze auf der schmalen Halbinsel zwischen den Flüssen, auf der die Burganlage steht. Der Komplex umfasst eine Burgruine und ein Renaissanceschloss aus dem 17. und 18. Jahrhundert. Burg und Schloss wurden 1705 von den Russen gesprengt. Von dem Ordenssitz ist nur die Ruine erhalten. Das Schloss, auf dessen Turm sich eine Aussichtsplattform befindet, wurde restauriert.

Auf der Halbinsel führt ein angelegter Pfad durch den **Schlossberg-Park**, über die Wiese und die Kanalbrücke auf die **Insel Ķirbaksala** zum Zusammenfluss der **Mūša** und **Mēmele**. Ab hier bilden die zwei Flüsse dann die Lielupe, die durch Jelgava fließt und bei

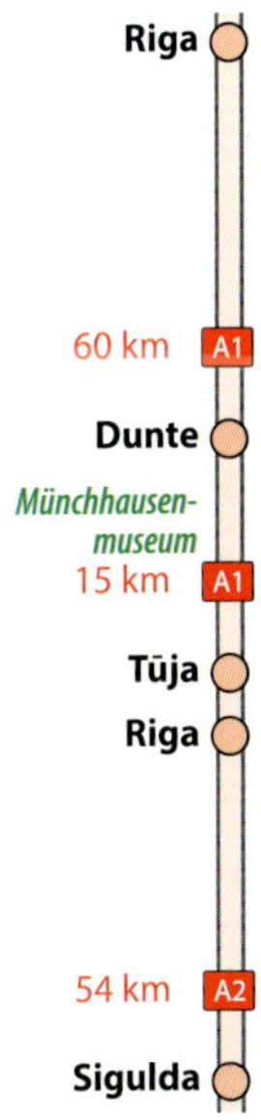

Auf dem Sonnenuntergangsweg warten.

Riga in die Ostsee mündet (www.bauskaspils.lv). In der Stadt gibt es auf dem ansehnlichen Rätslaukums vor dem Rathaus und der Touristeninformation einen Parkplatz. Auf der A 7 ist dann schnell wieder Riga erreicht.

Die **Region Vidzeme** nördlich von Riga ist geprägt von schönen Stränden an der Ostsee und vom herrlichen **Gauja-Nationalpark** mit spektakulären Landschaften und geheimnisvollen Höhlen. Für die Fahrt durch die Region Vidzeme bieten sich daher zwei Routenvarianten an. Bleiben wir zunächst an der Ostsee bis zum kleinen Küstenort Tūja.

Sonnenuntergang an der Ostsee

WEISSE DÜNEN UND MÜNCHHAUSEN

Die A1 leitet an der Küste von Riga bis zur Grenze nach Estland. Bei **Carnikava** überqueren wir den **Koiva jõgi**, allgemein als **Gauja** bekannt, mit 450 Kilometern der längste Fluss Lettlands. Wir verlassen aber die A1 bei der Ausfahrt **Saulkrasti**, denn die **Baltā kāpa**, die Weiße Düne von Saulkrasti, ist berühmt. Einen Parkplatz gibt es am Beginn der Kāpu iela. Hier fängt auch der Sonnenuntergangs-Weg an der Küste an. Von diesem Weg eröffnet sich eine herrliche Aussicht aufs Meer, auf die Mündung der Inčupe und den weiten Strand.

Ihren Namen hat die Düne wegen der weißen Schichten verhärteten Sandes erhalten, der dem Sandstein ähnlich ist. Der Sonnenuntergangs-Weg schlängelt sich von der Weißen Düne bis zum Zentrum von Saulkrasti mit einer Länge von vier Kilometern. Nördlich von Saulkrasti existiert ein gebührenpflich-

Schon an der A1 lädt der Lügenbaron ins Museum ein.

tiger Parkplatz am Meer (N 57°17'01.2" E 24°24'48.4"). In **Zvejniekciems** gibt es dann auch wieder private Campingplätze. Vor dem Camping Lauču akmens liegt der Lauču-Stein, ein riesiger Findling, den das Eis 1853 am Strand abgesetzt hat.

Nun legen wir unser Augenmerk auf ein ganz besonderes **Museum im Gutshaus des Freiherrn von Münchhausen** in **Dunte**, das an der A 1 auf der linken Seite gut ausgeschildert ist. Das Museum fördert natürlich die Legenden über den Lügenbaron Hieronymus Carl Friedrich Freiherr von Münchhausen. Im Winter werden Pferde an die Kirchtürme angebunden, mit einem Schuss werden zehn Enten getroffen. Aber Baron Münchhausen gab es wirklich und hier in Dunte hat er tatsächlich mit seiner Frau Jacobina sechs Jahre seines Lebens verbracht (Tel. +371 265 76056, www.minhauzens.lv, GPS-Daten: N 57°24'21.3" E 24°25'28.6").

Am Museum beginnt der **Münchhausen-Pfad**, der mit Skulpturen geschmückt bis zum Meer führt. Er ist fünf Kilometer lang, abgekürzt drei Kilometer. Gegenüber der Einfahrt von der A 1 zum Münchhausenmuseum steht ein Hinweisschild mit der Aufschrift »Keramicas«. Es handelt sich um eine Töpferei, in der authentische schwarze Töpferwaren hergestellt werden (www.cepli.lv).

Der kleine Ort **Tūja** verfügt über zwei Campingplätze direkt am Strand. Die kleinen Straßen an der Küste eignen sich hervorragend für eine Ausfahrt mit dem Fahrrad. In Tūja stößt auch die P 11 von der Fahrt durch den Gauja-Nationalpark auf die Küstenstraße A 1. Vor der weiteren Reise nach Norden betrachten wir diese reizvolle Reisevariante, die allerdings um 80 Kilometer länger ist als die Strecke an der Ostsee.

VARIANTE DURCH DEN GAUJA-NATIONALPARK

Es ist die A 2, die von Riga nach Nordosten in den Gauja-Nationalpark leitet. Schon im Altertum haben die Liven und die Lettgallen das Gebiet besiedelt und den schönsten Fluss Lettlands als Handelsweg genutzt. Die Stadt **Sigulda** zählt heute 12 000 Einwohner und verwunderte mit ihrer umgebenden reizvollen Natur einst sogar den russischen Zaren. Heute gilt das traumhaft schöne Gebiet als »Livländische Schweiz«.

Unterwegs an der Gauja

Eine kleine Wanderung zur **Teufelshöhle** vor Sigulda ist sehr eindrucksvoll. Parken kann das Wohnmobil auf dem großen Parkplatz am Ende der Laurenču iela. Der Weg beginnt am Trafo-Häuschen. Hinter der Schule teilt er sich zu zwei Aussichtspunkten in kurzer Entfernung. Der Blick reicht bis zur Gauja hinunter. Zu den frei liegenden roten Sandsteinfelsen **Velnalas klintis** (Teufelsfelsen) am Fluss mit der **Velna ala** (Teufelshöhle) führt die lange Treppe hinunter an die Gauja. Dieser Weg ist hin und zurück fünf Kilometer lang und jeden Meter wert zu gehen.

SIGULDA IN DER LIVLÄNDISCHEN SCHWEIZ

Schon vor Sigulda zeigt ein Wegweiser zum **Aerodium-Windkanal**, in dem Besucher im Luftstrom schweben können (www.aerodium.lv). Zur Besichtigung der Sehenswürdigkeiten Siguldas reicht der Parkplatz am Neuen Schloss (N 57°09′49.4″ E 24°51′10.3″) oder man stellt das Wohnmobil auf dem Parkplatz an der Seilbahn am Ende der Jāņa Poruka iela ab. Einen Campingplatz gibt es unten am schönen Gauja-Strand. An der Ausekļa iela 6

AUSFLUG

DER GAUJA-NATIONALPARK

Der Nationalpark Gauja ist der größte und älteste Nationalpark in Lettland. Er ist durch eine große biologische Vielfalt, Quellen, Felsen, malerische Landschaften und einzigartige Natur- und Kulturdenkmäler gekennzeichnet. Der Fluss Gauja formte mit seinem eisenhaltigen Wasser seit 300 bis 370 Millionen Jahren ein weites, malerisches Urstromtal, das seine größte Tiefe von 85 Metern bei dem burgenreichen Sigulda erreicht. Dadurch entstanden abwechslungsreiche Sandsteinfreilegungen. Typisch sind die rot-gelb leuchtenden Sandsteinfelsen aus dem Erdzeitalter des Devon, die mit den ausgedehnten Kiefernwäldern kontrastieren. Die Farbschattierungen und die Farbintensität erinnern an die Felsen im jordanischen Petra. Im Park leben 900 Pflanzen- und über 200 Tierarten. Der Nationalpark ist ein Landschafts- und Artenschutzfaktor im gesamteuropäischen Raum, außerdem ein herrliches und abwechslungsreiches Wanderparadies. Die angelegten Radrouten sind ideal für Mountainbiker (www.entergauja.com).

ist ein Parkplatz an der Touristeninformation von Sigulda.

In der geschichtsträchtigen Landschaft an der Gauja liegen 19 alte Burghügel und sechs mittelalterliche Burgen. Das **Neue Schloss** in Sigulda ist neogotisch und stammt aus dem 19. Jahrhundert. Die Ruine der dahinter liegenden Burg wurde Anfang des 13. Jahrhunderts von dem Schwertbrüderorden erbaut. Die Aussicht vom Turm zur Turaidas pils auf der anderen Seite der Gauja ist einfach umwerfend. Vor der Burg ist der Laden **Baltu Rotas** beachtenswert. Hier wird fein gearbeiteter Schmuck nach alten Vorbildern und Symbolen der baltischen Länder hergestellt (Pils iela 16, www.balturotas.lv).

Westlich der P8 startet in der Jāņa Poruka iela 14 die **Seilbahn** über die Gauja. Nach einer fantastischen Fahrt mit herrlichem Ausblick auf die Landschaft mit drei Burgen erwarten uns am Endpunkt in Krimulda ein **Gutsschloss**, ein **Aussichtsturm** und eine **Burgruine**. Von der Ruine führt ein kurzer Weg von einem Kilometer zur touristisch stark frequentierten, aber schönen **Gūtmaņala** (Gutmannshöhle). Die Gutmannshöhle, die Teufelshöhle und alle anderen Kavernen entstanden vor Jahrtausenden in den Felsklippen am Ufer der Gauja. Die größte Höhle des Baltikums trägt an ihren Wänden geheimnisvolle Gemälde und Inschriften. Am Parkplatz zur Gutmannshöhle befindet sich das **Besucherzentrum des Nationalparks Gauja**, wo es Informationen über den Nationalpark und über Erholungsmöglichkeiten gibt (www.gnp.gov.lv).

Am Ufer der Gauja

Ein weiterer Weg von zwei Kilometer Länge leitet zur **Turaidas pils** aus dem 13. Jahrhundert, eine tolle Burganlage und herrlicher Aussichtsplatz im **Turaida-Museumsreservat**, auch wenn die Burg selbst rekonstruiert ist. Im Museum und in historischen Gebäuden

Das Neue Schloss in Sigulda ist neogotisch.

Gedenkstein der Rose von Turaida

wird die livländische Geschichte aufgerollt. Ein Publikumsmagnet ist der Grabstein der Maija, **Rose von Turaida**, unter der alten Linde nahe der Kirche. Die Gutmannshöhle und das Turaida-Museumsreservat sind auch mit dem Wohnmobil anzufahren, denn es gibt große Parkplätze davor, jeweils an der P8 gelegen.

Ein toller Aussichtsplatz auf dem **Paradīzes kalns** (Paradieshügel) und die **Pētera ala** (Petershöhle) sind von einem Parkplatz in der Pēteralas iela in einer kleinen Rundwanderung von zwei Kilometern zu erreichen. Das Gebiet um Sigulda ist nicht nur ein gutes Wandergebiet. Beliebt sind auch die abenteuerlichen **Bootstouren** auf der Gauja, wofür Boote an den Vermietstationen bereitliegen. Eine fast zwei Kilometer lange **Sommerrodelbahn** (www.bobtrase.lv) ist auch für Freizeitbesucher zugänglich. Im **Tarzāns-Park** (www.tarzans.lv) können Besucher in den Bäumen hängen.

AN DEN UFERN DER GAUJA UND AMATA

Auf dem Weg nach Cēsis tangieren wir **Augšlīgatne**. In einer Hütte in einem Privatgarten wird Wein, Essig, Hochprozentiges, schöne Holzwaren und noch mehr angeboten. Hier arbeitet ein weithin bekannter Hersteller von Holzlöffeln (Karošu darbnīca Līgatnes, LV-4108 Augšlīgatne, www.spoonfactory.lv, www.ligatnesvinadaritava.lv, GPS-Daten: N 57°11'29.7" E 25°02'12.1"). Ebenfalls in Augšlīgatne befindet sich der **Vienkoču parks** (Einbaum-Park), ein Freilandmuseum, in dem nette Souvenirs aus Holz und Einbaum-Boote hergestellt werden (Vienkoči, LV-4108 Līgatne, Tel. +371 293 29065, www.vienkoci.lv, GPS-Daten: N 57°11'31.7" E 25°03'18.2").

Līgatne entstand um eine Papierfabrik und andere Industrieanlagen, welche 1815 gegründet wurden. Heute nennt sich Līgatne gern »Wanderdorf«. Die artenreichen Wälder um den Ort an der Gauja sind ein Begriff. Die Touristeninformation ist in der Spriņģu iela 2 und um die Ecke ist ein Parkplatz. Auf der Spriņģu iela 100 Meter weiter

KULTUR

DIE ROSE VON TURAIDA

Zu den Überlebenden einer Schlacht im 17. Jahrhundert gehörte nach einer Sage Maija, die in der Burg Turaida aufgenommen wurde. Da sie sich zu einer Schönheit entwickelte, wurde sie bald Rose von Turaida genannt und von vielen Freiern umworben. Sie liebte jedoch Viktor, den Sohn eines Gärtners. Mit einem gefälschten Brief, angeblich von Viktor, lockten zwei Verehrer Maija in die Gutmannshöhle. Um ihre Tugend zu bewahren, gab sie vor, im Besitz eines zauberkräftigen Halstuches zu sein. Die Männer mögen nur mit dem Schwert auf sie einschlagen, es werde ihr nichts geschehen. Doch es war eine List und sie starb tugendhaft. Viktor beerdigte seine geliebte Maija, pflanzte eine Linde am Grab und verließ die Heimat. Niemand soll je wieder von ihm gehört haben. Vielleicht ist die Geschichte wahr, denn Gerichtsakten erzählen von solch einem Fall.

befindet sich auf der linken Seite gegenüber dem See der **Lustūzis-Felsen** (Glänzender Felsen), der durch Wege und Treppen erschlossen ist. 300 Meter von der Touristeninformation zweigt von der Spriņģu iela rechts ein Weg ab, der zu einer alten **Fabrikschleuse** mit Fischtreppe am Fluss Līgatne führt. Dort befinden sich auch die wunderbaren Felsformationen (Ānfabrikas-Felsen) und Höhlen, die durch einen Rundweg erreichbar sind.

Die **Papierfabrik**, ein Industriedenkmal des 19. Jahrhunderts, steht in der Brīvības iela von der Touristeninformation nur 400 Meter entfernt. Auf dem Weg zum Campingplatz an der alten Fähre an der Gauja fahren wir in der Gaujas iela an den sozialen Arbeiterhäusern vorbei, die zur Papierfabrik gehören.

Auf dem **Wildparkweg Līgatnes dabas takas** sind all die Tiere zu sehen, die auch in freier Wildbahn vorkommen. Ein bis zu fünf Kilometer langer Pfad führt an den Gehegen von Wolf, Elch, Wildschwein, Bär, Fuchs, Uhu, Luchs und Hirsch vorbei (Tel. +371 641 53313, GPS-Daten: N 57°14′54.2″ E 25°00′52.0″). Inmitten der riesigen Anlage steht ein Aussichtsturm, der ein 360-Grad-Panorama bietet. Am Parkplatz des Wildparks befindet sich ein gebührenfreier Wohnmobilstellplatz.

Im Turaida-Museumsreservat stehen historische Gebäude.

Nordöstlich von Līgatne befindet sich in **Skaļupes** das sogenannte **Rehabilitation Centre Līgatne**. Als Kuranstalt getarnt war dort einer der geheimsten Bunker der Sowjetzeit. Eine Führung erläutert die Einrich-

Der glänzende Felsen in Ligatne

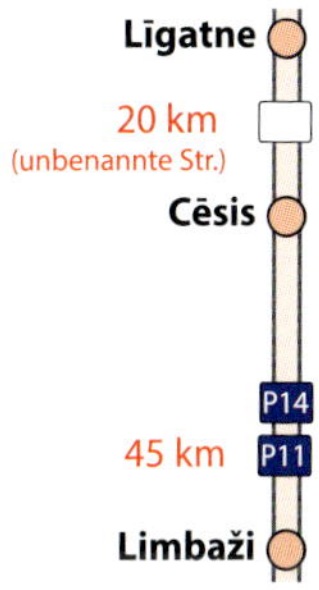

Der Aussichtsturm am Wildparkweg Līgatnes dabas takas ist 22 Meter hoch und steht auf einem Hügel.

tung (LV-4110 Skaļupes, Tel. +37164161915, www.bunkurs.lv, GPS-Daten: N 57°15′19.0″ E 25°04′14.3″). In einem 500 Meter langen Spaziergang ist an der Gauja der rote **Spriņģu-Fels** zu besichtigen.

Wer nun die weiter angeführten Sehenswürdigkeiten im Gauja-Nationalpark sehen will, muss sich auf circa 20 Kilometer Sandstraße bis Cēsis einstellen. Alternativ bleibt die Umfahrung auf der A 2 und P 20 bis Cēsis.

Der Uhu ist beeindruckend.

Weiter im Osten in Richtung Cēsis auf der Sandstraße mündet nach acht Kilometern das Flüsschen **Amata** in die Gauja. Sie wartet mit nicht weniger schönen Wanderwegen und Sandsteinformationen auf. Nach der Brücke über die Amata ist rechts ein Parkplatz mit Picknicktisch (N 57°15′42.2″ E 25°08′17.0″). An dieser Stelle nehmen die vielen Kajak- und Kanufahrer ihre Boote nach dem wilden Ritt auf den Stromschnellen der Amata aus dem Wasser.

Von hier könnte man bereits nach Süden durch urwüchsige Landschaft mit Blicken auf die farbigen Felsen auf dem **Amatas dabas taka** (Naturpfad) drei Kilometer zum Zvārtes Felsen laufen. Aber es gibt dort auch einen Parkplatz (N 57°14′45.1″ E 25°08′53.9″). Am Parkplatz zum **Zvārtes-Felsen** befindet sich wiederum ein **Besucherzentrum des Nationalparks Gauja**, wo es Informationen über den Nationalpark und über Erholungsmöglichkeiten gibt (www.gnp.gov.lv). Der Naturpfad von Amata ist insgesamt 17 Kilometer lang, kann aber auch in Abschnitten gegangen werden (www.amata.lv).

Wer sich für Archäologie interessiert, fährt über **Āraiši** auf Sandstraße nahe der P 20 nach Cēsis. Das **Freilichtmuseum Āraiši** ist ein Nachbau einer lettgallischen Holz-Wasserburg und des dazugehörigen Dorfes aus dem 9. Jahrhundert im Āraišu ezers (Āraišu arheoloģiskais parks, LV-4139 Āraiši, Tel. +371 256 69935, www.amata.lv, GPS-Daten: N 57°14'59.5" E 25°16'49.0"). Ein schönes Bild gibt auch die weiter westlich gelegene Windmühle von Āraiši ab (N 57°14'51.3" E 25°16'16.9").

Panoramablick auf den Hauptplatz der Stadt Cēsis

HÜBSCHES STÄDTCHEN MIT PATINA

Cēsis ist eine der ältesten Städte Lettlands und war einst Hansestadt. Heute hat Cēsis 17 000 Einwohner und zählt zu den schönsten alten lettischen Städten. Wahrzeichen der Stadt ist die mittelalterliche Burgruine, die ein romantisches Flair vermittelt. Die kleinen Gassen mit Kopfsteinpflaster, wo sich Holzhäuser und Jugendstilhäuser reihen, tragen auch dazu bei. Der Fluss Gauja mit seinen steinigen Ufern fließt an Cēsis vorbei und sorgt für eine herrliche Naturlandschaft.

Die größten Parkflächen in Cēsis befinden sich rund um das Sportstadion, Ecke Dzintara iela und Uzvaras bulvāris. Bis zur Ordensburg sind es 600 Meter. Näher an der Burg kann man entlang der Straße parken. Vier Kilometer außerhalb der Stadt ist am Badestrand der Gauja ein Campingplatz. Auf der anderen Seite des Flusses liegt ein Parkplatz in der Kvēpenes iela. Am Campingplatz beginnt auch der **Cīrulīšu dabas takas**, ein Naturpfad durch urwüchsige Landschaft und Felsen an der Gauja, wahlweise drei oder fünf Kilometer lang.

Cēsis mit seiner **Ordensburg** und seinen pittoresken Häusern ist unbedingt sehens-

Das Neue Schloss in Cēsis aus dem 18. Jahrhundert steht vor der Burg aus dem frühen 13. Jahrhundert.

Im Weiher des Maija parks schwimmen schwarze Schwäne.

wert. Deutsche Kreuzritter des Schwertbrüderordens begannen 1209 mit dem Bau der Burg Wenden. 1577 sprengte sich die Besatzung mit der Burg in die Luft, als sie von Iwan dem Schrecklichen belagert wurden. Daher stammt das jetzige Aussehen der Burg aus dem 16. Jahrhundert.

Die lettische Flagge wurde in Cēsis »erfunden«

Im 18. Jahrhundert wurde das **Neue Schloss** erbaut, das auch die Touristeninformation beherbergt. Davor finden sich eine Kutschen-Remise und ein **Kornspeicher**. Unterhalb des Speichers steht das Industriedenkmal der **ältesten Brauerei (Cēsu) des Baltikums**, die 1878 gebaut, aber schon 1590 gegründet wurde. Im Burghof ist ein mittelalterlicher Garten angelegt. Unterhalb der Burg liegt der romantische **Schlosspark** mit Teich, geschaffen im 19. Jahrhundert. Der hübsche **Maija parks** mit schwarzen Schwänen befindet sich östlich der Burg. In Sichtweite der Ordensburg steht die große **Johanneskirche**, die Ende des 13. Jahrhunderts errichtet wurde.

Ein sehenswertes Naturdenkmal sind die farbigen **Ērgļu klintis** (Adlerklippen) im Norden der Stadt. Ausgangspunkt ist ein im Wald versteckter Parkplatz bei der Ansiedlung **Pieškalni** (N 57°21'27.1" E 25°15'44.5"). Die ungewöhnlichsten Sandsteinfelsen Lettlands sind die **Lielā Ellīte** (Große Hölle) in Liepa in der Rūpnīcas iela. Um sie zu sehen, ist ein zwölf Kilometer weiter Abstecher auf der P20 in nordöstliche Richtung erforderlich. Die Felsen sind die Reste einer Einsturzhöhle. Der eigenartige Platz ist ein alter, bedeutender Kultort. Sagen und Geschichten erzählen vom Teufel, der sich in der Höhle von Lielā Ellīte versteckt hatte. Ein Pfarrer konnte den Teufel vertreiben, der über den Fluss Gauja zum Sandsteinfelsen Sietiņiezis sprang.

AN DIE STRÄNDE DER OSTSEE

Auf der P14 verlassen wir Cēsis und wollen über Limbaži wieder an die schönen Strände der Ostsee. Der **Raiskuma ezers** liegt nahe

KULTUR

DIE LETTISCHE NATIONALFLAGGE

Cēsis gilt als Wiege der lettischen Nationalflagge, denn der Überlieferung nach wurde in Cēsis einst der lettische König Visvaldis im Kampf gegen Belagerer tödlich verwundet. Die Flagge soll das weiße, blutgetränkte Leinentuch darstellen. Wo der Körper des Königs lag, blieb das Tuch weiß. Tatsächlich ist die rot-weiß-rote Fahne seit 1270 schriftlich bezeugt. Heute werden die Farben anders erklärt. Weiß ist das Symbol für Reinheit und Gerechtigkeit. Rot symbolisiert das Blut, welches zum Erlangen der Unabhängigkeit vergossen wurde. Das tiefe Karminrot soll von den Beeren stammen, welche die Letten zum Färben der Flagge verwendeten.

Die Johanneskirche in Cēsis hat gewaltige Ausmaße.

Limbaži

Historische Hansestadt

19 km P11

Tūja

der P14. Ein schöner Campingplatz am See könnte die Reise um ein Weiteres verlängern. Direkt an der P14 hingegen liegt der **Ungura ezers** (Ungurs-See), der größte See im Gauja-Nationalpark. Ein Parkplatz (N 57°21'00.9" E 25°05'59.3") und ein Campingplatz ermöglichen den Aufenthalt.

Am **Ruckas ezers** unweit der P14 ist ein Parkplatz mit Badestrand (N 57°25'03.5" E 24°55'05.3"). Sechs Kilometer nach dem Ruckas-See liegen links der Straße Lavendelfelder. Die Lavendelfarm **Lillas Lavender** verkauft in ihrem Hofladen Erzeugnisse rund um die duftende Pflanze (P14, LV-4004 Umurgas, Tel. +371 264 47888, www.lillaslavender.com, GPS-Daten: N 57°28'15.9" E 24°53'42.2"). Danach schwenken wir links in die P11 ein und kommen nach Limbaži.

Die einstige Hansestadt **Limbaži** hat heute 8000 Einwohner, war aber im 14. Jahrhundert nach Riga die zweitgrößte Stadt Livlands. Die Stadt hat einiges zu bieten. Das Wohnmobil kann am Baznīcas laukums geparkt werden, wo auch gleich die Touristeninformation ist. In Limbaži befindet sich auch das **Dzīvā sudraba muzejs** (Silbermuseum) mit Silberkunst aller Art (Burtnieku iela 4, Tel. +371 293 56858, www.sudrabamuzejs.lv).

Nördlich der Touristeninformation befindet sich in der Burtnieku iela die **Burgruine** von Limbaži mit Aussichtsturm. Die Burg ist eine der ältesten Festungsanlagen Lettlands. Der größte Teil der heutigen Altstadt von Limbaži stammt aus dem 18. und 19. Jahrhundert, wie zum Beispiel die Häuser in der Gildas iela. In der Klostera iela, östlich der Touristeninformation, steht die sehr schöne **Orthodoxe Kirche der Erleuchtung**. Die prachtvolle Kirche wurde 1900 bis 1903 im neobyzantischen Stil erbaut.

Ein weiterer Pluspunkt Limbažis ist der **Limbažu Lielezers** (Großer Limbažisee), wo in der Levu iela ein Parkplatz mit einem schönen Badestrand ist. Als Limbaži noch florierende Hansestadt war, fuhren Lastkähne über

Von der einstigen Burg in Limbaži ist nicht mehr viel übrig.

Der Strand am Parkplatz der Via Baltica

diesen See und durch das Flüsschen Donaviņa zur Ostsee bei Svētupe. Hier beginnt auch der vier Kilometer lange **Lielezera dabas taka** (Naturpfad) mit Vogelbeobachtungsturm. Schließlich bringt uns die P11 bei Tūja wieder an die Ostsee zurück.

STADT DER NEUNAUGEN

Nun zeigt uns wieder die A1 die Richtung nach Norden. Ein ordentlicher Standort mit fantastischem Strand ist mit dem Camping Klintis gefunden. Am Strand sind zudem mit den **Veczemju klintis** schöne Sandsteinfelsen in der Steilküste zu sehen. Die Via Baltica (A1) verläuft dann in Sichtweite der Ostsee und es gibt einige Parkplätze, die aber wegen der Straße eher unruhig sind. Der beste ist vielleicht bei GPS N 57°38′14.6″ E 24°22′30.8″.

Salacgrīva ist als Stadt der Neunaugen bekannt, denn im Fluss Salaca werden diese Fische mit speziellen Zaun-Reusen gefangen. Genaue Informationen zu dieser alten Technik gibt es im **Salacgrīvas muzejs**, vor dem auch auf der Straße geparkt werden kann (Sila iela 2, LV-4033 Salacgrīva, Tel. +371 640 71981, www.salacgriva.lv). Neben dem Museum befindet sich die Touristeninformation. In der Nähe des Leuchtturms ist sogar ein Parkplatz als einfacher Wohnmobilstellplatz ausgewiesen. Östlich davon, Ecke Krīperu iela und Pērnavas iela, lockt die alte Fischerkneipe Minhauzens Pie Bocmaņa mit gemütlichem Garten. Sie öffnete bereits Anfang des

Die Besteigung einiger der Vogelbeobachtungstürme erfordert ein wenig Mut.

20. Jahrhunderts ihre Pforten. Nördlich von Salacgrīva ist ein Parkplatz nahe dem Strand auf dem Gelände des **Positivus Festivals** (www.positivusfestival.com), eines der größten Musikfestivals des Baltikums, das im Juli stattfindet. Der Parkplatz befindet sich in der Sporta iela.

In Richtung Norden folgt der **Nationalpark Randu pļavas**, das sind ausgedehnte Küstenwiesen und Bereiche mit Flachwasser. Eine speziell eingegliederte Botanik und Brutstellen von Seevögeln werden darin geschützt. Küchenschellen, Schwanenblumen und Orchideen kommen im Gebiet vor. Es gibt einige Wege in das Gelände und Vogelbeobachtungstürme. Vor Ainaži zeigt ein Wegweiser nach links zum **Randu pļavas taka**, ein Bohlenweg in den Küstenwiesen.

Die Grenze zu Estland steuern wir nicht auf der A1 (E67), sondern auf der Valdemāra iela, auf der Hauptstraße durch den Grenzort **Ainaži** an. So klein der Ort auch ist, zeigen doch die Kapitänshäuser und die Seefahrtsschule die frühere Bedeutung des Ortes. In dieser Schule befindet sich das **Seefahrtmuseum** (Valdemāra iela 47).

An der Grenze zu Estland

Nach dem Museum steht auf der rechten Seite der Leuchtturm. Links zweigt die Kuģu iela ab, an deren Ende ein Parkplatz 400 Meter vor dem Strand liegt. Direkt vor der Grenze ist links an der Straße ein kleiner Parkplatz mit einer Informationstafel. Hier beginnt ein Bohlenweg zur unglaublich langen **historischen Mole** aus großen Findlingssteinen, die 1912 gebaut wurde. Damit verlassen wir Lettland und folgen den Sehenswürdigkeiten Estlands in der Route drei und vier.

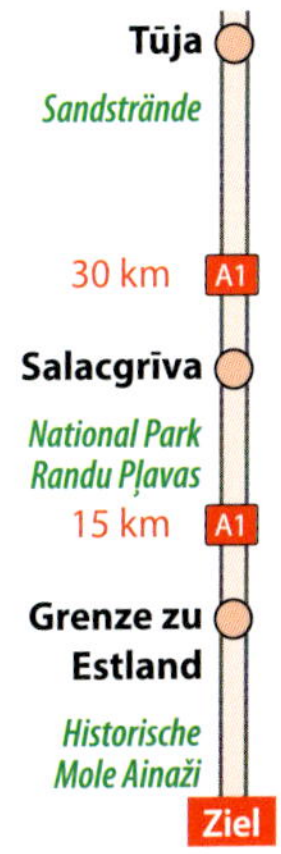

Die historische Mole aus Findlingssteinen führt weit in die hier flache Ostsee hinaus.

PRAKTISCHE HINWEISE

TOURISTINFORMATIONEN

Pape und **Rucava**
Rucavas novads, LV-3477 Rucava,
Tel. +371 291 34903, www.rucava.lv

Jūrmalciems
LV-3473 Jūrmalciems, Tel. +371 262 12997,
GPS-Daten: N 56°18′02.2″ E 20°59′49.0″

Liepāja
Rožu iela 5/6, LV-3401 Liepāja,
Tel. +371 634 80808, www.liepaja.travel

Pāvilosta
Dzinatru iela 2, LV-3466 Pāvilosta,
Tel. +371 634 98229, www.pavilosta.lv

Kuldīga
Baznīcas iela 5, LV-3301 Kuldīga,
Tel. +371 633 22259, www.visit.kuldiga.lv

Ventspils
Dārza iela 6, LV-3601 Ventspils,
Tel. +371 636 22263, www.visitventspils.com

Kolka
Kolkas rags, LV-3275 Kolka,
Tel. +371 291 49105, www.kolkasrags.lv

Talsi
Lielā iela 19/21, LV-3200 Talsi,
Tel. +371 632 24165, www.talsitourism.lv

Sabile
Pilskalna iela 6, LV-3294 Sabile,
Tel. +371 632 52344, www.sabile.lv

Kandava
Kūrorta iela 1b, LV-3120 Kandava,
Tel. +371 631 81150, www.visitkandava.lv

Tukums
Talsu iela 5, LV-3101 Tukums,
Tel. +371 631 24451, www.visittukums.lv

Jūrmala
Lienes iela 5, LV-2015 Jūrmala,
Tel. +371 671 47900, www.visitjurmala.lv

Riga
Rātslaukums 6, LV-1050 Rīga,
Tel. +371 670 37900, www.liveriga.com

Jelgava
Akadēmijas iela 1, LV-3001 Jelgava,
Tel. +371 630 05447, www.visit.jelgava.lv

Bauska
Rātslaukums 1, LV-3901 Bauska,
Tel. +371 639 23797, www.tourism.bauska.lv

Sigulda
Ausekļa iela 6, LV-2150 Sigulda,
Tel. +371 679 7133, www.tourism.sigulda.lv

Līgatne
Spriņģu iela 2, LV-4110 Līgatne,
Tel. +371 641 53169, www.visitligatne.lv

Cēsis
Pils laukums 9, LV-4101 Cēsis,
Tel. +371 641 21815, www.visit.cesis.lv

Limbaži
Torņa iela 3, LV-4001 Limbaži,
Tel. +371 640 70608, www.visitlimbazi.lv

Salacgrīva
Rīgas iela 10a, LV-4033 Salacgrīva,
Tel. +371 640 41254, www.visitsalacgriva.lv

CAMPING- UND STELLPLÄTZE

C 22 **Camping Amber Wind Beach Kafe**
(S. 206 B1)
LV-3477 Rucava
GPS-Daten: N 56°09′03.1″ E 21°01′50.6″
Wiesen-/Sandplatz, Café, 200 Meter zum Strand

S 23 **Wohnmobilstellplatz Draugu Mājas**
(S. 211 G6)
LV-3477 Rucava, Tel. +371 296 68467
GPS-Daten: N 56°09′15.3″ E 21°01′34.7″
Sandplatz am Strand

C 24 **Camping Pūķarags** (S. 211 F6)
LV-3477 Pape, Tel. +371 283 78625,
www.pukarags.lv
GPS-Daten: N 56°09′52.7″ E 21°01′21.8″
Wiese/Sand, 200 Meter zum Strand

C 25 **Camping Veckurši** (S. 211 F5)
LV-3473 Nīca, Tel. +371 296 82623,
www.veckursi.lv
GPS-Daten: N 56°24′54.8″ E 21°00′11.3″
Wiese mit Bäumen, 200 Meter zum Strand

C 26 **Camping Vērbeļnieki** (S. 211 F5)
LV-3473 Nīca, Tel. +371 291 38565,
www.verbelnieki.lv
GPS-Daten: N 56°25′34.4″ E 20°59′49.8″
Wiese mit Bäumen, 100 Meter zum Strand,
Restaurant

C 27 **Camping Jūrmaļjēkuļi** (S. 211 F5)
LV-3473 Bernāti, Tel. +371 294 90769,
GPS-Daten: N 56°23'15.8" E 20°59'07.5"
Wiesenplatz mit Bäumen, 300 Meter zum Strand

C 28 **Camping Rūgumi** (S. 211 F3)
LV-3463 Ziemupe, Tel. +371 297 47773,
www.rugumi.eu
GPS-Daten: N 56°42'26.6" E 21°03'38.5"
Wiesenplatz, 100 Meter zum Strand

C 29 **Camping Kaleji** (S. 211 F3)
LV-3463 Ziemupe, Tel. +371 291 41389,
www.viesunamiem.lv
GPS-Daten: N 56°42'44.2" E 21°03'45.8"
Wiesenplatz, 200 Meter zum Strand

C 30 **Camping Zvejnieksēta** (S. 211 G3)
Jūras iela 4, LV-3466 Pāvilosta,
Tel. +371 294 49927
GPS-Daten: N 56°53'12.5" E 21°10'13.0"
Wiesenplatz, 300 Meter zum Strand

S 31 **Wohnmobilstellplatz Pāvilosta** (S. 211 G3)
Kalna iela, LV-3466 Pāvilosta
Sandplatz am Strand

C 32 **Camping Nabīte** (S. 211 H2)
LV-3321 Nabīte, Tel. +371 294 58904,
www.viesunamiem.lv/nabite
GPS-Daten: N 57°04'34.7" E 21°48'45.5"
Wiese am See, Bootsverleih, Café

C 33 **Camping Ventaskrasti** (S. 211 H1)
LV-3624 Ventas Krasti, Tel. +371 296 16644,
www.ventaskrasti.lv
GPS-Daten: N 57°11'03.2" E 21°39'49.9"
Wiese an der Venta, Bootsverleih, Restaurant

C 34 **Camping Raganas slota** (S. 211 H1)
LV-3623 Vārve, Tel. +371 292 55061
GPS-Daten: N 57°19'28.4" E 21°34'01.7"
Wiese nahe der Venta

C 35 **Camping Baltmuiža** (S. 211 G3)
LV-3466 Saka, Tel. +371 263 56527
GPS-Daten: N 56°55'21.3" E 21°15'41.3"
Wiesenplatz, 300 Meter zum Strand

C 36 **Camping Hortus** (S. 211 G3)
LV-3626 Sakas, Tel. +371 267 95690
GPS-Daten: N 56°58'26.6" E 21°20'26.0"
Parzellierte Wiese, 100 Meter zum Strand

C 37 **Camping Sīļi** (S. 211 G2)
LV-3626 Jūrkalne, Tel. +371 265 86582,
www.imantas.lv
GPS-Daten: N 56°58'27" E 21°20'39"
Wiese am Hotel, 600 Meter zum Strand,
Restaurant, Minimarkt

C 38 **Camping Senči** (S. 211 G2)
LV-3626 Jūrkalne, Tel. +371 283 35239,
www.jurkalnesstavkrasts.lv
GPS-Daten: N 57°00'26.6" E 21°22'51.5"
Wiesenplatz, 300 Meter zum Strand

C 39 **Camping Šāfliki** (S. 211 G2)
LV-3626 Jūrkalne
GPS-Daten: N 57°01'47.5" E 21°24'02.2"
Wiese am Landhaus, 100 Meter zum Strand

C 40 **Camping Zaķi** (S. 211 G2)
LV-3626 Jūrkalne, Tel. +371 264 52767,
www.zaki.lv
GPS-Daten: N 57°01'56.6" E 21°24'05.1"
Wiese am Strand, 100 Meter zum Strand,
Kiosk/Shop, schlechte Zufahrt

C 41 **Camping Ventspils Piejuras** (S. 216 A6)
Vasarnicu 56, LV-3601 Ventspils,
Tel. +371 636 27925, www.camping.ventspils.lv
GPS-Daten: N 57°23'01.8" E 21°32'14.7"
Wiese teilweise im Wald, ein Kilometer zum Strand, zwei Kilometer ins Zentrum, Fahrradverleih, Restaurant

C 42 **Camping Liepene Jeni** (S. 216 A5)
LV-3601 Liepene, Tel. +371 263 82706,
www.campingjeni.lv
GPS-Daten: N 57°29'31.4" E 21°39'34.5"
Wiesenplatz, 600 Meter zum Strand, Zufahrt zwei Kilometer Schotterstraße

C 43 **Camping Vējciems Liepene** (S. 216 A5/6)
LV-3601 Liepene, Tel. +371 292 25912,
www.vejciems.lv
GPS-Daten: N 57°29'31.8" E 21°38'53.4"
Wiese im Wald, 200 Meter zum Strand

Am Wohnmobilstellplatz Draugu Mājas in Rucava sind auch Picknickpavillons

Am Strandparkplatz in der Kalna iela in Pāvilosta

C 44 Camping Miķeļbāka (S. 216 B5)
LV-3601 Miķeļtornis, Tel. +371 278 84438, www.mikelbaka.lv
GPS-Daten: N 57°35'50.2" E 21°57'53.2"
Wiesenplatz, 300 Meter zum Strand, Zufahrt drei Kilometer Schotterstraße

C 45 Camping Pizā Miķeļtornis (S. 216 B5)
LV-3601 Miķeļtornis, Tel. +371 233 08622, www.piza.lv
GPS-Daten: N 57°35'55.4" E 21°58'06.3"
Wiesenplatz, 200 Meter zum Strand

C 46 Camping Mazirbe Kalēji (S. 216 C5)
LV-3275 Mazirbe, Tel. +371 288 29474
GPS-Daten: N 57°40'54.1" E 22°19'04.7"
Wiesenplatz, 600 Meter zum Strand

C 47 Camping Mazirbe Jūrmalnieki (S. 216 C5)
LV-3275 Mazirbe, Tel. +371 223 34904, www.kempingsjurmalnieki.lv
GPS-Daten: N 57°40'59.0" E 22°19'02.8"
Wiesenplatz, 700 Meter zum Strand, Minimarkt

C 48 Camping Košrags Beach Līblabā (S. 216 C5)
LV-3275 Košrags, Tel. +371 292 12610
GPS-Daten: N 57°41'51.2" E 22°21'16.3"
Wiese im Wald, 300 Meter zum Strand

C 49 Camping Pitrags Pie Andra Pitragā (S. 216 C5)
Krogi 2, LV-3275 Pītrags, Tel. +371 264 93087, www.pieandrapitraga.lv
GPS-Daten: N 57°42'01.6" E 22°23'19.0"
Wiesenplatz, ein Kilometer zum Strand

C 50 Camping Vaide Viesu māja Purvziedi (S. 216 C4)
LV-3275 Vaide, Tel. +371 293 95624, www.viesunamiem.lv
GPS-Daten: N 57°43'36.8" E 22°27'38.9"
Wiesenplatz, 400 Meter zum Strand

C 51 Camping Kolka Ūši (S. 216 C4)
LV-3275 Kolka, Tel. +371 294 75692
GPS-Daten: N 57°44'55.8" E 22°35'41.2"
Wiesenplatz am Strand, Restaurant auf Bestellung

C 52 Camping Melnsils (S. 216 C5)
LV-3264 Melnsils, Tel. +371 286 05606, www.melnsils.lv
GPS-Daten: N 57°39'02.9" E 22°34'52.7"
Wiesenplatz am Strand, Restaurant

C 53 Camping Pūrciems Lauku Sēta Brāļtīrumi (S. 216 C5)
LV-3264 Pūrciems, Tel. +371 292 12933
GPS-Daten: N 57°34'57.4" E 22°37'53.8"
Wiesenplatz, 400 Meter zum Strand

C 54 Camping Mērsrags Noras (S. 212 D1)
Bākas iela 58, LV-3284 Mērsrags, Tel. +371 200 37000
GPS-Daten: N 57°21'54.7" E 23°07'12.9"
Kiesplatz am Strand

C 55 Camping Mērsrags Saules (S. 212 D1)
Bākas iela 28, LV-3284 Mērsrags, Tel. +371 277 97555, www.sauleskempings.lv
GPS-Daten: N 57°21'29.4" E 23°07'43.5"
Wiesenplatz, 100 Meter zum Strand

C 56 Camping Plieņciems Baltā kāpa (S. 212 D2)
LV-3113 Plieņciems, Tel. +371 292 12821, www.nordemetals.lv
GPS-Daten: N 57°04'49.5" E 23°16'13.6"
Wiesenplatz am Strand

C 57 Natur-Camping Apšuciems Zīvartiņš (S. 212 D2)
LV-3113 Apšuciems, Tel. +371 267 10268
GPS-Daten: N 57°04'19.6" E 23°16'54.1"
Wiese im Wald am Strand

C 58 Camping Ragaciems Atostogos Ramioje Vietoje (S. 212 D2)
LV-3118 Ragaciems
GPS-Daten: N 57°01'37.9" E 23°29'39.6"
Wiesenplatz am Strand

C 59 Camping Tukums Sveikuļi (S. 212 D2/3)
LV-3139 Tukums, Tel. +371 292 32026, www.sveikuli.lv
GPS-Daten: N 56°59'38.8" E 23°08'10.7"
Wiesenplatz nahe der P 131

C 60 Camping Jūrmala Nemo (S. 213 E2/3)
Atbalss iela 1, LV-2008 Jūrmala, Tel. +371 261 00500, www.nemo.lv
GPS-Daten: N 56°57'33.8" E 23°38'46.0"
Wiesenplatz, 100 Meter zum Strand, Café

C 61 **Camping Jūrmala** (S. 213 E2/3)
Dubultu prospekts 51, LV-2015 Jūrmala,
Tel. +371 266 81022
GPS-Daten: N 56°58'00.2" E 23°45'29.2"
Wiesenplatz, 100 Meter zum Strand

C 62 **Camping Riga City Camping** (S. 213 F2/3)
Rietumu iela 2, LV-1048 Rīga,
Tel. +371 670 65000
GPS-Daten: N 56°57'23.1" E 24°04'46.0"
Wiese hinter der Messehalle, Fahrradverleih, drei Kilometer ins Zentrum

C 63 **Camping Riga Riverside** (S. 213 F2/3)
Matrožu iela 15, LV-1048 Rīga,
Tel. +371 266 58899, www.riversidecamping.lv
GPS-Daten: N 56°57'56.3" E 24°04'50.0"
Asphaltierter Platz an der Dangava, vier Kilometer ins Zentrum, Bootsverleih, Restaurant

S 64 **Stellplatz Pilsrundāle Hotel Balta maja** (S. 213 F5)
LV-3921 Pilsrundāle, Tel. +371 291 21374,
www.hotelbaltamaja.lv
GPS-Daten: N 56°24'59.5" E 24°01'50.6"
Platz neben einem Gasthaus, 400 Meter zum Schloss, Restaurant, ganzjährig

C 65 **Camping Zvejniekciems Uzkalni** (S. 213 G1)
LV-2161 Zvejniekciems, Tel. +371 263 46047,
www.kempingspiejuras.com
GPS-Daten: N 57°18'39.5" E 24°24'40.9"
Wiesenplatz, 100 Meter zum Strand

C 66 **Camping Zvejniekciems Jūras Priede** (S. 213 G1)
Upes iela 56, LV-2161 Zvejniekciems,
Tel. +371 270 08353, www.juraspriede.lv
GPS-Daten: N 57°19'10.0" E 24°24'26.1"
Wiesenplatz, 100 Meter zum Strand

C 67 **Camping Lauči Lauču akmens** (S. 217 H6)
de.laucuakmens.lv
LV-4025 Lauči, Tel. +371 263 50536,
GPS-Daten: N 57°22'01.1" E 24°24'09.5"
Wiesenplatz am Strand, Restaurant

C 68 **Camping Tūja Jūrasdzeņi** (S. 217 H6)
Jūras iela 10, LV-4022 Tūja,
Tel. +371 265 50574, www.jurasdzeni.lv
GPS-Daten: N 57°29'28.2" E 24°22'53.7"
Wiesenplatz am Strand

C 69 **Camping Tūja Krimalnieki** (S. 217 H6)
LV-4022 Tūja, Tel. +371 257 69844,
www.krimalnieki.lv
GPS-Daten: N 57°30'11.1" E 24°22'56.6"
Wiesen-/Sandplatz am Strand

C 70 **Camping Siguldas pludmale** (S. 213 H2)
Peldu iela 2, LV-2150 Sigulda,
Tel. +371 292 44948, www.makars.lv
GPS-Daten: N 57°09'28.3" E 24°50'14.1"
Wiese an der Gauja, Bootsverleih

C 71 **Camping Līgatne Makars Kanoe campings** (S. 213 H1)
Gaujas iela 36, LV-4110 Līgatne,
Tel. +371 292 44948, www.makars.lv
GPS-Daten: N 57°15'14.7" E 25°02'43.2
Wiesenplatz, Bootsverleih

S 72 **Stellplatz Līgatne Wildpark** (S. 213 H1)
LV-4110 Līgatne, Tel. +371 641 53313
GPS-Daten: N 57°14'54.2" E 25°00'52.0"
Asphaltierter Parkplatz am Wildpark, WC

C 73 **Camping Cēsis Žagarkalns** (S. 214 A1)
Mūrlejas iela 12, LV-4101 Cēsis,
Tel. +371 262 66266, www.zagarkalns.lv
GPS-Daten: N 57°18'25.8" E 25°13'16.7"
Wiese an der Gauja, Badeplatz, Boots- und Fahrradverleih, Café

C 74 **Camping Raiskums Apaļkalns** (S. 213 H1)
LV-4146 Raiskums, Tel. +371 294 48188,
www.apalkalns.lv
GPS-Daten: N 57°19'03.0" E 25°08'52.5"
Wiesenplatz, Badeplatz, Boots- und Fahrradverleih

C 75 **Camping Ungurs** (S. 213 H1)
P14, LV-4146 Raiskuma pagasts,
Tel. +371 291 20992
GPS-Daten: N 57°21'09.3" E 25°05'15.2"
Wiese am Ungurs-See, Badestelle

C 76 **Camping Klintis** (S. 217 H5)
Meleku ceļš, LV-4033 Klintis,
Tel. +371 278 52476, www.klintis.lv
GPS-Daten: N 57°34'46.0" E 24°21'59.9"
Wiesenplatz, 100 Meter zum Strand, Restaurant

S 77 **Stellplatz Salacgrīva** (S. 217 H4)
Krīperu iela 1, LV-4033 Salacgrīva
GPS-Daten: N 57°45'21.8" E 24°21'32.7"
Asphaltierter Parkplatz, ganzjährig offen, Restaurant

3 HERRLICHE OSTSEEINSELN UND ALTEHRWÜRDIGE BADEORTE

Westestlands Küste und die Inseln

Die dritte Etappe führt durch gering besiedelte estnische Wälder und Moore mit wilden Bewohnern wie Luchsen, Braunbären, Wölfen und Elchen. Auch ein Eldorado für Botaniker! Estland zählt zu den am dünnsten bevölkerten Ländern Europas. Auf den ländlich geprägten Inseln finden sich Spuren der Wikinger und mittelalterliches Kulturgut. Selbst für estnische Verhältnisse schwach bewohnt ist die Insel Hiiumaa. Hier herrscht Natur pur. Dänische, schwedische, deutsche und sowjetische Herren hinterließen ihre Spuren. Pärnu, Lääne, Saare, Hiiu und Harju sind die von uns bereisten Landkreise.

Der Aussichtsturm am Valgeranna Seikluspark

Auf der Via Baltica (A 4) wären wir schneller nach Pärnu unterwegs, die küstennahe 331 bietet jedoch Einblick in das ländliche und stille Estland in der Region Pärnu und auch Bademöglichkeiten. Außerdem können wir die schönen Telkimisala (Campingplätze) nutzen, die von der RMK (Riigimetsa Majandamise Keskus, das ist die Staatliche Forstverwaltung, www.loodusegakoos.ee) mit Picknicktischen und Feuerstellen eingerichtet wurden. Diese Parkplätze sind zur Übernachtung im Wohnmobil freigegeben.

STILLE STRÄNDE IN DER REGION PÄRNU

Der erste RMK-Camping mit dem Namen Krapi findet sich nach **Treimani** auf der linken Seite, ein nächster vor **Majaka**: RMK Lemme telkimisplats. Aber es gibt auch private Campingplätze wie der in **Kabli**. Ein Strandparkplatz ist im Ort mit »Kabli rand« (Kabli Strand) ausgeschildert. 300 Meter weiter ist auf der linken Seite am Straßenrand die **Vogelstation Kabli** mit **Aussichtsturm**. Im Herbst wird hier ein riesengroßes, 17 Meter hohes Gerüst mit einem Netz bespannt. Die gefangenen Vögel werden beringt, um den Vogelzug zu erforschen. Außerdem beginnt hier der **Kabli looduse õpperada** (Kabli-Naturlehrpfad), ein zwei Kilometer langer Bohlen-Rundweg, der in die artenreichen Strandwiesen und weiter nördlich bis zum **Looduskeskus-Infopunkt** mit Ausstellungsräumen führt. Der kann aber auch mit dem Wohnmobil angefahren werden, weil dort auch der nächste RMK-Camping ist.

IM NATURPARK RANNAMETSA

Beim Dorf **Häädemeeste** beginnt der Naturpark Rannametsa. Am Anfang des Dorfes steht links der Hauptstraße in der Kooli tänav 23 eine **orthodoxe Kirche** aus dem 19. Jahrhundert für die 80 Prozent der Bevölkerung, die dem orthodoxen Glauben angehören. Das Besondere an der Kirche sind die verzierten Fenster und die reich dekorierte dreistöckige Ikonostase im eklektischen Stil des Historismus. Ebenfalls in eklektischem Stil ist die **lutherische Kirche Mikael** im Dorfzentrum an der Hauptstraße Pärnu maantee 34 erbaut. Sie besteht aus Feldsteinen mit kontrastierenden Ziegelelementen. In der Suurküla 2 ist an einem Haus ein Parkplatz, von wo ein Spazierweg zur 120 Meter entfernten **Jõe vaateplatvorm** (Aussichtsplattform) in den Strandwiesen führt.

Kurz nach der Einmündung der 331 in die A 1 nach Rannametsa befindet sich direkt an der A 1 ein Parkplatz. Hier ist der Einstieg in den zauberhaften **Tolkuse raba matkarada** (Tolkuse-Moorwanderweg). Der zwei Kilome-

ROUTE 3

STARTPUNKT
Grenze zu Lettland bei Ainaži

ENDPUNKT
Tallinn

STRECKENLÄNGE
660 km

FAHRZEIT
4 bis 5 Tage

BESTE JAHRESZEIT
Juni bis September

Die orthodoxe Kirche von Häädemeeste hat als Besonderheit Schmuck-Putz um die Fenster.

Viljandi ist schon wegen seiner Holzhäuser in der Altstadt sehenswert.

ter lange Rundweg verläuft zum Teil auf Bohlen und führt durch den Dünenwald und das Moor Tolkuse bis zu einem großen Moorteich. Am Pfad liegt auch die höchste Düne Estlands, **Tornimäe**. Auf ihr befindet sich ein Beobachtungsturm mit Aussicht auf das Moor Tolkuse und die Bucht von Pärnu (www.loodusegakoos.ee).

ZUM NATIONALPARK SOOMAA

Nun können wir schnell auf der A 4 (E 67) nach Pärnu fahren, aber wenn gewünscht, machen wir beginnend mit der Straße 6 einen großen Bogen in den **Nationalpark Soomaa**. Die Fahrt durch das riesige Moor- und Waldgebiet östlich von Pärnu bedeutet, 70 Kilometer mehr zurückzulegen, doch die Reise lohnt. Zu Beginn begleitet uns auf der linken Seite in den Wiesen und Feldern das Flüsschen Reinu. Nach dem Ort **Kilingi-Nõmme** biegen wir links auf die 92 nach Norden ab. Auf dem Parkplatz am See Rahumeri kann gut eine Pause eingelegt werden. Im Dorf **Kõpu** ist nach der Kirche auf der linken Seite das **Besucherzentrum** des Soomaa-Nationalparks (Tipu maantee 1, EE-71201 Kõpu, Tel. +372 433 0100).

Viljandi ist die Hauptstadt der estnischen Volksmusik.

DIE HANSESTADT VILJANDI

Wer möchte, macht vor der Einfahrt in den Nationalpark einen 20 Kilometer weiten Abstecher auf der 92 nach Nordosten in das hübsche Städtchen **Viljandi** am Viljandi järv. Die ehemalige Hansestadt mit heute 18 000 Einwohnern hat einiges zu bieten. Die Touristeninformation ist am Vabaduse plats 6, wo sich davor ein Parkplatz anbietet. Hinter der Touristeninformation beginnt der Schlosspark. Die Stadt verfügt über viele Grünflächen und Parks. Die Holzhäuser der Altstadt spenden eine gemütliche Atmosphäre.

Der See und die Wiesen davor sind recht schön. Ein Parkplatz am See mit Badestrand ist am Ende der Aasa tee am Sportstadion. Westlich des Stadions liegt der **Viljandi matkarada** (Viljandi-Wanderweg) in den Wiesen. Der Weg führt auf den Viljandi lossimägi

Im Frühling sind weite Gebiete des Soomaa Nationalparks überflutet.

(Burgberg), wo die Reste der mächtigen Ordensburg aus dem 13. Jahrhundert stehen. Malerisch ist die Aussicht auf den See. Gekonnt bildet eine Ruinenmauer die Bühnenwand eines Freilichttheaters. Der Weg leitet auch auf einer Hängebrücke über den tiefen Burggraben. Die archäologische Abteilung des nahen Museums beweist, dass am Viljandisee schon seit 7000 Jahren gesiedelt wird (Johan Laidoneri plats 10, Tel. +372 433 3316, www.muuseum.viljandimaa.ee). Der **Viljandi vana veetorn** (alter Wasserturm) am Museum ist ein beliebter Aussichtsplatz. Viljandi ist die Hauptstadt der estnischen Volksmusik mit dem jährlich größten Festival im Juli und mit einem Zentrum für Volksmusik (www.folk.ee).

IM ZENTRUM DES NATIONALPARKS SOOMAA

Nun zurück nach Kõpu, von wo aus wir auf der 151 mitten in den Nationalpark hineinfahren können. Anfangs ist die Straße noch asphaltiert, dann geht es 15 Kilometer auf Schotter weiter. Nach der winzigen Ansiedlung **Uia** zweigt rechts das Sträßchen zum **Öördi õpperada** (Öördi-Studienweg) am Rand des Öördi-Moores ab. Am einsamen Parkplatz ist auch eine Feuerstelle. Ein Bohlenweg führt zum 500 Meter entfernten herrlichen Moorsee **Öördi järv** mit Badesteg.

Auf der 151 weiter westlich ist am Flüsschen **Halliste** genau richtig, wer ein Kanu da-

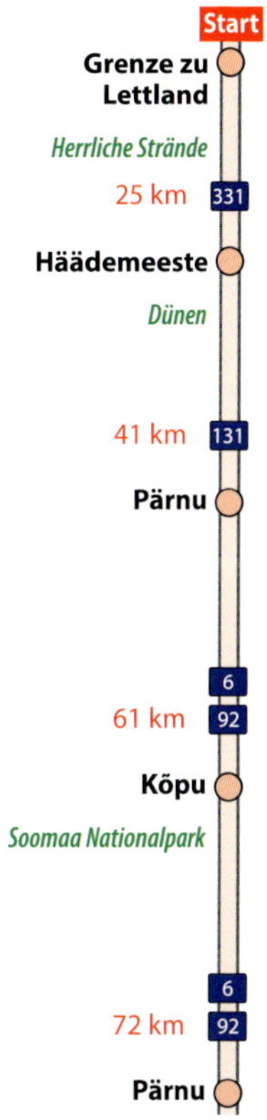

AUSFLUG

DER SOOMAA-NATIONALPARK

Der geschützte Parkbereich besteht aus fünf großen Einzelmooren, die zusammen eine Fläche von 390 Quadratkilometern einnehmen. Der Soomaa-Nationalpark gilt als Estlands große Wildnis. Nach der Schneeschmelze oder langen Regenfällen verwandelt sich das Gebiet in Wasserflächen – die sogenannte fünfte Jahreszeit. Die Biodiversität hier ist hoch und nachhaltig. In den Wäldern und Mooren gibt es Elche, Rehe, Wildschweine, Luchse, Wölfe, Bären und Biber, außerdem Federwild wie Moorschneehühner, Auer- und Birkhühner. In den Wäldern leben Spechte und Eulen und unzählige andere Vögel. In den feuchten Auen kommen Regenpfeifer, Doppelschnepfen und Wachtelkönige vor. Das Gebiet kann mit dem Kanu oder zu Fuß entdeckt werden. Aufgrund der unberührten Landstriche gehört Soomaa zum Wildnisnetzwerk Europas. Die menschliche Besiedlung von Soomaa reicht zurück bis in die Steinzeit. Davon zeugen die traditionellen Einbäume, mit denen bis heute die Wasserflächen befahren werden. Am Besucherzentrum des Nationalparks im Dorf Kõpu beginnt der Biberweg (Koprarada) und beim Dorf Riisa ein Lehrpfad (www.soomaa.ee).

Vom Pärnu freigelegte Sandsteinschichten

beihat. In den weiten Moorwiesen sind Kraniche zu beobachten, vielleicht auch ein Elch oder Braunbär. Das **Soomaa rahvuspargi keskus** (Soomaa-Nationalparkzentrum) liegt an einem Abzweig rechts der 151. Auf dem dazugehörigen Parkplatz befindet sich ein offizieller Wohnmobilstellplatz mit Wasser und Strom. Hier beginnt auch der **Biberpfad** (www.loodusegakoos.ee).

Ein Kilometer weiter ist der **Meiekose-õpperada-Lehrpfad**. Nach drei Kilometern überquert die 151 den Raudna jõgi. Kurz danach zweigt rechts eine Straße in ein wunderbares Wandergebiet mit Hängebrücke und Aussichtsturm ab. Am Ende der Straße liegt ein Parkplatz (N 58°27'10.3" E 25°02'13.6").

Weiter auf der 151 fahren wir noch durch das Dorf **Riisa** und überqueren den **Halliste**. Kurz danach beginnt an einem Parkplatz der fünf Kilometer lange **Moorlehrpfad** (Riisa õpperada) mit Aussichtsturm. Der neu angelegte Pfad zieht sich durch den Lebensraum von Birk- und Auerhuhn. Danach zeigt ein Wegweiser nach rechts zu dem Campingplatz Rätsepa Watercamp am Flüsschen **Navesti**. Dort gibt es auch Kanus auszuleihen und es werden geführte Kanutouren angeboten.

Wer die originellen Einbäume sehen oder benutzen möchte, biegt in **Jõesuu** von der 151 nach rechts auf die 252 ab und kommt nach sechs Kilometern zum **Saarisoo kanuukeskus** (Kanuzentrum Saarisoo) am Flüsschen Navesti (N 58°29'51.1" E 24°59'10.7").

Von **Jõesuu** fahren wir nach Westen und halten in **Tori** wegen der **Tori põrgu** (Tori-Hölle). Geschichten erzählen, dies sei der Zugang zur Hölle. In der Kalmistu tee ist vor der Brücke über den Pärnu und 100 Meter nach der schönen Kirche ein Parkplatz, von dem es zum Fluss hinuntergeht. Hier hat der Fluss Pärnu seit Jahrtausenden genagt, den Sandstein freigelegt und Höhlen gebildet. Auf der 5 oder auf der 59 begleiten wir den Pärnu nach Südwesten in die gleichnamige Stadt an der Ostsee.

Der Teufel von Tori

DIE SOMMERHAUPTSTADT ESTLANDS

Der Ferienort **Pärnu** hat 40 000 Einwohner, deren Zahl im Sommer drastisch ansteigt. Die Gäste kommen wegen der tollen Sandstrände und wegen der entspannten Atmosphäre mit Sommerkonzerten sowie Straßencafés und -restaurants in die Stadt. Schon Anfang des 19. Jahrhunderts war Pärnu als Badeort der damaligen High Society bekannt. Mit den Häusern in Holzarchitektur gehört Pärnu zweifellos zu den attraktivsten Städten Estlands.

In Pärnu gibt es einige Möglichkeiten, um mit dem Wohnmobil unterzukommen. Im Außenbereich ist ein großer Parkplatz in der Ranna puiestee am attraktiven **Pärnu rannaniidu markarada** (Küstenwiesenweg). Der

kurze Rundweg leitet über einen Laufsteg und Aussichtsturm am herrlichen Strand. Unten weiden die Stadtkühe als Landschaftspfleger. Von hier sind es zwei Kilometer ins Zentrum. Mögliche Parkplätze im inneren Bereich für den Tagesaufenthalt liegen an der Brücke über den Pärnu (außer Samstags wegen des Markts), in der Mere puiestee in der Kurve am **Kuursaal** (Kursaal), der in seiner Holzbauweise aus der Wende zum 20. Jahrhundert eine Sehenswürdigkeit ist, oder in der Keskväljak gegenüber dem Theater. In der Nähe des zuletzt genannten Parkplatzes ist die Touristeninformation in der Uus tänav 4. Übrigens steht in der Mere puiestee 7 mit der **Villa Ammende** aus dem Jahr 1905 eines der schönsten Jugendstil-Hotels Europas. Schließlich befindet sich am Fluss Pärnu ein Stadtcampingplatz, zwei Kilometer vom Zentrum entfernt. Ein günstigerer, aber kleiner Wohnmobilstellplatz liegt an der Brücke über den Pärnu. Von dort sind es nur 600 Meter ins Zentrum.

In der romantischen Altstadt zieht sich die **Fußgängerzone Rüütli** von West nach Ost fast durch die gesamte Südstadt. Gesäumt wird sie von kleinen Holzhäuschen, reich verzierten Patrizier- und Kapitänshäusern aus dem 17. bis 20. Jahrhundert. Heutzutage sind darin meist Geschäfte, Restaurants und Cafés untergebracht. Das **Tallinna Värav** (Tallinner Tor) steht nahe der Rüütli tee an der Vana Tallinna bei Resten der Befestigungsanlagen und Graben aus dem 17. Jahrhundert. In der die Rüütli querenden Vee tänav sind die sehr schöne **russisch-orthodoxe Barockkirche Katharina** und davor das nette kleine Café »0«. An der ebenfalls querenden Nikolai tee steht die barocke **Elisabethkirche** aus dem 18. Jahrhundert. Auch in der Nikolai tee ist das graue, klassizistische Rathaus, in dem das Büro der Touristeninformation untergebracht ist. Der **Punane torn** (Roter Turm) aus dem 15. Jahrhundert erhebt sich unweit der Rüütli in der Hommiku. Er war einst Teil der Stadtmauer.

Das Glanzstück der Stadt aber bildet der breite, drei Kilometer lange **goldgelbe Strand**. Aus dem Zentrum Pärnus in wenigen Minuten zu Fuß erreichbar, ist er die größte Attraktion für die Besucher. Auf Spazierwegen kann man sehen und gesehen werden. Am Strand fehlt es an nichts, was ein Urlauberherz begehren könnte. Am Ende der Straßen Papiniidu und Hirve stehen in den geschützten, artenreichen Strandwiesen **Vogelbeobachtungstürme**.

Eisenbahn- und Technikfans können nach Pärnu noch einen 18 Kilometer langen Abste-

Die Rüütli in Pärmu mit ihren schönen Häusern ist im Sommer Touristenmeile.

Die russisch-orthodoxe Barockkirche Katharina in Pärnu

cher nach **Lavassaare** in das **Eesti Muuseumraudtee** (Eisenbahnmuseum, Mai bis Oktober) machen. In dem Moorgebiet nordwestlich von Pärnu wurde 1896 zum Abbau des Torfes eine Schmalspurbahn gebaut, die nach Pärnu führte. Auf dieser Grundlage entstand die große Ansammlung kurioser Schienenfahrzeuge. Zwischen Juni bis September verkehrt auch eine Dampflokomotive für Besucher (Ülejõe 1, EE-87001 Lavassaare, Tel. +372 527 25 84, www.museumrailway.ee).

DIE MILDE BUCHT VON PÄRNU

Nun könnten wir schnell auf der 60 nach Virtsu und auf die Insel Saaremaa gelangen. Die Bucht von Pärnu und der Küstenstrich bis Virtsu sind aber einfach zu schön, um sie sprichwörtlich links liegen zu lassen. Nach dem Besuch der quirligen Urlaubshauptstadt Pärnu tut es gut, im Meer zu baden und auszuruhen. In **Valgeranna** gibt es hierzu einen Campingplatz oder auch Parkplätze am Golfplatz nahe dem Strand. Am **Valgeranna Seikluspark** (Abenteuerpark) steht auch ein Aussichtsturm.

Auf dem nicht immer asphaltieren Sträßchen 110 direkt an der Küste nach Süden gibt es mehr zu sehen, aber auf der 101 ist ein schnelleres Fortkommen garantiert. Am Strand finden sich Pensionen mit angeschlossenem Campingplatz wie zum Beispiel in Marksa. Auch hier ist es besser, weiter im Landesinneren die 101 zu benutzen. Nach einem Kilometer liegt auf der rechten Seite ein Parkplatz mit Aussichtsturm, von wo die Sicht über das **Lindi-Moor** streift. In **Kõpu** steht an der Straße die hübsche **Pootsi-Kõpu õigeusu kirik** (Orthodoxe Kirche von Pootsi und Kõpu). In **Pootsi** befindet sich ein inzwischen renoviertes Gutshaus mit Windmühle. Hier können wir nach Süden bis zum Hafen an der Landspitze fahren. Dort gibt es einen für 24 Stunden nutzbaren großen Parkplatz, weil dies der Hafen zur Insel Manija ist.

SPECIAL

TORFABBAU IN DEN MOOREN

Im 20. Jahrhundert wurde Torf in großem Stil verfeuert. In allen baltischen Ländern wird auch heute noch Torf in großen Mengen abgebaut und meist nach Deutschland zur Aufbesserung von Blumenerde verkauft. Ein Blick auf die Satellitenbilder zeigt die beängstigenden rotbraunen Wunden, die der Torfabbau in der Landschaft hinterlässt. Es besteht ein endloses Gezänk zwischen Naturschützern und Produzenten.

DIE KÜSTE VOR VIRTSU

Seliste schmückt sich mit der roten, aus Holz gebauten **Seliste õigeusu kirik St. Basil** (Orthodoxe Kirche St. Basil). Bei **Ranniku** können wir nach links abbiegen und einen Campingplatz am Meer in Anspruch nehmen, der schon zu **Kastna** gehört. Südlich davon ist am **Leuchtturm** ein Parkplatz, weiter nördlich ein RMK-Camping mit **Vogelbeobachtungsturm** an einem herrlich einsamen Strand. Weitere Campingplätze folgen. Die Straße wird schließlich zur Sackgasse und wir müssen zurück auf die 101 und weiter nach Norden. In **Paatsalu** gibt es nochmals die Möglichkeit, zur Küste abzubiegen und sich auf einem Campingplatz mit Hafen einzuquartieren.

Die 101 mündet in die 180 und diese in die 10, auf der es bis in den Fährhafen Virtsu nur noch 13 Kilometer sind. Einen letzten Cam-

An der Küste in der Nähe von Paatsalu

pingplatz zur Übernachtung vor Virtsu gibt es in **Voose**. Hier sind wir nun auch in der westlichsten Festlandregion Estlands Läänemaa.

IM NATIONALPARK MATSALU

Bevor wir den Fährhafen Virtsu ansteuern, können wir einen 16 Kilometer langen Abstecher nach rechts in den historischen Ort **Lihula** und nach **Kloostri** im **Nationalpark Matsalu** machen. Lihula war im Mittelalter das Machtzentrum der Region und gleichzeitig Sitz eines Nonnenklosters der Zisterzienserinnen. Das Kloster wurde vollständig abgetragen. Am Nordende des kleinen Ortes befinden sich ein repräsentatives, klassizistisches **Gutshaus** von 1820 und die Reste der **Ordensburg Leal** hinter dem Gutshaus. Heute ist Lihula zumindest kulturelles Zentrum der Gegend.

In den **Nationalpark Matsalu** fahren wir genau gegenüber der nördlichen Einfahrt von Lihula in Richtung Nordwest. In **Penijõe** steht das klassizistische Gutshaus **Penijõe mõis** (Penijõe-Haus), in dem die Verwaltung und das Museum des Nationalparks untergebracht sind. Hinter dem Gebäude ist ein großer Parkplatz und 150 Meter vor dem Gebäude ein weiterer, von dem es zum **Penijõe**

AUSFLUG

DER MATSALU-NATIONALPARK

Der Nationalpark Matsalu, eines der weltbesten Vogelbeobachtungsgebiete, erstreckt sich mit 400 Quadratkilometern über die Bucht von Matsalu, den Bereich des Flusses Kasari und das Seegebiet Väinameri mit 50 Inseln. Der Europarat gab ihm die Auszeichnung »Europäisches Diplom für geschützte Gebiete«. Der Nationalpark Matsalu ist einer der wichtigsten Plätze für rastende Zugvögel. 280 verschiedene Arten wurden gezählt und zur Zeit des Vogelzugs im Frühjahr und Herbst fliegen mehr als zwei Millionen Vögel über die Region. Auch die Anzahl der hier brütenden Vögel ist einzigartig in Europa. Es gibt verschiedene Beobachtungstürme wie zum Beispiel in Haeska, Keemu und Kloostri und man kann Gänse, Wasseramseln, Tauchenten, Sumpfhühner und andere Vögel erleben. Fünf Wanderpfade, zwischen zwei und acht Kilometern lang, führen durch den Park. Im Besucherzentrum im Dorf Penijõe, drei Kilometer von Lihula, erklärt eine Ausstellung das Naturschutzgebiet. Es werden auch organisierte Touren durch das Gebiet angeboten (www.matsalu.ee).

Das klassizistische Gutshaus Penijõe mõis

Die Fähre verkehrt zwischen dem Festland und der Insel Muhu

matkarada (Penijõe-Wanderweg) mit Vogelbeobachtungstürmen geht. Am Penijõe mõis zurück und rechts auf die 194, kommen wir nach fünf Kilometern (ein Kilometer Sandpiste) zu einem Parkplatz, in dessen Nähe zwei Vogelbeobachtungstürme (**Suitsu vaatetorn**) aufragen.

Natürlich könnten wir nun auch auf der 10 nach Osten und dann auf der 31 nach Nordwesten in Richtung Haapsalu durchstechen. Es wäre aber der größte Fehler, bei einer Reise durch Estland die Inseln mit ihrer ganz eigenen Atmosphäre zu vergessen. Es gibt 1500 estnische Inseln, von denen wir drei besuchen werden. So lassen wir uns von nichts mehr aufhalten und streben dem Fährhafen Virtsu zu, um nach Muhu und Saarema überzusetzen.

FÄHRHAFEN VIRTSU

Die Landkarte zeigt, dass **Virtsu** auf einer sieben Quadratkilometer großen Halbinsel liegt. Bis zum Beginn des 19. Jahrhunderts war Virtsu noch eine Insel, die erst durch die Hebung des Meeresbodens zur Halbinsel wurde. An der Nordwestecke der Halbinsel neben dem Windpark sind die Reste der **Burg Virtsu** aus dem 15. Jahrhundert zu sehen. Sie diente der Überwachung des Seeweges nach Saaremaa. Ansonsten gibt es in Virtsu an der 10 noch das **Oldtimermuseum** anzuschauen (Vanasõidukite muuseum, Linnamäe tee 11, Tel. +372 516 5288, www.missestonia.ee).

Am Ende der 10 ist ein großer, gebührenpflichtiger Parkplatz am Terminal. An den Kassenhäuschen kann aber auch sofort eingecheckt werden. Normalerweise muss man nicht vorbuchen, ratsam ist dies aber zu Be-

Das Pädaste mõis liegt mit seinen Nebengebäuden in einer wunderbaren Landschaft.

ginn oder am Ende der Ferien in Estland (www.schulferien.org/estland/ferien). An den Wochenenden im Sommer ist eventuell mit Wartezeiten zu rechnen (Fahrpläne und Buchung unter www.praamid.ee. Für die Überfahrt von Saaremaa nach Hiiumaa und von Hiiumaa zum Festland bei Haapsalu siehe www.veeteed.ee). Die Überfahrt zur Insel Muhu, die mit einem Damm mit der Insel Saaremaa verbunden ist, dauert kaum 30 Minuten.

INSEL MUHU

Muhu hat über Jahrhunderte eine eigene Geschwindigkeit beibehalten (www.muhu.info). In den verschlafenen Fischerdörfern scheint die Zeit stehen geblieben zu sein. Windmühlen, Landgüter, reetgedeckte Häuser und viel Natur, durch die auch Elche ziehen, vermitteln wohltuende, ländliche Ruhe. Die herrlichen Wacholder sind die Leitpflanzen der Insel, die auch mit dem Fahrrad entdeckt werden kann und mit den vielen Leuchttürmen an einsamen Stränden für einen ganzen Urlaub reicht.

Traditionelle Volkstrachtenmuster der Insel dienen bei Souvenirs aus duftendem Wachholderholz, Leinen und Keramik als Vorlage. Die Insel hat ihre eigene Kultur und Brauchtümer und besondere, farbenprächtige Trachten. Die Farben und Muster der Röcke sind wie ein Geheimcode, denn sie erzählen Eingeweihten von der Trägerin und ihren Lebensumständen. Hochgehalten wird die spezifische Kultur auch in der Architektur des ländlichen Bauens und in den Freilichtmuseen der Insel.

Eines der schönsten Landgüter Estlands überhaupt ist das jahrhundertealte **Pädaste mõis** im Süden der Insel, das aus Ruinen wiederauferstanden ist (www.padaste.ee). Heute haben darin ein Luxushotel und eines der besten Restaurants Estlands Heimat gefunden. Vor einigen Jahren konnte das herrliche Gelände noch besichtigt werden. Heute wird das nicht mehr zugelassen, so können wir uns die Fahrt dorthin sparen. Aber es gibt dort unten bei Pädaste den kleinen Hafen **Lõunaranna** mit Campingplatz und uriger Bar, die über eine Sandpiste zu erreichen ist.

Die 10 durchquert das Dorf **Liiva**, in dem eine der ältesten Kirchen Estlands steht. Die **Muhu kirik** (Katharinenkirche) im frühgotischen Stil wurde schon 1267 erwähnt. Die im Chorraum erhaltenen Fragmente der Wand-

Kuivastu
Eigene Kultur auf Muhu
Freilichtmuseum Muhu
Schönste Kirche Estlands aus dem 14. Jahrhundert
20 km
10
Nautse auf Saaremaa

Im Freilichtmuseum Muhu

malerei stammen aus dem 14. Jahrhundert. Die architektonischen Proportionen der Wehrkirche werden zu den schönsten der estnischen Kirchen gezählt. Die drei Abstufungen der Bausubstanz bringen einen guten architektonischen Rhythmus in das Gebäude (www.eelk.ee/muhu). Neben der Kirche befinden sich ein Campingplatz und ein Restaurant.

Ein Kilometer nach dem Ort **Piiri** zweigt von der 10 rechts die Straße 148 zum authentischen **Freilichtmuseum Muhu** in Koguva ab (www.muhumuuseum.ee). Das Dorf Koguva ist ein bemerkenswertes Beispiel der estnischen Bauernarchitektur aus der Zeit um 1800. Die teilweise bewohnten Gebäude mit Reetdächern bilden das Freilichtmuseum. Rechts vor dem Museumsdorf bietet ein Restaurant auch einen Wohnmobilstellplatz an. Vom Museum sind es 400 Meter bis zum kleinen Hafen (Wegweiser »Tuletórje Veevótukort«) mit **Fischereimuseum** (Koguva sadam, Tel. +372 513 3446, www.koguva.ee). Dort ist auch das ungewöhnlich urige **Mõrrad Restoran** in einem Fischerschuppen, wo man zwischen aufgehängten Netzen Fisch speist oder Kaffee trinkt. Die Terrasse mit Blick nach Saaremaa ist herrlich.

Die Muhu kirik besticht durch ihre gegliederten Baukörper.

In **Nautse**, rechts der Straße 10, ist der **Tierpark** und **Straußenfarm Jaanalind**. Da gibt es nicht nur verschiedenste Tiere anzuschauen, sondern zum Beispiel auch Taschen und andere Dinge aus Straußenleder zu kaufen (Jaanalind, EE-94728 Nautse, Tel. +372 503 4237, www.jaanalind.ee). Windmühlen sind das Symbol für Muhu. Gleich nach dem Abzweig zur Straußenfarm steht auf der linken Seite der 10 die **Eemu-Bockwindmühle**, die für Besucher geöffnet ist. Brot, aus in ihr gemahlenem Mehl, wird vor Ort verkauft.

Vom Parkplatz vor der Windmühle auf der Straße 100 Meter nach Süden und dann 500 Meter links auf dem Feldweg liegt eine **prähistorische** und **frühmittelalterliche Stadt** mit umfassendem Erdwall. Mehr ist dort nicht mehr zu erkennen. Aber es wurden bei Ausgrabungen Schmuckstücke entdeckt, die auf der Informationstafel abgebildet sind. Bemerkenswert ist, dass sich hier einer der wichtigsten und am dichtesten besiedelten Wohnorte Estlands jener Zeit befand. Eine Schlacht im 13. Jahrhundert machte dem ein Ende. Ein letzter Parkplatz vor dem Verlassen der Insel Muhu liegt links vor dem Damm am Denkmal für die Gefallenen des Zweiten Weltkriegs. Der fast drei Kilometer lange Damm bringt uns auf die größere Insel Saaremaa.

DER OSTEN SAAREMAAS

Saaremaa gehört zu den beliebtesten Ferienzielen in Estland und wird wegen seiner

Auf dem Strandparkplatz bei Sutu

Folklore, der Strände, des milden Klimas und der Spa-Einrichtungen besucht. Die Insel gilt mit ihren traditionellen Häusern, ihrer besonderen Kulinarik und Natur als typisch estnisch und ist auch bei den Esten selbst sehr beliebt. Wälder, Strände, malerische Dörfer, Windmühlen, ein Meteoritenkrater und die mittelalterliche Burg in Kuressaare sowie die schöne Holzhaus-Architektur in den Straßen der Stadt zeigen ein abwechslungsreiches Bild der Insel.

Gleich nach dem Damm verlassen wir die 10 und lenken auf der 75 nach **Orissaare**. Fast in der Mitte des Dorfes ist links ein Parkplatz. 200 Meter weiter kommt links ein kurioser Fußballplatz: Mitten auf dem Spielfeld wächst eine große Eiche. Da wird drumherum gespielt. Nordwestlich von Orissaare stehen bei Maasi die Ruinen der eindrucksvollen Ordensburg **Maasilinna** aus dem 14. Jahrhundert, die 1566 von den Dänen zerstört wurde. Die Kellergewölbe und Außenmauern sind erhalten (www.puhkaeestis.ee, GPS-Daten: N 58°34'34.2" E 23°02'11.9").

Die 75 trifft wieder auf die 10, die wir aber wegen der schönen Landschaft im Süden überqueren und auf der 132 weiterfahren, um das kleine Dorf **Pöide** links der 132 zu besuchen. Die gotische **Marienkirche** von Pöide wurde Anfang des 14. Jahrhunderts errichtet und später um einen massiven Wehrturm erweitert. Der mächtige Bau mit den schmalen Fenstern und dem gewaltigen Turm vermittelt so eher den Eindruck einer Festung als den eines Gotteshauses. Die einschiffige Kirche ist der größte Sakralbau auf der Insel Saaremaa. Im Innern begeistern reiche Ornamentik und Figurenschmuck. Der Taufstein aus Dolomit stammt aus der ersten Hälfte des 14. Jahrhunderts.

Nach **Sakla** können wir links auf die 134 in Richtung **Püha** den Kurs ändern. 300 Meter vor Püha biegen wir links auf die 135 und finden nach zwei Kilometern bei **Sutu** einen Parkplatz mit Zugang zum Strand (N 58°16'48.5" E 22°43'12.2"). Danach können wir auf der 135 bleiben, biegen bei **Vanamõisa** nach rechts auf die 136 und erreichen nach einer schönen Küstenfahrt wieder die 133. Dann sind wir gleich in der Inselhauptstadt Kuressaare.

Wenn wir aber die gleiche Strecke zur 10 zurückfahren, kommen wir fast schon an einer der großen Sehenswürdigkeiten Saaremaas vorbei. Der berühmte **Meteoriidikraater** (Meteoritenkrater) liegt in **Kaali**, drei Kilometer nördlich der 10. Vor 7500 Jahren schlugen hier und in der Umgebung Meteoriten ein. Nahe dem 110 Meter breiten Krater gibt es hierzu ein kleines Museum und davor spezielle Souvenirshops. Dolomit ist der Werkstoff der Häuser wie auch der Souvenirs. An der Straße steht das urgemütliche **Restoran Kaali Trahter**, in dem auch selbst gebrautes Bier ausgeschenkt wird (EE-94143 Kaali, Tel. +372 459 1182, www.kaalitrahter.ee).

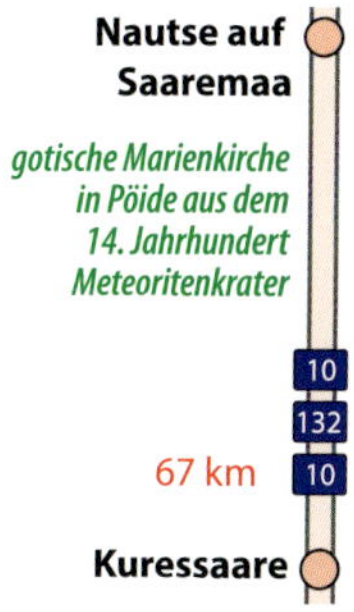

Das alte Waagehaus in Kuressaare

DIE INSELHAUPTSTADT KURESSAARE

Wenngleich mit Patina, ist **Kuressaare** doch lebendig und sehr sehenswert. Die Bischofsburg von Kuressaare ist eine der am besten erhaltenen mittelalterlichen Burgen des Baltikums. Im 19. Jahrhundert entwickelte sich die Stadt zu einem beliebten Erholungs- und Kurort. Ein Parkplatz nur zur Besichtigung findet sich bei der August Kitzbergi tee 2 oder am Sportstadion in der Stadiooni tee. Einen Wohnmobilstellplatz bietet das Spa Hotel Meri am Hafen. Witzig ist die Statue **Suur Tõll ja Piret** (Fischer Tõll mit seiner Frau) vor dem Hotel auf der Hafenseite.

Die Bischoffsburg Arensburg steht auf einer Insel.

Vor dem Wahrzeichen Kuressaares, der mächtigen Bischofsburg, liegt der Kurgarten an der Stelle des ehemaligen Friedhofs. Der üppige, 17 Hektar große Stadtpark umfasst den Burggraben. Das in Holzarchitektur erbaute **Kurhaus** von 1889 mit schönem Terrassencafé am Burggraben ist ein ansprechendes Gebäude, ebenso wie die in gleicher Manier erbauten Villen auf der kleinen Insel vor der Burg. Die mittelalterliche **Bischofsburg Arensburg** stammt aus dem 14. Jahrhundert. Das imposante Bauwerk aus Dolomitblöcken hat sein ursprüngliches Aussehen bis heute bewahrt. Charakteristisch ist sein fünfstöckiger, 30 Meter hoher Turm. Die Burg beherbergt ein ergiebiges **Museum** zur Inselgeschichte Saaremaas (www.saaremaamuuseum.ee). Auf der Südseite der Burg ist ein Strand angelegt.

Von der Burg zieht sich die Lossi tänav, die Hauptstraße Kuressaares, durch die Stadt. Gerade recht zum Bummeln und um in die Schaufenster der Geschäfte zu schauen. Das **Café Retro** in einem typischen Haus von 1927 zählt zu den 50 besten Gaststätten Estlands. Im Hof ist eine angenehme Terrasse und der Cappuccino ist ein Kunstwerk (Lossi tänav 5, Tel. +372 568 38400, www.kohvikretro.ee).

An dem sich anschließenden Platz steht das **barocke Rathaus** von 1670. Darin ist auch die Touristeninformation untergebracht. Gegenüber dem Rathaus steht das **Vaekoda**

(Waagehaus) mit Stufengiebel, erbaut 1663. In ihm wurden die amtlichen Maße und Gewichte aufbewahrt. Wer bodenständig, aber außergewöhnlich speisen möchte, besucht die rustikale **Windmühle Veski** aus dem 19. Jahrhundert (Pärna 19, Tel. +372 453 3776, www.saaremaaveski.ee).

DIE HALBINSEL SÕRVE

Auf der 77 verlassen wir Kuressaare nach Westen und wollen die 30 Kilometer lange Halbinsel Sõrve erforschen. Die Rundfahrt auf der Halbinsel ist fast 70 Kilometer lang. Davor liegen aber in der Bucht von Kuressaare noch die schönen Strände bei **Mändjala**, **Järve** und **Tehumardi** mit Campingplätzen für einen Aufenthalt. 400 Meter nach der Einfahrt zum Camping Mändjala ist an der 77 ein Parkplatz mit Durchgang zum Mändjala rand (Strand). Weitere Parkplätze folgen.

Im Fischerort **Salme** wurden bei Ausgrabungen zwei elf Meter lange Schiffswracks aus dem 8. Jahrhundert entdeckt. An Bord waren Skelette und Waffen. Als Herkunftsort der Materialien wurde Nordnorwegen nachgewiesen. Es handelt sich um die ältesten **Wikingerschiffe**, die in Estland gefunden wurden. Die Ausgrabungsstelle und eine Informationstafel befinden sich bei der Einfahrt in den Ort auf der rechten Seite vor der Schule.

Bei Salme beginnt auch die Halbinsel **Sõrve**, die im Norden nur zwei Kilometer breit ist. Sie zeigt Strände, Klippen und Natur pur bei geringster Besiedelungsdichte. Nach 23 Kilometer Landschaftsfahrt an der Ostküste wechseln wir von der 77 nach links auf die 103 in Richtung **Mõntu**, wo am kleinen Hafen ein Campingplatz in herrlicher Lage betrieben wird.

An der Landspitze der Halbinsel interessiert unter anderem der **Leuchtturm**. Er ist mit 52 Metern der höchste im gesamten Baltikum und kann bestiegen werden. Manchmal reicht die Sicht bis zum 30 Kilometer entfernten Kap Kolka in Lettland. Die Landspitze ragt weit in die Ostsee hinaus und stellt eines der wichtigsten Gebiete für Wasservögel und Millionen Greif- und Singvögel dar. Sõrve war im Zweiten Weltkrieg stark umkämpft. Davon zeugen die Bunker, Geschützstellungen und das **Militärmuseum** an der Straßenkreuzung. Im Arbeiterhaus des Leuchtturms sind die Touristeninformation und eine Ausstellung über die Halbinsel Sõrve untergebracht. Im **Sääre Paargu Restoran** (www.saarepaargu.ee) gibt es Fisch, aber auch andere Ge-

Kuressaare

Gemütliche Inselhauptstadt
Bischofsburg Arensburg aus dem 14. Jahrhunder
Einsame Strände auf Sõrve
Höchster Leuchtturm des Baltikums
Steilküste

77 / 103 – 83 km

Üüdibe

Der Leuchtturm auf der Halbinsel Sõrve ist der höchste des Baltikums.

Am Parkplatz des Ohessaare pank

richte. Es ist auch etwas Besonderes, bis zur äußersten Sandbank hinauszuwandern.

Auf der 103 geht es nun an der steileren Westküste nach Norden. Vor Ohessare wurden links an einem Parkplatz unzählige Steinmännchen in den Strand gestellt. In **Ohessaare** tritt die Steilküste als **Ohessaare pank** besonders zutage. Ein Schottersträßchen führt zu einer **Windmühle** mit Café am Steilufer (N 58°00'04.9" E 22°01'30.7", www.saaremaatuulik.ee).

An dem folgenden wunderschönen Küstenabschnitt auf 18 Kilometer Schotterstraße gibt es immer wieder Möglichkeiten, stehen zu bleiben und die Landschaft zu genießen. An der Kreuzung mit dem kleinen Schild »**Üüdibe**« kurz vor dem Ende der Halbinsel wechseln wir nach links auf die 108, sonst würden wir wieder auf die Ostseite kommen. Die Variante ohne Schotterstraße geht auf der Ostseite der Halbinsel zurück und vor Tehumardi zur Westküste.

Die Michaelskirche in Kihelkonna hat einen 60 Meter hohen Turm.

DIE WESTKÜSTE

Stellenweise führt die 108 nahe an die Küste heran und schenkt eine weite Aussicht über die Ostsee. Am **Lõmala külastuskeskus** (Lõmala-Besucherzentrum) steht ein Aussichtsturm am kleinen Hafen (N 58°10'21.3" E 22°07'00.0"). Dann übernimmt die 102 die Streckenführung. Nach **Riksu** steht der Campingplatz Muha ranna (Muha-Strand) an der Ostsee zur Verfügung und bald danach bei **Tõnuma** ein RMK-Campingplatz am Strand (Pilha rand).

Die Fahrt zu den zerklüfteten Halbinseln der Nordküste verläuft nun auf der 102 nach Kihelkonna nicht mehr an der Ostsee, sondern durch kleine Dörfer in bäuerlicher Landschaft. Wer möchte, kann zwei Kilometer nach **Kipi** einen neun Kilometer langen (der letzte Kilometer auf Schotter) Abstecher nach rechts zum **Viidumäe looduskaitseala keskus** (Besucherzentrum Naturschutzgebiet Viidumäe, www.vilsandi.info) in **Viidu** unternehmen. 500 Meter vor dem Abzweig zum Naturschutzhaus befindet sich an einem Parkplatz (N 58°17'39.1" E 22°06'13.6") ein 26 Meter hoher Aussichtsturm, der einen Blick über die Baumwipfel ermöglicht. Hier auf dem 59 Meter hohen **Viidumägi** (Viiduhügel) ist der höchste Punkt der Insel Saaremaa. Vom Parkplatz am Besucherzentrum leitet eine Birkenallee zum Naturschutzhaus mit kleiner Ausstellung. Das Beste aber sind die verschiedenen Wanderwege durch Moore und Wälder.

Die 102 bringt uns weiter in Richtung Norden. Drei Kilometer vor Kihelkonna zweigt links ein Sträßchen zum **Loona mõis** und **Vilsandi rahvuspargi külastuskeskus** (Besucherzentrum des Vilsandi-Nationalparks, GPS-Daten: N 58°19'59.2" E 22°01'19.6") mit kleiner Ausstellung an Fossilienfunden. Im Besucherzentrum kann eine Bootsfahrt zur

Der Aussichtsturm am Lõmala Besucherzentrum

sechs Kilometer langen **Insel Vilsandi** gebucht werden. Bei Niedrigwasser ist es aber auch möglich, in einer fünf Kilometer langen, abenteuerlichen Wanderung mit Wasserstand bis zum oberen Ende der Beine auf die Insel zu gelangen. In den Gewässern leben Kegelrobben und Hunderttausende Wasservögel bevölkern die Strände und den Luftraum. Die schlechte Schotterpiste bis zur Landspitze der Halbinsel ist für Wohnmobile nicht empfehlenswert. Der Parkplatz mit Feuerstelle und ein Vogelbeobachtungsturm sind aber gut mit dem Fahrrad erreichbar (N 58°21'04.1" E 21°56'09.5").

Auf der 102 fahren wir weiter in Richtung Norden nach **Kihelkonna** mit der berühmten gotischen **Mihkli kirik** (Michaelskirche) aus dem 13. Jahrhundert. Die Altarwand und die Renaissance-Kanzel der Kirche sind die ältesten in Estland. 200 Meter vor der Kirche ist ein großer Parkplatz. Der 60 Meter hohe Turm an der Kirche wurde erst im 19. Jahrhundert errichtet und diente zugleich als Leuchtturm. Er ist der höchste Kirchturm der Insel. Südlich der Kirche befindet sich auf der großen Wiese über der Straße ein getrennt stehender, kubistischer Kampanile mit Glocke aus dem 16. Jahrhundert. Der Kampanile ist in Estland einzigartig.

Die 800 Meter von der Kirche entfernte Bucht von Kihelkonna war noch im Mittelalter ein bedeutender Hafen. Im 20. Jahrhundert kam es zu einer Hebung des Meeresbodens, sodass der Hafen nicht mehr genutzt werden konnte und der Ort an Bedeutung verlor. Drei Kilometer südöstlich von Kihelkonna ist jedoch heute das **Mihkli talumuuseum** (Bauernhofmuseum) an der 78 bedeutend. Zu

AUSFLUG

VILSANDI-NATIONALPARK

Der Nationalpark Vilsandi erstreckt sich in das westlich von Kihelkonna gelegene Küstengebiet mit über 100 Inseln, von denen die bewohnte Insel Vilsandi in Fortsetzung der Halbinsel Kuusnõmme die größte ist. Vilsandi ist das älteste im Jahre 1910 gegründete Naturschutzgebiet im Baltikum, das schließlich zum Nationalpark Vilsandi wurde. Seine Fläche beträgt 180 Quadratkilometer, wovon das meiste Meeresgebiet ist. Der Nationalpark weist eine vielseitige Flora und Fauna auf. Vor allem die Vogelwelt ist beeindruckend: Über 250 verschiedene Arten wurden registriert. Eiderenten sind mit 2000 Brutpaaren vertreten, darüber hinaus bietet das Terrain Lebensraum für Weißwangengänse, Mantelmöwen, Silbermöwen, Seeadler, Fischadler und Seeschwalben. Vor den Inseln liegen Seehundbänke. 32 Orchideenarten wachsen im Nationalpark zwischen den niedrigen Wacholderbüschen (www.vilsandi.info).

Eine lange Treppe führt zum Strand hinunter.

sehen sind Bauernhäuser, Mühlen, traditionell gewebte Stoffe und Trachten, Hausrat, Werkzeug und Werkstätten früherer Zeiten inmitten blühender Bauerngärten (EE-93416 Viki, Tel. +372 454 6613, www.saaremaamuuseum.ee).

WILDE HALBINSELN DER NORDKÜSTE

Östlich von Kihelkonna schwenkt die 78 in Richtung Nordwesten auf die **Halbinsel Undva**. Vor dem Dorf **Tagamõisa** zweigt links eine Straße (wir haben acht Kilometer Schotterpiste hinter uns) zur **Undva pank** (Undva-Kliff) ab. Der Kalkstein des baltischen Glint tritt hier in der Felsenküste markant zutage.

Umfunktionierte Windmühle auf dem Weg nach Udva

Wir fahren zurück und weiter auf der 78, die im Hafen von **Veere** endet, wo die Kneipe Veere Sadama Kõrts (www.veerekorts.ee) hin und wieder geöffnet hat. 200 Meter vorher leitet eine lange Treppe die Steilküste hinunter. Die Straße nach Süden endet hier nicht wirklich, doch ist ihre Nummer jetzt die 114. Diese stößt auf die 102, der wir nach links in Richtung Mustjala folgen. Später wechseln wir nach links auf die 101 wieder in Richtung Mustjala.

In **Mustjala** steht in der Põlde tee eine restaurierte **Windmühle**. Nach dem Dorf fahren wir an der Kreuzung geradeaus weiter und bis zur Steilküste an der Landspitze bei **Tagaranna**. Ein vorderster Parkplatz ist an einem Vogelbeobachtungsturm (besser zu Fuß vom großen Parkplatz am Hafen in dem schönen Dorf Udva). Weiter draußen an der Ninase pank ist ein Gedenkstein für die 852 Estonia-Opfer des Jahres 1994. Ungefähr 45 Kilometer nördlich von hier liegt das Wrack der Estonia bis heute am Meeresgrund. Nun müssen wir wieder zurück bis Mustjala und biegen dort nach links auf die 129 in Richtung Võhma.

DIE STEILKÜSTE

Nach zehn Kilometer Strecke, vornehmlich durch Wälder, lenken wir in **Võhma** nach links in Richtung Panga durch Wiesen und Weiden. In Panga bleiben wir auf der Asphaltstraße 127 in Richtung **Panga-Kliff** und fahren dann an der steinigen Küste entlang. An der Ostsee liegt das Panga Sukeldumiskuurort (Panga Tauch-Resort) mit Campingplatz und Restaurant. Die Straße endet nach 700 Metern am **Kliff**, dort gibt es einen großen Parkplatz, Souvenirstände und einen Leuchtturm. Das über 20 Meter hohe Steilufer am markanten Kap ragt wie eine Mauer aus Kalkstein empor – in ihr sind Fossilien zu finden. Knorrige, vom Wind zerzauste Kiefern trotzen den Stürmen. An der Stelle der Sonnenuhr aus Dolomit befand sich in früheren Zeiten eine heidnische Opferstelle. Hier ist ein ausgefallener Ort für einen bewegenden Sonnenuntergang.

Bei der Rückfahrt ist es möglich, in Panga links auf die 127 in Richtung Leisi abzukürzen (aber vier Kilometer Sandpiste). Später übernimmt die 129 die Wegweisung. Nach Meiuste liegt in Richtung Suela ein RMK-Campingplatz mit Badestrand. Vor der Überfahrt zur Insel Hiiumaa ist ab Leisi noch ein fünf Kilometer langer Abstecher auf der 79 nach Süden einzufügen: zu zwei der wichtigsten Sehenswürdigkeiten Saaremaas.

WINDMÜHLEN UND KIRCHE VON KARJA

Auf dem **Angla Tuulikumägi** (Angla-Mühlenberg) wurden verschiedene **Windmühlen** zusammengetragen und wiederaufgebaut. Eine Rettungsaktion, denn von den einst 800 Windmühlen auf Saaremaa sind nur noch wenige erhalten. Vier von fünf Mühlen in Angla sind für die Insel Saaremaa typische Bockmühlen, die zu Beginn des vorigen Jahrhunderts gebaut wurden. In der Mitte dieser Mühlen steht die etwas höhere, 1927 errichtete Holländer-Windmühle. Die Mühlen können besichtigt werden. Manchmal zeigt der Müller seine Arbeit. Außerdem ist dort das **Zentrum des Kulturerbes von Angla**, wo Einblicke in die Werkstätten der Töpferei, in eine Woll- und Filzstube, in eine Bäckerei und andere gestattet sind (EE-94244 Angla, Tel. +372 519 90265, www.anglatuulik.eu).

Die **Karja Katariina kirik** (Katharinenkirche von Karja) aus dem 14. Jahrhundert ist eine der beeindruckendsten Kirchen Saaremaas. Von Angla auf der 142 nach Westen in Richtung Pärsama sind es nur zwei Kilometer bis zum herrlichen mittelalterlichen Gottes-

Die Steilküste am Panga-Kliff zeigt den baltischen Glint.

AUSFLUG

BALTISCHER GLINT

Das gigantischste Naturmonument Estlands ist der Baltische Glint an seiner Nordküste. Das Kalksteinplateau ist 1200 Kilometer lang, beginnt in Schweden bei Åland und endet in Russland am Ladogasee. Der Glint steht als Weltnaturerbe auf der UNESCO-Liste. Westlich von Tallinn erreicht der Kalksteinglint auf der Halbinsel Pakri und am Panga-Kliff auf Saaremaa eine Höhe von über 20 Meter. Der Domberg in Tallinn liegt selbst auf einem Glint-Kliff. Bei Ontika, östlich von Tallinn, gibt es wirklich hohe und steile Küstenabschnitte mit über 50 Meter Höhe. Im oberen Teil der vor 500 Millionen Jahren entstandenen Gesteine liegen Kalkablagerungen, am Fuße des Felsen Schichten von Lehm und Schiefer. Die Flüsse und Bäche haben sich in Kerbtäler eingegraben und stürzen oft über Wasserfälle in die Ostsee. Typisch sind auch die Treppenbäche, die über die erodierten Schichten des Kalksteins stufenweise hinunterplätschern.

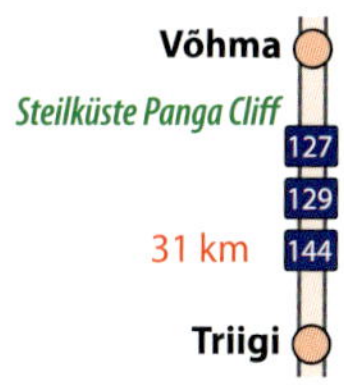

Die Windmühlen-Sammlung in Angla

haus. Die Kirche ist in ihrer ursprünglichen Form fast unverändert erhalten geblieben. Den Innenraum prägen gotische Elemente, die mit einigen romanischen kombiniert sind. Die Decke über dem Altar zieren heidnische Symbole des Gottes Odin aus der nordischen Mythologie. Die Kirche von Karja besitzt die meisten aus Stein gemeißelten Skulpturen in ganz Nordeuropa. Die sind nicht nur im Innenraum zu finden.

Schließlich lenken wir in **Leisi** in Richtung Triigi auf die 144. In **Triigi** ist der Hafen mit Parkplatz für die Überfahrt zur Insel Hiiumaa. Die Abfahrtzeiten und Buchungsmöglichkeit sind unter www.veeteed.com zu finden. Die Notwendigkeit einer Buchung richtet sich nach der Urlaubssaison und nach dem Wochentag.

Die Steinmetzarbeiten an der Kirche von Karja stammen aus dem 14. Jahrhundert.

Zur Überbrückung einer möglichen Wartezeit gibt es einen Campingplatz in Leisi und einen mit Strand bei **Jõiste**, neun Kilometer von Leisi weiter auf der 129 in Richtung Osten.

DIE INSEL HIIUMAA

Die landschaftlich abwechslungsreiche Insel **Hiiumaa** ist die zweitgrößte Insel Estlands, aber sehr dünn besiedelt. Auf den Wacholderweiden grasen die Schafe einer zähen Rasse, deren Wolle auf der Insel verarbeitet wird. Auch auf Hiiumaa ist es milder als auf dem Festland. Die Sonne scheint über die kilometerlangen Sandstrände auf den Halbinseln Kõpu und Tahkuna, über die unberührte Natur und über die historischen Leuchttürme. Daher ist die Insel bei Naturfreunden sehr beliebt, aber nicht überlaufen. Die verkehrsarme Straßen sind ideal für Radtouren (www.hiiumaa.ee).

Im Hafen **Sõru** wartet der Dreimastsegler »Ernst Jaakson« auf seine Restaurierung. In der rustikalen Hafenkneipe Sõru kõrt gibt es noch einen Kaffee, dann starten wir auf der 133 und 84 in Richtung Halbinsel **Kõpu**. Vor

Der Kõpu tuletorn ist einer der ältesten noch funktionierenden Leuchttürme der Welt.

der Halbinsel ist wieder ein RMK-Camping am **Vanajõe-Tal**. Hier hat das Flüsschen Vanajõe ein kleine Schneise gegraben, wo der Vanajõe õpperada (Naturpfad) verläuft. In dem Graben hat sich die besondere Vegetation eines Schluchtwaldes angesiedelt. Niedliche Nerze mit weißer Schnauze bevölkern den Vanajõe.

HALBINSEL DER LEUCHTTÜRME

Dann fahren wir nach Westen auf die Halbinsel hinaus. Vor Kõpu ist an der Straße ein Parkplatz, von dem es in kurzer Entfernung zum Rebastemäe vaateplatvorm (Aussichtsturm) geht. In **Kõpu** befindet sich ein Campingplatz. Auf dem gastgebenden Hof Pihla steht eine Blockmühle aus dem 18. Jahrhundert. Sie gilt als älteste Mühle Estlands. Auf dem Gelände des Bauernhofes sind auch 3000 Jahre alte Steingräber zu sehen.

Kurz nach **Kõpu** ist der **Tornimägi** mit 67 Metern der höchste Hügel der Insel. Daher konnte hier weit von der Küste entfernt ein Leuchtturm gebaut werden. Der **Kõpu tuletorn** wurde bereits 1531 für die Schiffe der Hanse errichtet. Er ist damit einer der ältesten noch funktionierenden Leuchttürme der Welt. Auch zeigt er sich als eines der bekanntesten Wahrzeichen und Touristenziele der Insel, denn er kann immer noch bestiegen werden. Er ist an der 136 deutlich ausgeschildert. Eine Kombikarte für alle ersteigbaren Leuchttürme Hiiumaas ist günstiger.

Kaleste, sechs Kilometer vor der Landspitze, hält einen RMK-Camping am Strand bereit. Auch der **Leuchtturm Ristna** an der Landspitze kann bestiegen werden. 200 Meter vor dem Turm zweigt eine Schotterstraße zum Parkplatz direkt an der Landspitze ab. Am Hafen in Kalana sind ein sehr schöner Campingplatz in lichtem Kiefernwald und eine Hafenkneipe mit Terrasse neben dem alten Fischkutter.

Nun rollen wir auf bekannter Strecke wieder die ganze Halbinsel zurück, biegen aber lieber erst nach Viitasoo links in Richtung Luidja auf die 84 ab, denn die 137 ist zwar kürzer, aber eine Schotterpiste.

DIE NORDKÜSTE

Luidja bietet wieder einen RMK-Campingplatz mit Zugang zum schönen Sandstrand oder auch einen Parkplatz an der 80 in Richtung Heltermaa, 100 Meter nach der Kreuzung gleich links. Die 80 in Richtung Heltermaa ist auch die Straße unserer Wahl. In

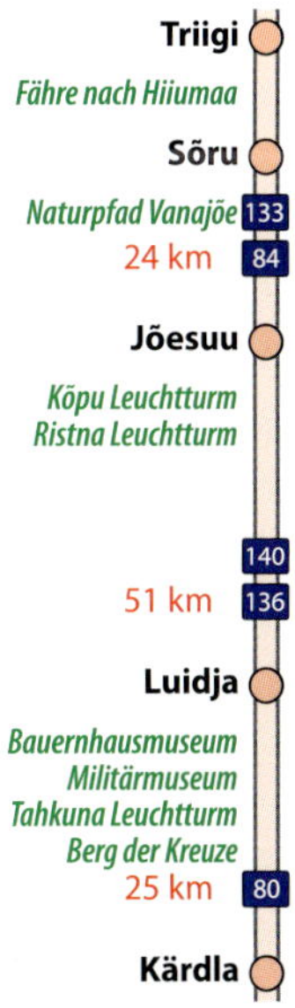

Im Hiiuma muuseum sitzen die Besitzer immer noch in ihrer Wohnung.

Kõrgessaare befindet sich rechts nach der Kreuzung ein ausgeschilderter Parkplatz. Hier lockt ein eingezäunter **Orhideede õppeväljak** (Orchideen-Lehrgarten). Irgendeine der 30 Arten, die auf der Insel vorkommen, blüht immer.

Nach acht Kilometern biegen wir nach links zu einem zehn Kilometer langen Abstecher auf die 113 in Richtung Tahkuna ab. Dort draußen am wilden Kap Tahkuna ist ein ersteigbarer Leuchtturm. An der Strecke liegt das **Mihkli Talumuuseum** (Bauernhofmuseum, www.muuseum.hiiumaa.ee). Gebäude eines Bauernhofs aus dem 19. Jahrhundert und Ausstellungsräume zeigen das bäuerliche Leben jener Zeit. Es ist wohl das am besten erhaltene Bauernhofensemble der Insel. Weiter nördlich gibt es in Randmäe einen schön angelegten Campingplatz an der Ostsee.

Die artesischen Brunnen liefern bestes Trinkwasser.

An der Strecke zum Kap liegt ferner das **Hiiumaa Military Museum** (Tel. +372 562 76020, www.militaarmuuseum.ee, GPS-Daten: N 59°04'37.0" E 22°35'40.4"). Die Landspitze Tahkuna spielte im Zweiten Weltkrieg eine strategische Rolle, wovon Bunker und Geschützstellungen noch heute zeugen. Der **Tahkuna tuletorn** (Leuchtturm) ist eine Besonderheit, denn er wurde 1873 aus fertigen gusseisernen Teilen verschraubt. Mit 43 Metern Höhe ist er der höchste Leuchtturm der 41 Leuchttürme Estlands. Auch hier ist an der Landspitze eine **Gedenkstätte** für die Opfer der Estoni- Katastrophe. Die Glocke in dem Rahmen läutet bei starkem Wind.

Wir lenken zurück auf die 80 und fahren nach Osten weiter. Ein Schild zeigt unterwegs an einem Parkplatz den **Ristmägi** (Berg der Kreuze) an. Die Tradition, hier ein selbst gefertigtes Kreuz zurückzulassen, begann mit der Vertreibung angesiedelter Schweden im 18. Jahrhundert. Kurz danach bietet sich die 82 nach Norden zu einem drei Kilometer langen Abstecher in Richtung Lethma an. An einem schönen Strand ist der Tõrvanina RMK-Camping. Hier beginnt auch der **Kärdla-Tõrvanina matkarada**, ein interessanter Küstenwanderweg.

Der Wanderweg endet im fünf Kilometer entfernten **Kärdla** am Ende der Tiigi pölk, wo auch ein Parkplatz am Waldrand liegt. Das Besondere ist der **artesische Brunnen** an der Straße, von denen es im Ort mehrere gibt. Eine bessere Gelegenheit, aus einem artesischen Brunnen den Wassertank zu füllen, ist Ecke Pikk tänäv und Aia tänäv. Das beste Trinkwasser wird auch von den Einheimischen sehr geschätzt.

INSELHAUPTSTADT KÄRDLA

In **Kärdla** ist im Hafengelände ein Wohnmobilstellplatz. Ein Parkplatz für die Stadtbesichtigung findet sich an der Touristeninformation in der Rookoopli oder am Sportstadion in der Põllu. Ein Picknickplatz mit Restaurant und Strand liegt in der Lubjaahju.

Kärdla ist das administrative, wirtschaftliche und kulturelle Zentrum der Insel und eine gute Einkaufsstadt. Das alte Feuerwehrhaus am zentralen Marktplatz Keskväljak beherbergt die Touristinfo, von wo aus wir die Stadt erkunden. Kärdla ist eine grüne Stadt mit kleinen Holzhäusern, Gärten und zwei Parkanlagen. Das **Hiiumaa muuseum** im Pikk maja (Langes Haus) zeigt ethnografische, archäologische, geschichtliche und textile Ausstellungsstücke, denn in Kärdla stand im 19. Jahrhundert eine Tuchfabrik (Vabrikuväljak 8, EE-92411 Kärdla, Tel. +372 463 2091, www.muuseum.hiiumaa.ee).

Der Tahkuna tuletorn ist mit 43 Metern der höchste Leuchtturm Estlands.

GEOLOGIE IN PALADE

Auf der 80 fahren wir in Richtung Heltermaa weiter. Das Dorf **Paluküla** ist interessant, weil hier der Rand des **Einschlagskraters** eines Meteoriten ist, der einen Durchmesser von vier Kilometer hatte. Der Meteorit soll hier mit der 25 000-fachen Kraft der Atombombe von Hiroshima vor 450 Millionen Jahren aufgeschlagen sein. Zu sehen ist von dem riesigen Krater in der Landschaft dennoch kaum etwas.

In **Palade** ist das **Loodushariduskeskus** (Naturhaus und Gesteine-Museum). Dort gibt es einen Überblick über die Landschaften der Insel Hiiumaa, geologische Vergangenheit, Fossilien und den Meteoritenkrater von Hiiumaa (EE-92301 Palade, Tel. +372 534 22087, GPS-Daten: N 58°58'11.7" E 22°50'55.7"). Daneben befindet sich das eher kleine **Soera talumuuseum** (Bauernhofmuseum). In **Pühalepa** steht das herrliche **Hiiu-Suuremõisa mõis** (Gutshof Suuremõisa) mit Park, das mit einer Führung besichtigt werden kann. Das repräsentative Gebäude gehörte im 18. Jahrhundert der Familie Ungern-Sternberg, deren Stadtresidenz wir auch in Tallinn begegnen (an der 83 in EE-92302 Suuremõisa, Tel. +372 469 4267, www.suuremoisa-loss.eu).

Fast im Kreuzungspunkt der Straßen 80 und 83 liegt die **Laurentius-Kirche von Pühalepa**. Sie ist wahrscheinlich das älteste Bauwerk der Insel, denn sie wurde ursprünglich im 13. Jahrhundert im frühgotischen Stil errichtet. Ihr heutiges Aussehen, auch das des Turms, stammt von den Umbauarbeiten, die im 19. Jahrhundert vorgenommen wurden. Dabei entdeckte man die Wandmalereien im Chor aus dem 13. und 14. Jahrhundert. Die steinerne Kanzel im barocken Stil aus dem 17. Jahrhundert ist die einzige in Estland erhaltene Kanzel aus Stein. Die Malteserkreuze an den Wänden nehmen Bezug auf die Zugehörigkeit des adligen deutschbaltischen Geschlechts Ungern-Sternberg zum Malteserorden.

Ab **Pühalepa** führt die 83 in den Süden der Insel. Die 80 läuft weiter nach Osten in den Fährhafen **Heltermaa** für die Überfahrt auf das Festland. Die Abfahrtzeiten und Buchungsmöglichkeit sind unter www.praamid.ee zu finden. Die Notwendigkeit einer Buchung richtet sich nach der Urlaubssaison und nach dem Wochentag. Wer eine mögliche Wartezeit überbrücken möchte, besucht vielleicht die **Alpakafarm** und **Seifenfactory Pähkli talu Hiiumaal** in Sarve (Tel. +372 502 1916, www.farmerkalle.com, GPS-Daten: N 58°50'54.6" E 23°02'11.2"). Oder das **Heltermaa käsitöömaja** (Kunsthandwerkgeschäft) vor dem Hafen von Heltermaa auf der linken Seite (Tel. +372 515 0319). Drei Kilometer südlich des Hafens Heltermaa ist noch der RMK Natur-Camping Sarve telkimisala an der 101 und am Meer mit steinigem Strand. Wer sich gar nicht von Hiiumaa losreißen kann, er-

Aussicht an der Statue des Riesen Leigri

kundet noch den Süden der Insel mit der für Camper und Naturfreunde interessanten Halbinsel Kassari. Hin und zurück sind es etwa 50 Kilometer.

ABSTECHER HALBINSEL KASSARI

Von Pühalepa lenken wir auf der 83 nach Südwesten. In **Vaemla** ist links vor der Kreuzung die **Villavabrik**, Wollspinnerei, Museum, Café und Laden. Auf uralten Maschinen wird die Wolle der Schafe von Hiiumaa zu Garn gesponnen und zu natürlichen Strickwaren verarbeitet (EE-92137 Vaemla, Tel. +372 517 4850). An der Kreuzung nach der Wollfabrik nehmen wir die 123 nach Süden und fahren gleich über die schmale Landzunge auf die Halbinsel Kassari, ein Landstrich voller ursprünglicher Schönheit.

Die Figur des Riesen Leigri

Am Ortseingang des Dorfes Kassari ist rechts ein wenig versteckt eine alte Windmühle. Gleich danach steht links der Straße die Figur des Riesen **Leigri**, eine Sagengestalt der Insel Hiiumaa. Er wollte einst mit Steinen eine Landverbindung nach Saaremaa bauen. Er hat es nicht geschafft, aber die ungewöhnlich lange Landspitze ist noch heute zu sehen. Genau dorthin fahren wir jetzt auf der 124, denn es ist etwas Außergewöhnliches, die zwei Kilometer lange, unglaublich schmale Landzunge in die Ostsee hinauszulaufen. Unterwegs zur Landspitze kommen wir am Kiigeplats vorbei, ein Natur-Campingplatz.

Das Inselschutzgebiet vor der Landspitze besteht aus zehn Inseln, bewachsen mit einem Dickicht aus Wacholder und weiteren 600 verschiedenen Pflanzenarten. Zwischen den Inseln tummeln sich Grau- und Ringelrobben. Der Zutritt auf die Inseln ist zeitweise gesperrt und reglementiert. Am Ende der Straße ist nach 300 Metern Schotterstraße

Der wunderbare Bahnhof in Haapsalu

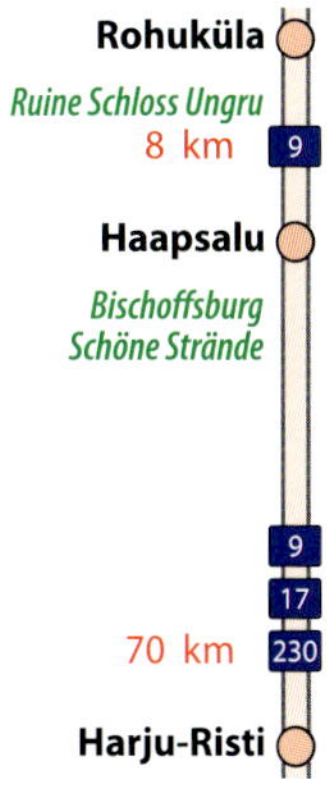

ein großer Parkplatz und ein RMK Natur-Camping. Das Meer hat diese Nehrung geformt, auf der wir nun hinauslaufen können.

Ab Kassari fahren wir auf der 123 weiter nach Westen und kommen zum netten Hafen **Orjaku** mit Wohnmobilstellplatz. Dieser Hafen existiert seit dem 17. Jahrhundert und war in der Sowjetzeit ein Marinestandort. 100 Meter nach dem Hafen zweigt rechts ein kurzes Schotterstäßchen zum **Linnuvaatlustorn** (Vogelbeobachtungsturm) ab. Die Aussicht schwenkt über kleine vorgelagerte Schilfinseln. Nach einem Kilometer beginnt an einem kleinen Parkplatz rechts der Wanderweg **Orjaku õpperajad**. Zum Teil auf Bohlen geht es in die artenreichen Küstenwiesen, die von Schafen beweidet werden. Die Attraktionen sind zwei Vogelbeobachtungstürme und ein riesiger Findling.

Die 123 stößt schließlich auf die 83, die nach rechts in das Dorf **Käina** führt. Neben dem Hotell Liilia in der Hiiu maantee 22 steht eine architektonisch interessante **Kirchenruine**. Bar jeden Schmuckes und zum Teil ohne Dach, zeigt die Käina kirik ihre ausgeprägten und ausgewogenen Baumassen sehr deutlich.

Die 83 bringt uns direkt nach Heltermaa in den Fährhafen und zum Schiff für die Fahrt auf das Festland.

DAS SYMPATHISCHE HAAPSALU

Vom Fährhafen **Rohuküla** auf der Halbinsel Vormsi in der Region Läänemaa streben wir auf der 9 der Stadt Haapsalu zu. Direkt am Weg steht auf der rechten Seite die Ruine **Schloss Ungru** (Lindenhof). Das neobarocke Gebäude wurde 1893 von der Familie Ungern-Sternberg erbaut, aber nie ganz fertig. Die Kopie von Schloss Merseburg verfiel schon im Ersten Weltkrieg.

Haapsalu ist ein netter, frischer Ferienort mit Holzhäusern, engen Straßen, Cafés und

Schloss Ungru der Familie Ungern-Sternberg wurde nie fertig gebaut.

Die riesige Bischoffsburg von Haapsalu

Restaurants und sehr schönen Stränden, eine freundliche Stadt, die auf eine lange Geschichte als Heilbad zurückblickt. Gleich im westlichen Teil von **Haapsalu** ist der Campingplatz Pikseke, von dem es allerdings drei Kilometer ins Zentrum sind.

Badestrände mit großen Parkplätzen in Haapsalu gibt es im Westen am Paralepa rand (Paralepa-Strand) am Ende der Ranna tee und im Norden am Ende der Lahe tee. In Haapsalu ist möglicherweise vor der Bischofsburg am Lossi plats (Schlossplatz) ein Parkplatz zu finden, was natürlich für die Besichtigung der Stadt optimal ist. Einen größeren Parkplatz gibt es vor der herrlichen Sehenswürdigkeit des alten Bahnhofs und Eisenbahnmuseums in der Raud tee 2 (ein Kilometer ins Zentrum und zwei Kilometer zum Hafen).

Das gemütliche Café Müüriääre in der Karja tänäv

Der prächtige 1905 aus Holz erbaute **Bahnhof** war einst die Endstation der Reise für die aristokratischen Kurgäste aus Sankt Petersburg. Daher hat er einen ungewöhnlich langen überdachten Bahnsteig und einen kaiserlichen Wartepavillon. Das **Eesti Raudteemuuseum** (Eisenbahnmuseum) zeigt die lange Geschichte der Eisenbahn mit herrlichen Lokomotiven. Daneben ist die Entwicklung der Kommunikation vom Telegrafen bis zum Mobiltelefon zu sehen (Raudtee tänav 2, Tel. +372 473 7065, www.salm.ee).

Vom Bahnhof kommen wir zum Beispiel zu Fuß oder mit dem Fahrrad am ruhigsten

In der Karja tänäv in Haapsalu

vom nördlichen Ende des Bahnhofs am Zebrastreifen über die Straße und entlang der gleich endenden Schienen auf dem Gehweg in die Stadt. Dieser mündet in die Õhtu kallas, die ihrerseits in die Ferdinand Johann Wiedemanni tänava übergeht. Hier stehen Häuschen in ansprechender Holzhausarchitektur. Von dieser Straße geht die Saue tee rechts ab und wir stehen vor der Burg aus dem 13. Jahrhundert. Die Touristeninformation ist in der Karja tänav 15 bei der Burg.

Die **Bischofsburg** besitzt eine mittelalterliche Ringmauer mit sieben Türmen und vier Toren. Innen liegen der Burghof, Wohnräume und die **Kathedrale** aus dem 13. Jahrhundert, die immer noch genutzt wird. In ihr finden sich romanische und gotische Elemente. Das Museum erzählt die Geschichte der Burg. Das Schlossgelände wurde zu einem beliebten Park mit Spielplätzen umgewandelt.

Das **Café Dietrich** in der Karja tänav 10 gegenüber der Burg ist eine gute, traditionsreiche Adresse für eine Pause. Von süßen Kuchen bis deftigen Speisen ist alles in bester Qualität zu finden (www.dietrich.ee). Ebenfalls empfehlenswert ist das gemütliche **Café Müüriääre** in der Karja tänäv 7 an der Burgmauer (www.muuriaare.ee). Schräg gegenüber haben die Betreiber ihre Bäckerei, wo es vorzügliches Brot gibt. In der Karja tänäv 4 ist der Kunsthandwerks- und Souvenirladen **Ehe ja Ehtne käsitöö** interessant (www.ehejaehtne.ee).

Auf dem Weg nach Norden zum sehenswerten **Rannarootsi muuseum** (Schwedisches Küstenmuseum) wird klar, warum Haapsalu auch »Venedig des Nordens« genannt wird. Links und rechts der Sadama schimmert das Blau der Gewässer durch die Hausgärten. Das Rannarootsi muuseum hat auch einen Parkplatz vor dem Haus. Es zeigt die tausendjährige schwedische Siedlungsgeschichte in Estland (Sadama 31/32, Tel. +372 473 7165, www.aiboland.ee).

Auf dem Rückweg vom Museum schlendern wir auf der **Promenaadi**, die am Baltic Hotel beginnt, an der **Tšaikovski pink** (Tschaikowski-Bank) aus Dolomit vorbei. Der Komponist hielt sich im Sommer 1867 in Haapsalu auf und hörte hier das estnische Volkslied

Kneipe in Haapsalu

»Kallis Mari«, dessen Melodie er in seiner sechsten Symphonie verarbeitete. Die Anfangsnoten der Melodie sind auf der Bank eingemeißelt und die Melodie ist auf der Bank zu hören. Das **Ausflugsdampfboot »Kallis Mari«** aus dem Jahr 1955 nimmt ebenfalls Bezug auf das Volkslied. Es startet auf der Westseite der Stadt am Ende der Ehte tee zu kleinen Rundfahrten (Samstag und Sonntag 12 bis 17 Uhr, Tel. +372 539 61396).

Von der Tschaikowski-Bank weiter auf der Promenade, die hier Schokoladenpromenade genannt wird, kommen wir zum herrlichen **Kuursaal** (Kursaal), eines der schönsten Holzgebäude in ganz Estland. Seine gestalterischen Elemente erinnern an ein Spitzenmuster. Seit 1825 reisen Kur- und Wellnessgäste aus der ganzen Welt an. Die weitere Promenade nach Osten heißt Afrikastrand und endet am **Linnuvaatlustorn** (Vogelbeobachtungsturm). In der Bucht Tagalaht sind im Frühling Schwäne und Enten zu Gast und im Herbst machen Gänse und Kraniche einen Kurzbesuch. Haapsalu hat viele einladende Cafés, Restaurants und Kneipen.

Natürlich kann, wer möchte, auf der 9 schnell nach Tallinn brausen. Aber es gibt noch andere Dinge zu sehen, denn die Küste

SPECIAL

DIE LEGENDE DER WEISSEN DAME

Des Bischof von Ösel-Wiek war zu einem keuschen Leben verpflichtet. Frauen war der Zutritt zur Bischofsburg verboten. Der Legende nach soll jedoch ein Geistlicher des Bischofssitzes in ein Mädchen verliebt gewesen sein. Er schmuggelte es heimlich in die Bischofsburg, sie verkleidete sich dort als Chorknabe und lebte lange Zeit mit ihrem Geliebten zusammen. Bei einem Besuch des Bischofs kam allerdings die Sache ans Licht. Der Kanoniker musste zur Strafe im Gefängnis verhungern. Das Mädchen wurde lebendig in die Wände der Kapelle eingemauert. Eine Zeit lang waren die Hilfeschreie des Mädchens noch zu hören, bevor sie verstummten. Aber ihre Seele findet keine Ruhe und so erscheint sie seit Jahrhunderten, um ihren Geliebten zu betrauern.

Der Sandstrand bei Peraküla

im Nordwesten hat einiges zu bieten und von Haapsalu aus ist noch einmal ein Abstecher auf der 31 in den Nationalpark Matsalu möglich.

WIEDER IM NATIONALPARK MATSALU

Der Nationalpark Matsalu gilt als eines der besten europäischen Gebiete für die Vogelbeobachtung. Zwischen den Monaten März und Mai und zwischen August und September kommen Millionen Vögel in der Region an oder sind im Aufbruch begriffen. Für den beschriebenen Abstecher sind etwa 22 Kilometer einfach zu kalkulieren. Eine der bekanntesten Stellen für die Vogelbeobachtung ist **Haeska** an der Matsalu laht (Matsalu-Bucht). 16 Kilometer südlich von Haapsalu zweigt von der 31 rechts die 110 ab, an deren Ende nach sechs Kilometern ein Parkplatz zum Beobachtungsturm in den Küstenwiesen liegt. Weitere Vogelbeobachtungstürme sind weiter westlich im Hafen von **Kiideva** und in **Puise** zu finden, aber nicht entlang der Küste, sondern nur über einen Umweg über Land zu erreichen. In Puise ist ein Campingplatz.

DIE HALBINSELN NOAROOTSI UND NÕVA

Noarootsi und **Nõva**, nördlich von Haapsalu, sind wegen ihrer fast unberührten Natur und ihrer skandinavischen Ausstrahlung anziehend. Sandstrände und Kiefernwälder prägen die Küste. Die Gegend wurde seit dem 13. Jahrhundert von Schweden besiedelt, die Geschichte, Architektur und Traditionen formten. Ortsschilder sind oft zweisprachig.

Der Sandstrand vor dem Camping Roosta

Der Gutshof von Padise ist ein Hotel.

Einfahrt zum Camping Elbiku Roosta

Acht Kilometer nach Haapsalu schwenkt die 17 und dann die 230 über Linnamäe nach Norden und erreicht nach Sutlepa wieder die Ostsee. In Elbiku, nahe der 127, befindet sich der Camping Roosta. 300 Meter weiter vorn ist auch noch ein großer Strandparkplatz, auf dem allerdings nicht übernachtet werden darf. **Põõsaspea** ist der nordwestlichste Punkt des estnischen Festlandes und somit gilt dieses Kap als einer der besten Plätze, um arktische Wasservögel zu beobachten. Eine zwölf Kilometer lange Straße führt über Tuksi zu einem Parkplatz am Kap mit Vogelbeobachtungsturm (die letzten fünf Kilometer Schotterstraße). An der Nordküste, wieder über die 230 und am Schluss über zwei Kilometer Schotterstraße, ist ein RMK-Camping am schönen Sandstrand Peraküla.

An der nördlichen Landspitze **Rannaküla** liegen im Hafen nachgebaute, aber seetüchtige Wikingerschiffe, die von Enthusiasten in mühevoller Arbeit gebaut werden (www.nordestnova.org). Die 230 bringt uns weiter nach Osten. In **Nõva** befindet sich die älteste und kleinste Holzkirche Estlands (am Ortsende rechts). Nördlich von Nõva locken nahe am weiten Sandstrand der Parkplatz Metskonna parkla für ein Badevergnügen und der Natur-Camping Lepaangu. Weiter nördlich sind vor **Kaibu** noch zwei RMK-Campingplätze.

Die Kirche in Harju-Risti hat einen seltsamen Turm.

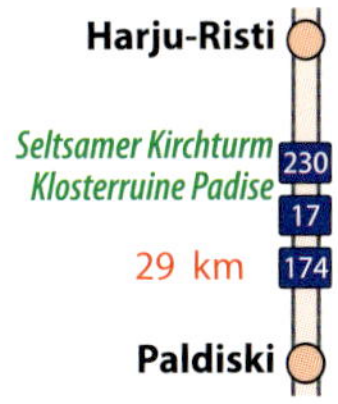

KLÖSTER UND KIRCHEN

Die 230 schwenkt bei Keibu direkt nach Osten und wir erreichen das Dorf **Harju-Risti**, das eine ganz besondere **Kirche** mit einem halbrunden Turm besitzt (nach der Bushaltestelle links). Sie ist 700 Jahre alt, aber der **seltsame Turm** wurde erst im 17. Jahrhundert dazugebaut. Der Kirchturm kann bestiegen werden. Dort oben gibt es nicht nur einen Blick auf die Umgebung, sondern auch auf die älteste Glocke Estlands aus dem 14. Jahrhundert, die aus dem Kloster Padise stammt (Tel. +372 556 49256, www.ristikirik.ee).

Die 230 endet an der 17, auf der wir nach Padise fahren. **Padise** ist bekannt wegen seiner großen **Klosterruine** und des **Gutshofes** von Padise, der heute ein Hotel und Restaurant ist. Das Kloster wurde im 14. Jahrhundert von den Mönchen des Zisterzienserordens begonnen und im Laufe von 200 Jahren errichtet. Heute sind nur noch Ruinen übrig, die aber zum Teil besichtigt werden können. Sogar den Turm kann man erklimmen. Am Restaurant kann man parken.

Kurz nach Padise schwenken wir links auf die 174 in Richtung Paldiski. In Madise steht die **Matthiaskirche**, die ursprünglich aus dem 15. Jahrhundert stammt. Der Turm wurde in früheren Zeiten auch als Leuchtturm verwendet.

Der schlichte Innenraum der Kirche in Harju-Risti

Der Pakri-Leuchtturm bei Paldiski

STEILKÜSTE UND WASSERFALL

Noch einen Kilometer vor dem regen Hafenort Paldiski gibt es am Strand einen einsamen Parkplatz an der Gebäuderuine, die von der Straße aus zu sehen ist. Aus dem einstigen Fischerdorf Paldiski ist ein wichtiger, weil stets eisfreier Hafen geworden. Der 1911 erbaute **hölzerne Bahnhof** ist für architektonisch Interessierte eine Sehenswürdigkeit, sonst mag uns nichts in diesem Ort halten. Aber gleich nördlich der Stadt beginnt die berühmte Steilküste (vor dem Hafen rechts in Richtung Kesklin halten). Auf der nahen Landspitze sind einige sehenswerte Dinge.

Vom **Leuchtturm** am Ende der Majaka tee besteht ein 360-Grad-Panoramablick (unter www.pakrituletorn.ee läuft ein schöner Film). An der schwindelerregenden Steilküste mit bis zu 25 Meter Höhe verläuft ein **Wanderweg** nach Osten zum **Pakri-Wasserfall**. Die Steilküste zeigt deutlich die Sedimentschichten des baltischen Glint. Am Leuchtturm ist der Sonnenuntergang legendär.

Dann müssen wir zurück nach Paldiski und fahren auf der 8 südlich der Hafenstadt nach Osten, denn der bekanntere Wasserfall tost bei Keila-Joa. Dazu biegen wir nach Kloogaranna nach links auf die 390 in Richtung Tallinn. Aber Kloogaranna hat wunderbare Strände. Ein Parkplatz am Strand ist zum Beispiel in der Mere põik. Vor Keila-Joa gibt es einen RMK-Campingplatz.

Die Steilküste bei Paldiski ist 25 Meter hoch

Der Parkplatz zum **Keila juga** (Keila-Wasserfall) ist in der Posti tee in Keila-Joa. Der Wasserfall mit sechs Meter Höhe und über 50 Meter Breite kann sich rühmen, der drittgrößte Wasserfall Estlands zu sein. In der Nähe befinden sich ein altes **Wasserkraftwerk**, ein **Park** und das 1833 errichtete neogotische **Gutshaus** von Keila-Joa.

Der Küstenbogen vor Tallinn gilt als »Riviera« Estlands, bleiben wir also auf der 390 und entdecken noch einen Parkplatz an einem guten Strand in **Vääna-Jõesuu** (N 59°25'29.3" E 24°20'33.9"). Nach einer Ruhepause steht die mittelalterliche Stadt Tallinn auf dem Plan, ein Höhepunkt jeder Reise durch die baltischen Länder.

Liebespaare lieben auch den romantischen Sonnenuntergang.

Paldiski

Klippen, Wasserfälle und Strände

174
8
57 km 390

Tallinn

Ziel

Am Wasserfall Keila juga

PRAKTISCHE HINWEISE

TOURISTINFORMATIONEN

Viljandi
Vabaduse plats 6, EE-71020 Viljandi,
Tel. +372 433 0442, www.viljandimaa.ee

Pärnu
Uus tänav 4, EE-80010 Pärnu,
Tel. +372 447 3000, www.visitparnu.eu

Kuressaare Saaremaa
Tallinna tänav 2, EE-93819 Kuressaare,
Tel. +372 453 3120, www.visitsaaremaa.ee

Sõrve
Sõrve-Leuchtturm, EE-93249 Sõrve,
Tel. +372 564 72104, www.sorvekeskus.ee

Kärdla
Hiiu 1, EE-92413 Kärdla,
Tel. +372 462 2232, www.hiiumaa.ee

Haapsalu
Karja tänav 15, EE-90502 Haapsalu,
Tel. +372 473 3248, www.visithaapsalu.com

CAMPING- UND STELLPLÄTZE

C 78 **Natur-Camping RMK Krapi** (S. 217 H4)
EE-86003 Treimani
GPS-Daten: N 57°56'19.9" E 24°23'27.2"
Sandplatz am Strand

C 79 **Natur-Camping RMK Lemme** (S. 217 H4)
EE-86012 Orajõe
GPS-Daten: N 57°57'53.5" E 24°24'17.2"
Sandplatz am Strand

C 80 **Camping Käbli Mini Kämping** (S. 217 H3)
EE-86002 Käbli, Tel. +372 501 8507,
www.minikamping.ee
GPS-Daten: N 57°59'31.2" E 24°25'27.1"
Wiesenplatz, 300 Meter zum Strand,
Restaurant

S 81 **Stellplatz Nationalpark Soomaa**
(S. 218 A/B1),
Nationalparkzentrum, EE-71211 Tõramaa,
Tel. +372 435 7161
GPS-Daten: N 58°25'50.9" E 25°01'49.3"
Sandplatz, Wanderwege

C 82 **Camping Rätsepa Watercamp**
(S. 218 A1)
Rätesepa, EE-86816 Kreis Pärnu,
Tel. +372 514 8751, www.veelaager.com
GPS-Daten: N 58°29'46.2" E 24°56'57.2"
Wiese mit Bäumen am Fluss Navesti, Bootsverleih, Wanderwege

C 83 **Camping Pärnu Konse** (S. 217 H1)
Suur-Jõe 44a, EE-80021 Pärnu,
Tel. +372 534 35092, www.konse.ee
GPS-Daten: N 58°23'05.7" E 24°31'35.0"
Wiese/asphaltierter Platz am Pärnu, zwei Kilometer zum Strand, Boots- und Fahrradverleih, Restaurant, ein Kilometer ins Zentrum, ganzjährig offen

S 84 **Stellplatz Pärnu** (S. 217 H1)
Kalda 2, EE-80010 Pärnu,
Tel. +372 444 8200, www.parnu.ee
GPS-Daten: N 58°23'15.6" E 24°29'40.1"
Asphaltierter Parkplatz am Pärnu, 300 Meter ins Zentrum, ganzjährig geöffnet

C 85 **Camping Valgeranna** (S. 217 H1)
EE-88301 Valgeranna, Tel. +372 511 6903
GPS-Daten: N 58°23'16.8" E 24°23'43.6"

Der Stellplatz am Soomaa Nationalparkzentrum

Wiesenplatz, 300 Meter zum Strand, Restaurant

C 86 **Camping Marksa Liuranna** (S. 217 H2)
EE-88313 Marksa
GPS-Daten: N 58°17'11.8" E 24°15'50.0"
Wiesenplatz am Strand

C 87 **Camping Kastna Kastnapuhkeküla** (S. 217 G1), EE-88106 Kastna,
Tel. +372 508 4529, www.kastna.ee
GPS-Daten: N 58°19'18.8" E 23°53'28.9"
Wiesenplatz am Strand

C 88 **Camping Paatsalu** (S. 221 F6)
EE-88204 Paatsalu Illuste mois,
Tel. +372 513 8000,
www.paatsalupuhkekeskus.ee
GPS-Daten: N 58°31'30.4" E 23°40'44.8"
Wiesenplatz am Strand, Restaurant

C 89 **Camping Voose Voosematsa** (S. 221 F6)
EE-90105 Voose, Tel. +372 505 2679,
GPS-Daten: N 58°38'46" E 23°39'45"
Wiesenplatz unter Bäumen, zwei Kilometer Anfahrt auf Schotterstraße

C 90 **Camping Simisti Lõunaranna** (S. 221 E6)
EE-94719 Muhu Simisti, Tel. +372 503 6640,
www.lounaranna.ee
GPS-Daten: N 58°32'29.3" E 23°19'02.6"
Wiesenplatz am Strand, Boots- und Fahrradverleih, Restaurant, Zufahrt ein Kilometer Schotterstraße

C 91 **Camping Liiva Aki** (S. 220 D/E6)
EE-94766 Liiva, Tel. +372 514 8211,
GPS-Daten: N 58°36'15.6" E 23°13'25.8"
Wiesenplatz, Restaurant

S 92 **Stellplatz Koguva Vanatoa** (S. 220 D6)
EE-94724 Koguva, Tel. +372 555 87494,
www.vanatoa.ee
GPS-Daten: N 58°35'47.1" E 23°05'09.8"
Wiesenplatz an einem Gasthaus

S 93 **Stellplatz Kuressaare SPAA Hotell Meri** (S. 216 C2), Pargi tee 16,
EE-93810 Kuressaare, Tel. +372 452 2100,
www.saaremaaspahotels.eu
GPS-Daten: N 58°14'53.5" E 22°28'27.1"
Asphaltierter Parkplatz am Hotel, Restaurant, ein Kilometer ins Zentrum und zur Burg

Am Parkplatz vor dem Camping Valgeranna

C 94 **Camping Mändjala** (S. 216 C2)
EE-93871 Mändjala, Tel. +372 502 9706,
www.mandjala.ee
GPS-Daten: N 58°13'05.8" E 22°19'53.6"
Wiesen-/Sandplatz, 100 Meter zum Strand, Restaurant

C 95 **Camping Tehumardi** (S. 216 C2)
EE-93222 Tehumardi, Tel. +372 510 5150,
www.tehumardi.ee
GPS-Daten: N 58°10'48.5" E 22°15'12.6"
Wiesenplatz an einem Badesee, Grillhütte, 400 Meter zum Strand, ganzjährig offen

C 96 **Camping Mõntu sadama** (S. 216 B3)
EE-93122 Mõntu
GPS-Daten: N 57°56'57.9" E 22°07'10.4"
Wiesenplatz am Hafen und Strand

C 97 **Camping Muha ranna** (S. 216 B2)
EE-93330 Muha, Tel. +372 509 2035,
www.muhatalu.ee
GPS-Daten: N 58°11'49.3" E 22°03'32.0"
Wiesenplatz, 300 Meter zum Strand, Zufahrt ein Kilometer Schotterstraße

Der Campingplatz am Illuste mois in Paatsalu

Am Campingplatz in Liiva

Sandplatz, 900 Meter zum Strand, Schlucht-Naturpfad

C 98 **Natur-Camping RMK Tõnuma**
(S. 216 B2), EE-93328 Tõnuma
GPS-Daten: N 58°13′06.9″ E 22°02′39.6″
Sandplatz am Strand, Grundwasserquelle, Zufahrt 500 Meter Sandstraße

C 99 **Camping Panga Diving Resort**
(S. 220 B6), EE-93634 Panga,
Tel. +372 566 92009, www.panga.ee
GPS-Daten: N 58°34′02.4″ E 22°18′06.5″
Wiesenplatz, 800 Meter zum Panga-Kliff, Restaurant

C 100 **Natur-Camping RMK Meiuste**
(S. 220 C6)
Meiuste, EE-94235 Kreis Saare
GPS-Daten: N 58°35′39.3″ E 22°36′45.8″
Wiesen-/Sandplatz am Strand

C 101 **Camping Jõiste** (S. 220 C/D1)
EE-94232 Jõiste, Tel. +372 539 01211,
www.supelrand.ee
GPS-Daten: N 58°35′58.1″ E 22°46′24.3″
Wiesen-/Schotterplatz am Strand, Minimarkt

C 102 **Natur-Camping RMK Õngu Vanajõe**
(S. 220 C5), EE-92253 Õngu
GPS-Daten: N 58°53′06.6″ E 22°26′08.3″

C 103 **Camping Kõpu Pihla Turismitalu**
(S. 220 B4), EE-92212 Kõpu,
Tel. +372 569 82123, www.pihlatalu.ee
GPS-Daten: N 58°54′21.0″ E 22°12′51.0″
Wiesenplatz, zwei Kilometer zum Kõpu-Leuchtturm

C 104 **Natur-Camping RMK Kaleste**
(S. 220 B4), EE-92232 Kaleste
GPS-Daten: N 58°54′29.0″ E 22°07′58.9″
Wiesen-/Schotterplatz mit Bäumen, Picknickplätze, Feuerstellen, 50 Meter zum Strand

C 105 **Camping Kalana** (S. 220 B4)
EE-92230 Kalana, Tel. +372 538 21844,
www.kalana.ee
GPS-Daten: N 58°55′20.1″ E 22°03′29.4″
Wiesen-/Sandplatz, 100 Meter zum Strand, Restaurant

C 106 **Natur-Camping RMK Luidja** (S. 220 C4)
EE-92202 Luidja
GPS-Daten: N 58°55′55.8″ E 22°23′11.8″
Wiesenplatz, 300 Meter zum Strand, enge Zufahrt

C 107 **Camping Randmäe puhkemaja Mangu**
(S. 220 C4), EE-92220 Randmäe,
Tel. +372 568 33511, www.puhketalu.ee
GPS-Daten: N 59°01′50.9″ E 22°34′48.4″
Wiesenplatz, 400 Meter zum Strand, ganzjährig geöffnet

C 108 **Natur-Camping RMK Tõrvanina**
(S. 220 C4), EE-92350 Tareste
GPS-Daten: N 59°02′22.1″ E 22°41′11.6″
Sandplatz am Strand, Küstenwanderweg

Am Natur-Camping-platz bei Tõnuma

Links und rechts: Der Natur-Camping RMK-Keibu und Camping Kalana liegen in lichtem Kiefernwald.

S 109 Stellplatz Kärdla (S. 220 C4)
Sadama 28, EE-92411 Kärdla,
Tel. +372 532 85218
GPS-Daten: N 59°00'31.0" E 22°45'07.4"
Asphaltplatz am Hafen, Fahrradverleih, Restaurant, ein Kilometer ins Zentrum

C 110 Natur-Camping RMK Sarve (S. 220 D5)
Sarve, EE-92322 Kreis Hiiu
GPS-Daten: N 58°50'34.8" E 23°03'42.7"
Wiesenplatz, 100 Meter zum Strand, Zufahrt zwei Kilometer Schotterstraße

C 111 Natur-Camping Sääretirbi Kiigeplats
(S. 220 D5), EE-92111 Kassari
GPS-Daten: N 58°46'49.4" E 22°49'27.8"
Wiesen-/Sandplatz, 100 Meter zum Strand

C 112 Natur-Camping RMK Sääretirbi
(S. 220 D5), EE-92111 Kassari
GPS-Daten: N 58°46'12.2" E 22°48'50.6"
Wiesen-/Sandplatz, 300 Meter zum Strand, Anfahrt 500 Meter Schotterstraße

S 113 Stellplatz Orjaku Marina (S. 220 C5)
Orjaku, EE-92114 Kreis Hiiu, GPS-Daten: N 58°47'21.3" E 22°46'21.2"
Asphaltierter Platz am Hafen

C 114 Camping Haapsalu Pikseke (S. 221 E4)
Männiku tee 32, EE-90506 Haapsalu,
Tel. +372 475 5779, www.campingpikseke.com
GPS-Daten: N 58°55'40.7" E 23°32'14.8"
Wiesenplatz, drei Kilometer in die Altstadt und zum Weststrand

C 115 Camping Puise Nina (S. 221 E5)
EE-90420 Puise, Tel. +372 578 22278,
www.puisenina.ee
GPS-Daten: N 58°45'57.8" E 23°27'12.1"
Wiesenplatz am Hafen, Bootsausflüge, Restaurant

C 116 Camping Elbiku Roosta (S. 221 E3)
EE-91202 Elbiku, Tel. +372 525 6699,
www.roosta.ee
GPS-Daten: N 59°09'29.8" E 23°31'11.1"
Wiesen-/Sandplatz, 200 Meter zum Strand, Bootsverleih, Restaurant, Supermarkt

C 117 Natur-Camping RMK Peraküla
(S. 221 E/F3), EE-91114 Peraküla
GPS-Daten: N 59°13'17.6" E 23°36'11.0"
Sandplatz am Strand, Kiosk, Dünenwanderweg, zwei Kilometer schlechte Zufahrtsstraße

C 118 Natur-Camping RMK Keibu
(S. 221 F3), EE-76019 Keibu
GPS-Daten: N 59°14'53.7" E 23°44'45.3"
Sandplatz, 100 Meter zum Strand, Zufahrt 700 Meter Schotterstraße

C 119 Natur-Camping RMK Keila-Joa Meremõisa (S. 221 G2)
Meremõisa, EE-76705 Kreis Harju
GPS-Daten: N 59°23'59.8" E 24°15'17.3"
Sandplatz am Strand

Im Hafen Orjaku ist ein Wohnmobilstellplatz.

4 MITTELALTERLICHES TALLINN UND NATIONALPARK LAHEMAA

Nord- und Ostestland

Tallinn mit seinen vielen Häusern aus dem Mittelalter und umfassender Stadtmauer ist Kulturerbe der UNESCO. Der Einfluss fremder Machthaber ist präsent. Auf Altes trifft vibrierende Modernität. Die vierte Etappe deckt die Landkreise Lääne-Viru, Ida-Viru, Jõgeva, Tartu, Põlva und Võru ab. Strände, malerische Moore und Klippenwälder sowie Findlinge aus der Eiszeit sind im Nationalpark Lahemaa zu entdecken. Sankt Petersburg mit seinen großartigen Palästen und Museen steht als abenteuerlicher Abstecher zur Wahl. Der Peipsi järv ist siebenmal so groß wie der Bodensee.

Blick aus der Oberstadt

Die Hansestadt Tallinn ist die größte Touristenattraktion jeder Reise durch das Baltikum und dementsprechend gut besucht. Die Stadtbesichtigung sollte gut geplant werden. Manchmal liegen fünf oder sechs Kreuzfahrtschiffe im Hafen, deren Tausende Passagiere dann durch die Gassen drücken. Lieber am Tag baden oder das wunderbare Freilichtmuseum besuchen, denn am Nachmittag legen die Kreuzfahrtschiffe wieder ab.

MITTELALTER TRIFFT MODERNE

In **Tallinn** kontrastieren jahrhundertealte Giebelhäuser mit gläsernen Wolkenkratzern. Pflastersteingassen, gotische Turmspitzen und mittelalterliche Märkte, Cappuccino und WLAN – das liegt in der berühmten Altstadt Tallinns nahe nebeneinander. Die Verbindung der historischen Atmosphäre mit der modernen Kultur ist charakteristisch für Tallinn. Mit rund 430 000 Einwohnern ist Tallinn die größte Stadt Estlands, sowohl wirtschaftliches als auch politisches und kulturelles Zentrum und mit dem Hafen das Tor zur Welt.

Vom Westen kommend liegt noch vor der Stadt das attraktive **Eesti Vabaõhumuuseum Rocca al Mare** (Freilichtmuseum). Historische Häuser, lebendige Werkstätten, Mühlen und ein Dorfgasthaus aus vergangenen Jahrhunderten machen den Besuch zu einem Erlebnis (www.evm.ee). Die Tallinn Card ist in verschiedenen Ausführungen an der Kasse zu haben. Sie beinhaltet neben freiem Eintritt in die über 40 Museen Tallinns auch das Freilichtmuseum Rocca al Mare und freie Benutzung der öffentlichen Verkehrsmittel.

Auf dem gebührenpflichtigen Parkplatz kann auch im Wohnmobil übernachtet werden, aber es sind von hier noch sieben Kilometer bis in die Altstadt. Für die Besichtigung

ROUTE 4

STARTPUNKT
Tallinn

ENDPUNKT
Grenze zu Lettland bei Rusmäe

STRECKENLÄNGE
590 km

FAHRZEIT
3 bis 4 Tage

BESTE JAHRESZEIT
Juni bis September

Im Freilichtmuseum Rocca al Mare

Schloss Katharinental im Park Kadriorg

Tallinns sind die zwei Stadtcampingplätze auf der anderen Seite der Stadt besser geeignet. Nahe an der Altstadt und günstig, aber nicht ruhig, ist ein Wohnmobilstellplatz im Hafen.

Wer auf dem City Camping oder auf dem Camping Pirita untergekommen ist – einen Stadtplan halten die Campingplätze bereit –, fährt mit Stadtbussen auf der Pirite tee und Narva mantee zum Busterminal am Platz Viru väljak nahe der Altstadt. Die Verlängerung der Narva mantee ist die Viru tee, die durch das **Viru Väravad** (Viru-Tor) direkt in die wunderbare mittelalterliche **Altstadt** hineinführt. Sie hat in etwa einen Durchmesser von 700–800 Metern und kann so in ihrer Gesamtheit zu Fuß erforscht werden.

Die Altstadt entstand in der Zeit zwischen dem 13. und 16. Jahrhundert, als Reval, wie es damals hieß, ein Mitglied des Hanse-Städtebundes war. Tallinns Altstadt besteht aus zwei Bereichen – der Unter- und der Oberstadt (Toompea). Diese einst eigenständigen Stadtteile waren durch die Pikk jalg (Langes Bein) verbunden und voneinander durch Tore getrennt. Heute bildet die Kombination aus Oberstadt auf dem Hügel und Unterstadt an seinem Fuß eine eindrucksvolle Skyline, die schon von Weitem zu sehen ist.

In Tallin gibt es viel zu entdecken.

Die Unterstadt ist eine der am besten erhaltenen mittelalterlichen Städte in Europa und seit 1997 Teil des UNESCO-Welterbes. Die farbigen Giebeldächer, die halb versteckten Innenhöfe und die turmbewehrte Stadtmauer machen die Altstadt zu einer Touristenattraktion. Unbedingt müssen wir den **Raekoja plats** (Rathausplatz) besuchen, auf den wir automatisch stoßen werden. Das wunderschöne **gotische Rathaus** wurde Ende des 14. Jahrhunderts erbaut. Von seinem spitzen Turm aus kann die gesamte Altstadt überblickt werden. In der vom Rathausplatz abgehenden Apteegi tee befindet sich eine der am längsten betriebenen Apotheken Europas: Die **Revali Raeapteek** (Tallinner Ratsapotheke) gibt es seit 1422. Links neben der Apotheke führt ein Durchgang zur Pikk tee, in der das Haus Nummer 16 wichtig für Schleckermäuler ist: »Kalev« ist nicht nur größter Hersteller von Pralinen im Baltikum, hier ist auch das Marzipanmuseum.

Auf dem Rathausplatz und in der gesamten Altstadt gibt es eine große Auswahl an Restaurants, Cafés und Geschäften. Ein guter

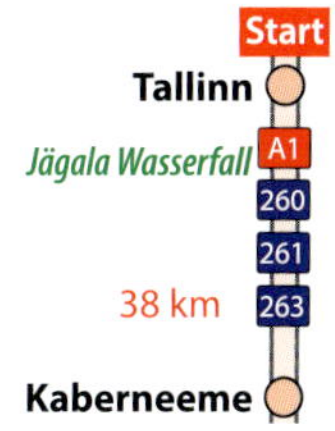

Tipp ist das **Café und Chocolaterie de Pierre** in einem Hinterhof in der Vene 6 (www.pierre.ee). Nostalgie vom Feinsten mit der Einrichtung von 1937 und jünger. Qualität auch vom Feinsten. Für das Nachtleben stehen zahlreiche Bars und Kneipen zur Verfügung. Bekannt sind die Leinen- und Wollwaren (an einer preiswerten Leinenfabrik kommen wir später noch in Rakvere vorbei). Vom Rathausplatz in südwestlicher Richtung ist die Touristeninformation in der Nähe der Petrikirche.

Zu den Sehenswürdigkeiten gehört auch die **Stadtmauer** mit ihren Türmen. Die ursprünglich vier Kilometer lange Kalksteinmauer mit 46 Türmen ist heute noch etwa zur Hälfte erhalten. Einige der Türme und auch Stellen der Stadtmauer sind zugänglich und können bestiegen werden. Von den mehr als 20 Kirchen sind auf jeden Fall die **Nikolaikirche** (13. Jahrhundert) und die **Heiliggeistkirche** (14. Jahrhundert) beachtenswert.

Die Kirche mit dem höchsten Turm mit 124 Meter Höhe ist die **Oleviste kirik** (Olaikirche) im Norden der Altstadt in der Nähe des Geschützturms der Dicken Margarethe. Sie wurde erstmals 1267 schriftlich erwähnt. Der Turm war im Wiederaufbau 1651 nach einem Brand 139 Meter hoch. Die immer wieder kolportierte Annahme, er sei mit 159 Metern der höchste Turm der Welt gewesen, stimmt zumindest in der Höhenangabe nicht. Doch das ist heute egal, denn wer die 250 Stufen dort hinauf geschafft hat, freut sich über die tolle Aussicht über Stadt und Hafen.

ZENTRUM DER MACHT

Die **Oberstadt Toompea** (Domberg) ist immer der Sitz der Macht gewesen. In der Festung mit dem fast 50 Meter hohen Turm **Pikk Hermann** (Langer Hermann) residiert das estnische **Parlament** (Riigikogu). Blickfang sind die orthodoxe **Alexander-Newski-Kathedrale** und die **Toomkirik** (Domkirche), in der die Wappen des deutschbaltischen Adels hängen. Der dicke Geschützturm **Kiek in de Kök** (Guck in die Küche), südwestlich der Alexander-Newski-Kathedrale, gewährte nicht nur im Mittelalter den Blick in die Küchen der unteren Häuser. Auch Tallinn hat neben Riga sein modernes **Okkupationsmuseum**, in dem die Unterdrückung der Esten durch die Nationalsozialisten und Russen erläutert wird. Es liegt südwestlich des Geschützturms Kiek in de Kök in der Toompea tee 8.

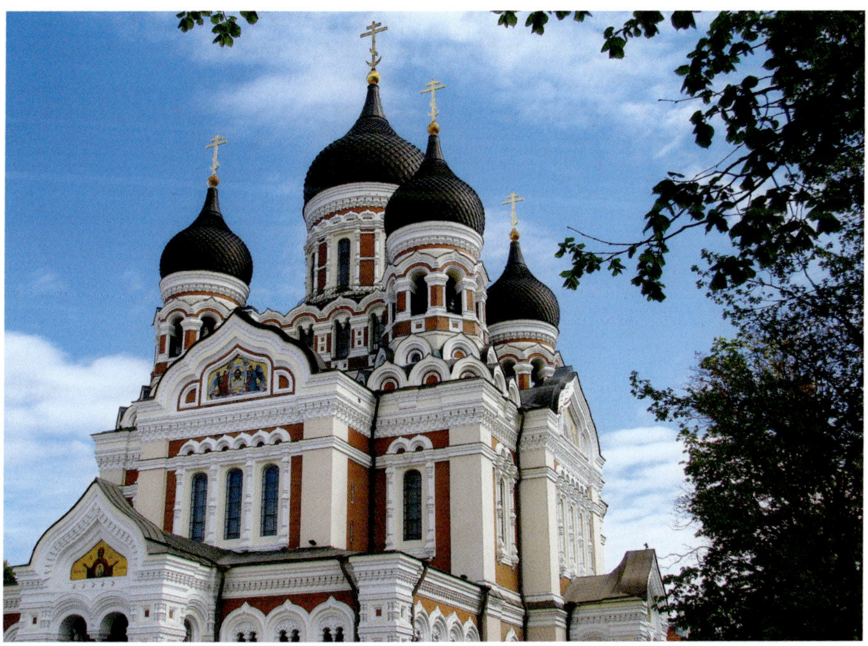

Die Alexander-Newski-Kathedrale in der Oberstadt

Am Ende der Kohtu tee ist der beste **Aussichtsplatz** der Oberstadt mit Blick über die Unterstadt bis zum Hafen. Tallinn ist es gelungen, seine mittelalterliche Struktur und die hanseatischen Anfänge authentisch zu erhalten. An der attraktiven Küste Tallinns befinden sich Promenaden und Sandstrände. Tallinn ist eine ideale Urlaubsstadt und es gibt unglaublich viel zu entdecken. Die spannende Katariina käik ist schon wegen der Katharinen-Gilde solch eine interessante Gasse für Entdecker. In der Gilde haben sich Kunsthandwerkerinnen zusammengeschlossen, die traditionelle Produkte herstellen und anbieten.

Vom Sängerfestplatz sind auch die Skyline der Stadt und der Hafen zu sehen.

In Richtung Osten befindet sich außerhalb der Altstadt das **Rotermann-Viertel**, die ehemalige Industrie- und Speicherstadt aus dem 19. und 20. Jahrhundert, wo sich gehobene Restaurants und Bars etabliert haben. Auf dem Platz Rotermanni väljak findet von Mittwoch bis Samstag ein Lebensmittel- und Kunstgewerbemarkt statt.

Noch weiter im Osten liegt der schöne **Park Kadriorg** mit dem barocken **Schloss Kadriorg** (Katharinental). Zar Peter der Große ließ das Schloss für seine Frau Katharina I. im Jahr 1718 errichten. In ihm ist das **Kunstmuseum** untergebracht, das Gemälde europäischer und russischer Künstler zwischen dem 16. und 20. Jahrhundert zeigt. Ein herrlicher Garten gibt dem Schloss einen würdigen Rahmen. Am Rande des Parks präsentiert das futuristische **KUMU** (Kunstmuseum) mit Kunst vom 18. Jahrhundert bis zur Gegenwart. Um den Park mit Springbrunnen und See stehen historische Holzhäuser mit reich verzierten Holztüren. Hier ist die Künstlerszene zu Hause.

Noch weiter östlich ist kurz vor dem Tallinn City Camping der **Lauluväljak** (Sängerfestplatz) mit überdachter Bühne. Die Sängerfeste sind wesentlicher Bestandteil der estnischen Identität und als immaterielles

Der Jägala juga ist 50 Meter breit

Kulturerbe von der UNESCO anerkannt. Hier begann 1988 die sogenannte Singende Revolution in Estland. Auf einer Demonstration sangen 300 000 Esten zum ersten Mal wieder ihre verbotene estnische Hymne. Ebenfalls im Osten der Stadt steht der Fernsehturm, von dessen 170 Meter hoher Aussichtsplattform bei guten Bedingungen die 70 Kilometer entfernte finnische Küstenlinie zu sehen ist (Tallinna Teletorn, Kloostrimetsa tee 58a, Tel. +372 686 3005, www.teletorn.ee).

Zahlreiche Museen bieten sich zu einer Besichtigung an. Vielleicht ist das ergiebige **Meremuuseum** (Schifffahrtsmuseum) im Geschützturm der **Dicken Margarethe** von Interesse (Pikk tänav 70, www.meremuuseum.ee). Zum Schifffahrtsmuseum gehört eine Ausstellungshalle im Hafen mit Museumsschiffen (Vesilennuki tee 6). Auch das **Linnamuuseum** (Stadtmuseum) ist spannend, es veranschaulicht die Geschichte Estlands (Vene tänav 17, www.linnamuuseum.ee).

ESTLANDS GRÖSSTER WASSERFALL

Auf der A1 (E 20) kommen wir schnell aus Tallinn nach Osten. Bei der Ausfahrt Jägala verlassen wir die Autobahn schon wieder und lenken auf der 260 und 261 nach Norden zum **Jägala juga** (Jägala-Wasserfall). Vom Park-

SPECIAL

DIE VIA BALTICA NACH HELSINKI

Im eigentlichen Sinn ist die Via Baltica die nördlichste Ost-West-Verbindung im deutschen Jakobswegenetz. Der Weg beginnt auf der Insel Usedom an der Grenze zwischen Polen und Deutschland und bildet damit die Brücke von den baltischen Ländern nach Santiago de Compostela in Spanien. Mit Via Baltica wird aber auch die Europastraße E 67 bezeichnet. Sie ist über 1700 Kilometer lang und verbindet Prag, Breslau und Warschau – über Kaunas, Riga und Tallinn – mit Helsinki. Sie stellt die wichtigste Straßenverkehrsverbindung Nordosteuropas dar. Die Fährverbindung nach Finnland ist die natürliche Fortsetzung der Via Baltica. Zahlreiche Fährverbindungen ermöglichen einen Tagesausflug nach Helsinki. Ein Tragflügelboot verkehrt achtmal täglich in 90 Minuten zwischen Tallinn und Helsinki (www.aferry.de/linda-line-express-fähren.htm). Hinzu kommen täglich einige Fähren.

Idylle pur im Lahemaa-Nationalpark

platz sind es nicht mal 100 Meter bis zum breitesten Wasserfall Estlands. Er ist acht Meter hoch und über 50 Meter breit. Das bernsteinfarbene Wasser kommt aus den großen Moorgebieten. Die vier Kilometer vom Wasserfall bis zur Mündung sind wertvolle Fischgründe. Hier gibt es große Forellen- und Lachsbestände.

TRAUMHAFTE STRÄNDE

Von der 260 fahren wir dann auf der 263 in Richtung **Kaberneeme** im Norden. Das Fischerdorf verfügt an der Westseite und an der Ostseite der Landspitze über traumhafte Strände und über einen Küstenwanderweg. Ein Parkplatz ist am Ende der Kesktee tee in Strandnähe. Auf der anderen Seite der Straße sind Grillplätze an einem See. Einen richtigen Campingplatz gibt es an einem Restaurant bei **Valkla Salmistu**. Am Ende der Sadamu tee in **Salmistu** ist im Hafen ein Parkplatz neben einem Aussichtsturm mit Sicht über die schönen Strände.

IM LAHEMAA-NATIONALPARK

Von Salmistu geht's auf der 267 wieder nach Süden und dann auf der 260 nach Osten. Wir sind im großen Lahemaa-Nationalpark. In Kiiu steht in der Torni tee der Turm der Mönche aus dem 16. Jahrhundert. Dort sind Picknicktische und innen ein uriges Café. Es handelt sich um einen Wohnturm mit Verteidigungsgang. Wo die 260 auf die 85 stößt, kommen wir in einem Abstecher von der Kreuzung 800 Meter auf der 85 nach Süden zum wunderbaren **Viru raba õpperada** (Moorwanderweg). Ein Bohlenweg führt zum **Viru raba vaatetorn** (Aussichtsturm).

Die 85 bringt uns danach wieder nach Norden. Dann erreichen wir **Loksa**, eine kleine Hafenstadt mit Werft. Die Strände um Loksa sind sehr schön. Die Länge der Rundfahrt bis zum schönen RMK-Camping an der Spitze **Purekkari** der Halbinsel **Pärispea** beträgt 38 Kilometer. Es ist möglich, auf das schmale Kap 300 Meter weit hinaus in die Ostsee zu gehen.

Typisch für den Lahemaa Nationalpark sind auch die Treppenbäche.

Die Seefahrtsschule von Käsmu

IM EISZEITPARK KÄSMU

Die 210 leitet auf dem Weg nach Osten in das Dorf der Kapitäne mit sehr hübschen Häusern. **Käsmu**, eines der schönsten Küstendörfer Estlands, sollte auf keinen Fall ausgelassen werden. Parkplätze gibt es vor dem Meeresmuseum, in der Laane tee und am Ende der Neeme tee. Das Dorf war im 19. Jahrhundert auch bekannt als das Dorf der Schmuggler. Daher ist im **Meremuuseum** (Meeresmuseum) nicht nur die Geschichte der Kapitäne, der Seefahrt und des Fischfangs dargestellt, sondern sondern es dokumentiert auch den einstigen Alkoholschmuggel über die Ostsee. Das Museum verfügt zudem über den Nachbau eines Wikingerschiffes, das hin und wieder zum Einsatz kommt (Meremuuseum Merekooli 1, +372 529 7135, www.kasmu.ee).

Dem Museum vorgelagert ist ein Aussichtsturm am Hafen. Die Seeschifffahrts-Schule von Käsmu arbeitete zwischen 1884 und 1931. Bereits im 19. Jahrhundert wurde das schmucke Küstendorf Ziel von Malern, Schriftstellern und Intellektuellen. Heute ermöglichen Gästehäuser und ein Campingplatz den längeren Aufenthalt.

AUSFLUG

NATIONALPARK LAHEMAA

Der Lahemaa rahvuspark (Nationalpark Lahemaa) erstreckt sich über 72 500 Hektar und bietet steinige wie auch sandige Strände, malerische Moore, Kiefern- und Klippenwälder sowie Flüsse, die sich in den Kalkstein eingegraben haben. Land und Küste sind mit Granit-Findlingen übersät. Typisch sind auch die Treppenbäche, die über erodierte Schichten des Glint-Kalksteins hinunterplätschern. Lahemaa ist eines der bedeutendsten Gebiete Europas zum Schutz der Wälder, wo einige vom Aussterben bedrohte Tierarten wie Seeadler, Moorschneehuhn, Schwarzstorch, Nerz oder Flussperlmuschel eine Zuflucht gefunden haben. Es gibt auch Elche, Braunbären, Luchse und andere Wildtiere. Das Gebiet ist in unterschiedliche Schutzzonen aufgeteilt, in denen Wegegebot, zeitweiliges und auch totales Betretungsverbot besteht. Der sanfte Tourismus wird gefördert. Die Verwaltung des Parks befindet sich in einem Nebengebäude des Gutes Palmse. Dort illustriert ein naturkundliches Museum Topografie, Geschichte und Artenvielfalt der Region (www.loodusegakoos.ee/where-to-go/national-parks/lahemaa-national-park).

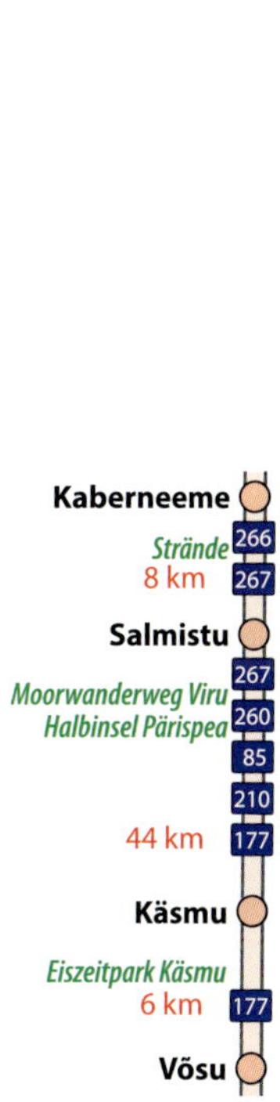

Das Gut Palmse zeigt sich repräsentativ.

Der vier Kilometer lange **Käsmu-Naturpfad** beginnt an der Kapelle in der Laane tee. Am nördlichen Ende der Neeme tee ist aber auch ein Parkplatz, an dem dieser Wander- und Radweg liegt. Die Runde auf der Halbinsel kann auf 14 Kilometer ausgedehnt werden. Die Halbinsel mutet wie ein großer Eiszeitpark mit einem eigenartigen Findlingsfeld und romantischen Felsen an. Auf dem Naturpfad sind die Entstehungsgeschichte der Halbinsel Käsmu und das größte Findlingsfeld Estlands hautnah zu erleben. Der größte Block, bekannt als Matsikivi (Eremit), ist fast fünf Meter hoch. Diese Findlinge wurden gemeinsam mit dem skandinavischen Eis vor 10 000 Jahren hierhertransportiert. An der Spitze der Nehrung steht der hölzerne Leuchtturm aus dem Jahr 1891.

Das Gut Palmse liegt in einem herrlichen Park mit See.

STRÄNDE, LANDGÜTER UND WILDNIS

Der nächste Campingplatz in Richtung Osten befindet sich vor **Võsu**. Der schöne Sandstrand des sehr belebten Urlaubsortes liegt einen Kilometer davon entfernt. Wer mitten im Trubel und nahe am Strand sein will, steht auf dem Wohnmobilstellplatz am Restaurant O Kõrts in Võsu.

Von Võsu führt die 177 nach Südosten in Richtung Rakvere. An der Kreuzung mit der 182 ist ein Abstecher nach rechts zum berühmten **Gut Palmse** nötig. Bereits Ende des 17. Jahrhunderts wurde mit dem Bau dieses repräsentativen Herrenhauses begonnen, das seine heutige Gestalt allerdings im 19. Jahrhundert erhielt. Um das Gut erstreckt sich ein 18 Hektar großer Park mit See. Für Besucher haben das Museum, die Orangerie, der Weinkeller, ein Café und eine Kneipe geöffnet. Außerdem ist in einem Nebengebäude des Guts das Informationszentrum des Lahemaa-Nationalparks untergebracht (www.loodusegakoos.ee).

Der Hauptzugang zum Gut Sagadi

Vom Gut Palmse wieder nach Osten nimmt die Straße die Nummer 183 an und wir kommen zum **Gut Sagadi**. Der barocke Gutshof wurde 1753 erbaut. Heute ist Sagadi ein Zentrum für Naturbildung, Kultur und Tourismus. Der herrliche Park mit Alleen, Teichen und Arboretum ist einen Spaziergang wert. Das Gut beherbergt auch ein **Waldmuseum**, ein Hotel und ein Restaurant (www.saga-di.ee).

Von Sagadi fahren wir auf der 188 nach Norden, um den Oandu-Biberpfad zu besuchen. Am **Moorsee** Oandu järv ist auch ein RMK-Campingplatz. Im nahen **Naturzentrum Oandu** gibt es zunächst den knapp fünf Kilometer langen **Naturwaldpfad Oandu** (N 59°34'19.4" E 26°06'42.6"). An der 187 weiter nördlich ist der Einstieg in den ein Kilometer langen **Oandu-Biberpfad** (N 59°33'56.0" E 26°05'58.7"), wo wir am Flüsschen Altja Spuren dieses besonderen Nagers entdecken können.

Im stillen Küstenort **Vergi** ist im Hafen ein Wohnmobilstellplatz, wir aber fahren zum unweit gelegenen Fischerdorf **Altja**. Erstmalig wurde es im Jahr 1465 erwähnt und es zeigt noch heute ein lebendiges Bild von der Geschichte der Küstenbewohner. Am Anfang des Dorfes liegt links ein Parkplatz. Die Höfe **Uustalu** und **Toomarahva** sind typische Küstenbauernhöfe und wurden vom Nationalpark Lahemaa rekonstruiert. Der Toomarahva-Hof fungiert heute als Gästehaus und bietet auch Standplätze für Wohnmobile an. Die **Netzscheunen** am 600 Meter entfernten **Kap Altja** wurden nach alten Fotos ebenso wiederhergestellt.

Östlich des Kaps beginnt hinter der Hängebrücke der drei Kilometer lange **Natur- und kulturgeschichtliche Pfad von Altja**. Er stellt das Fischerdorf und die umgebende Natur vom steinigen Strand bis zur Talsohle des Flusses Altja vor.

Zurück nach Süden zur 183 kommen wir über die 181. Die 170 bringt uns ab Karula wieder zur Ostsee in **Vainupea**. Einen großen Parkplatz finden wir nach der Kirche. Ein Stück weiter ist ein Parkplatz nach dem Parkverbotsschild, das nur für die Zufahrt gilt. Der Sandstrand ist herrlich. Einen Campingplatz gibt es weiter östlich in Rutja.

BURGRUINEN UND PIRATENSCHIFF

Toolse ist nur ein kleines Dorf, aber an der Landspitze steht eine mittelalterliche Burgruine. Ein Wegweiser an der 170 zeigt den Weg zu einem Parkplatz 300 Meter vor der Burg. 1471 wurde die Deutschordensburg **Vredeborch** (Toolse Ordulinnus) auf der Halbinsel errichtet. Sie war die nördlichste

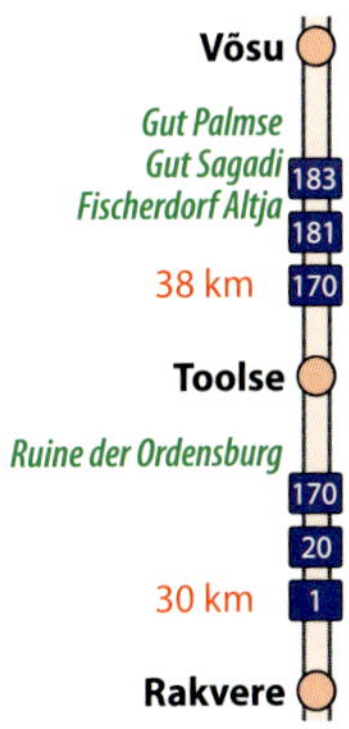

Der Auerochse ist das Wahrzeichen von Rakvere.

Stellung des Ordens und diente zum Schutz des Hafens und als Vorposten für die Ordensburg in Rakvere. Anfang des 18. Jahrhunderts wurde sie im Nordischen Krieg zerstört. Vor der Burg wurde ein Boot als Piratenschiff deklariert, auf dem in der Hauptsaison Abenteuerspiele durchgeführt werden.

Wer möchte, kann nun in einer Variante die **Ordensburg in Rakvere** und eine Leinenfabrik über die Straßen Nummer 20 und 1 besuchen, was 58 Kilometer mehr Strecke bedeutet. Im 14. Jahrhundert begann der Deutsche Orden, die von den Dänen gekaufte Burg Wesenberg (Rakvere) zum Sitz eines Vogtes auszubauen. Anfang des 16. Jahrhunderts kam der Turm dazu (Tel. +372 322 5502, www.rakverelinnus.ee). Direkt unterhalb der Burg ist in der Vallikraavi tee ein Parkplatz. Von der Burg können die Besucher über die ganze Stadt schauen.

Die schwere Statue des Auerochsen ist das zweite Wahrzeichen der Stadt. Über die Dächer der 15 000 Einwohner zählenden Stadt ragt östlich der Burg der Turm der **Stadtpfarrkirche** aus dem 14. Jahrhundert. Sie steht an der Pikk tee (Lange Straße), die einst die Hauptstraße der Stadt bildete. Heute haben sich dort Läden, Restaurants und Handarbeitsgeschäfte angesiedelt. Noch weiter östlich liegt der modern gestaltete **Turu plats** (Marktplatz). Dort ist im Rathaus auch die Touristeninformation.

Die Fahrt nach Rakvere ist schon wegen der **Leinenfabrik Liliina** lohnenswert. Die Firma stellt Badetücher, Saunakittel, Handtücher usw. her, die im Laden Liina gekauft werden können (Jaama puiestee 29, Tel. +372 326 4608, www.liliina.ee). Dann kommen wir auf der schnellen Straße 1 nach Osten wieder der Küste näher.

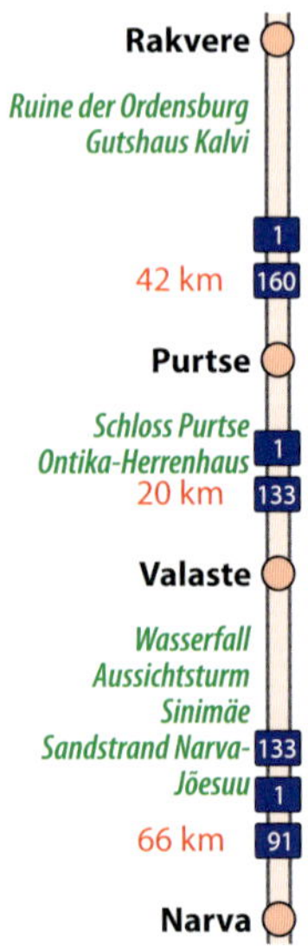

EIN BESONDERES HERRENHAUS

An der Steilküste steht bei Kalvi nahe der 160 das **Gutshaus Kalvi**. Aus den Überresten eines Flügels der gleichnamigen Vasallenburg aus dem 15. Jahrhundert wurde im 18. Jahrhundert ein frühklassizistisches Herrenhaus errichtet, das aber 1910 abbrannte. 1913 ließ der deutschbaltische Baron von Stackelberg etwas nördlich des alten Herrenhauses ein neues Anwesen mit Parkanlage 50 Meter oberhalb der Ostseeküste errichten. An der Fassade finden sich gotische und barocke Elemente, in die auch der Jugendstil eingreift. Heute ist das Gutshaus Kalvi ein Luxushotel, kann aber von außen besichtigt werden.

Kurz nach Kalvi fahren wir nahe der Steilküste nach Osten. Von ein paar Parkplätzen können Neugierige an der Steilküste auf das Meer hinunterschauen. Dann mündet die Straße wieder in die 1, an der nach Kõrkküla ein Campingplatz an der Steilküste liegt. In **Purtse** steht ein kompaktes Schlösschen aus dem 16. Jahrhundert. In ihm ist heute ein Restaurant untergebracht. In einem Nebengebäude braut eine kleine Brauerei Craft-Bier.

WASSERFALL UND STEILKÜSTE

Wir sind jetzt in der **Region Ida-Viru**, die sich an der nordöstlichen Küste bis Narva an der russischen Grenze und hinunter bis zum Strand des Peipsi järv erstreckt. Die 1 ist weiter unsere Straße, bis wir vor Kohtla-Järve nach links in Richtung **Saka** auf die 133 abbiegen. Das **Ontika-Herrenhaus** steht gut sichtbar an der Straße. Das spätklassizistische Gebäude wurde 1855 errichtet. Hier sind wir schon im **Ontika-Landschaftsschutzgebiet**, das durch die berühmte Steilküste des baltischen Glint geprägt ist. Seine Kalkschichten entstanden vor etwa 400 000 Jahren. Die hier mit 55 Metern höchste Steilküste Estlands ist wie ein steinernes Buch, in dem die unterschiedlichen Schichten der Zeitalter zu lesen sind.

An der Steilküste über der Ostsee

Die beliebteste Sehenswürdigkeit des Schutzgebietes ist der **Valaste juga** (Valaste-Wasserfall), der mit über 30 Metern der höchste Katarakt Estlands ist. Auf einer Treppe mit Aussichtsplattformen lässt sich das Naturschauspiel betrachten. Gegenüber dem Wasserfall ist ein Café mit Campingplatz. Nach dem Wasserfall kann direkt über Jõhvi das Kloster Kuremäe angefahren werden. Ohne die Küste um Sillamäe und die Grenzstadt Narva spart man über 100 Kilometer.

Das Gutshaus Kalvi ist heute ein Hotel.

Die Hermannsfeste steht auf estnischem Boden.

DIE KÜSTE UM SILLAMÄE

Weiterhin bleiben wir küstennah auf der 133 bis Toila, wo einst das Schloss Oru stand. Im **Schlosspark** (Toila-Oru park) am Meer erfreuen sich Spaziergänger und Radfahrer an der schönen Landschaft mit verschiedensten Baum- und Straucharten. Das Schloss aber wurde im Zweiten Weltkrieg total zerstört und ist nicht mehr vorhanden. Der Parkplatz zum Park ist am Anfang der Ranna tee.

Auf der 105 streben wir der 1 zu, die nach Osten durch die Stadt **Sillamäe** führt. Erst 1956 wurde diese Stadt mit dem Hüttenwerk für den Ölschiefer gegründet. Ölschiefer, der weiter südwestlich bei Jõhvi gefördert wird, ist ein toniges Sediment, das Uran enthält.

Gibt's da vielleicht Bernstein?

Um dieses Uran ging es der Sowjetunion im Endeffekt, weswegen auch Sillamäe eine »geheime« Stadt war. Das Rathaus etwa wurde als Kirchengebäude erbaut, um ein normales Dorf zu simulieren.

In den **Sinine mägi** (Blaue Berge) bei **Sinimäe** tobten 1944 schwere Kämpfe zwischen deutschen und russischen Truppen. Ein Kriegsmuseum, Soldatenfriedhöfe und Gedenksteine zeugen davon. Auf dem **Tornimägi** (Turmhügel) steht heute ein weithin sichtbarer Aussichtsturm, der es wert ist, bestiegen zu werden. Von der Pargi tee in Sinimäe führt ein kurzer Weg über den Spielplatz hinauf zum Turm mit weiter Sicht in die Umgebung und bis zur blauen Ostsee.

Nach Sinimäe biegen wir nach links auf die küstennahe 91 in Richtung Narva-Jõesuu ab. Als Ferien- und Kurort ist **Narva-Jõesuu** sehr beliebt, denn es gibt hier die längsten Strände Estlands und entsprechende Kureinrichtungen. Ein kleinerer Parkplatz ist in der Kiriku tee, 300 Meter vom herrlichen Sandstrand vor dem Küstenwaldstreifen entfernt. Ein bewachter Parkplatz befindet sich in der J. Poska tee 91, Ecke Poida tee. Von hier sind es 500 Meter bis zum Strand. Weiter nördlich steht an der Landspitze an der Mündung der Narva der östlichste Leuchtturm Estlands an der russischen Grenze.

Sankt Petersburg lockt mit seinen Kunstschätzen.

Dann knickt die 91 ab in südöstliche Richtung entlang des Grenzflusses Narva. Ein Parkplatz auf der linken Seite fällt durch einen russischen Panzer T-34 auf, der hier steht. Hinter den Bäumen geht der Blick über die Narva nach Russland. Über die Narva können wir auch am nächsten Parkplatz an einem Gedenkkreuz schauen.

GRENZSTADT NARVA

Die einst barocke Stadt **Narva** wurde im Zweiten Weltkrieg fast vollständig zerstört. Lediglich das klassizistische Rathaus wurde wiederaufgebaut. Das Stadtbild wird heute von Wohnblöcken geprägt, die in sowjetischer Zeit errichtet wurden. In dieser Zeit kamen viele russische Zuwanderer in die Stadt. Heute hat Narva einen russischsprachigen Bevölkerungsanteil von 95 Prozent. Ein großer Parkplatz ist auf dem Peetri plats vor der Burg, an dem auch die Touristeninformation ist.

Den Besuch in Narva rechtfertigt die **Hermanni linnus** (Hermannsfeste), eine Sehenswürdigkeit mit einzigartigem Blick auf die russische **Festung Iwangorod** über der Narva. Die Hermannsfeste war eine Burg des

SPECIAL

NACH SANKT PETERSBURG

Mit Planung und Geduld ist eine individuelle Reise mit dem Wohnmobil nach Sankt Petersburg möglich. Für die Einreise wird ein Visum benötigt, das nur bei Vorlage einer Einladung aus Russland, mit einer gültigen Auslandskrankenversicherung und einem Nachweis der Rückkehrwilligkeit erteilt wird (www.russische-botschaft.de). Das gebuchte Hotel/Campingplatz stellt die Einladung aus. Die Beschaffung der Einladung und den Visa-Antrag übernimmt auch ein Reisebüro, zum Beispiel www.visum-centrale.de, www.reiseservice-russland.de oder www.buch-dein-visum.de. Die Bearbeitungszeit beträgt mindestens 30 Tage, die Kosten fast 200 Euro. An der Grenze muss eine Migrationskarte ausgefüllt werden, die wieder für die Ausreise benötigt wird. Die Registrierung in Sankt Petersburg übernimmt das Hotel bzw. der Campingplatz. Angesichts der überaus zahlreichen Sehenswürdigkeiten in Sankt Petersburg mögen der Aufwand und die 160 Kilometer weite Fahrt gerechtfertigt sein. Ein günstig gelegener Campingplatz ist im Innenhof des Hotels Elizar (www.elizar-hotel.ru, GPS-Daten: N 59°53'57.9" E30°25'42.3").

Narva

Burg und Museum
Nonnenkloster Pühtitsa in Kuremäe

1
93 km 32

Vasknarva

Das Kloster Pühtitsa steht an einem ehemals heidnischem Anbetungsort.

Deutschen Ordens, derzeit ist in ihr die geschichtliche Sammlung des Narva-Museums untergebracht (Peterburi maantee 2, Tel. +372 359 9230, www.narvamuuseum.ee). Ein Campingplatz zum Ausruhen befindet sich in **Laagna** nahe der 1, 14 Kilometer westlich von Narva. Vom Campingplatz ist eine drei Kilometer lange Wanderung zur Ostsee möglich.

ORTHODOXE KLÖSTER

Auf der 1 geht es nun nach Westen und in Jõhvi biegen wir auf der 32 nach Südosten ab. Westlich und südlich von **Jõhvi** liegen die Abbaugebiete für Ölschiefer. Auch hier wurden viele Arbeiter aus anderen Teilen der Sowjetunion angesiedelt. Heute sind über 50 Prozent der Stadtbevölkerung Russen.

Im Friedhof des Klosters Pühtitsa

Das Dorf **Kuremäe** liegt an der Straße 32. Berühmt ist Kuremäe für das russisch-orthodoxe **Nonnenkloster Pühtitsa** (Heiliger Ort), das Ende des 19. Jahrhunderts an einem heidnischen, heiligen Ort gegründet wurde. Im Mittelpunkt des Klosters steht eine mächtige Eiche. Die Quelle ist wegen ihres angeblich heilenden Wassers als »Heilige Quelle« bekannt. Teile des Klosters sind frei zu besichtigen, doch eine Führung zeigt mehr. Nördlich des Klosters befindet sich ein neuer Parkplatz, auf dem auch im Wohnmobil übernachtet werden darf.

Die 32 führt schließlich an den riesigen **Peipsi järv**. In den ausgedehnten Wäldern zwischen Kuremäe und Peipsi järv leben Braunbären, Elche und anderes Wild. Auf halber Strecke zwischen der 32 und Vasknarva im Osten ist ein Parkplatz, von dem ein Weg zu schönen Stränden am Peipsi järv führt. Der Fluss Narva beginnt aus dem Peipussee seinen Lauf und bildet die Grenze zu Russland. Das **russisch-orthodoxe Kloster in Vasknarva** spiegelt die russische Seele. Hier leben denn

auch zu 100 Prozent Menschen aus dem tiefsten Russland. 600 Meter weiter nördlich stehen noch die Ruinen der Ordensburg aus dem 15. Jahrhundert.

SEE DER SUPERLATIVE

Der **Peipsi järv** ist siebenmal so groß wie der Bodensee und steht unter den größten Seen Europas an vierter Stelle. Er ist 143 Kilometer lang und bis zu 50 Kilometer breit, aber nur durchschnittlich acht Meter tief. Zwiebeln, Knoblauch und Fisch ist nicht alles am Peipsi järv. Die Ufer werden von schönen Sandstränden gebildet, die 40 Kilometer lang sind, und das Wasser ist im Sommer wegen der geringen Tiefe bis zu 22 Grad warm. Daher gibt es reichliche Unterkunftsmöglichkeiten und Campingplätze. Entlang der 111 wird jeder seinen Lieblings-Campingplatz selbst finden. Die schönsten Strände mit Campingplätzen sind bei **Karjamaa**, **Kuru** und **Kauksi**, hier sogar mit Dünen. Einige davon sind unter »Praktische Hinweise« angeführt.

Ab Kauksi leitet uns die 3 weiter am See entlang. Nach **Kalmaküla** wurde die 1 neu gebaut. Landschaftlich schöner ist jedoch die alte 114 am See entlang. Noch vor Mustvee beginnt die weniger touristisch erschlossene Region Jõgeva. Sehenswert in **Mustvee** ist das Museum der Altgläubigen an der orthodoxen Kirche in der Hauptstraße. In ihm werden die Geschichte des Ortes und die Einwanderung der Altgläubigen dargestellt. Am Hafen ist ein großer Parkplatz mit Zugang zum Strand. Vor **Kodavere** befindet sich eine große Campingwiese direkt am See. Hier sind wir auch schon in der Region Tartumaa. Vor Metsaküla schwenken wir links auf die 43 und fahren weiter am See entlang in Richtung Kallaste, das beachtenswert ist. Am See ver-

Am riesigen Peipsi järv

Vasknarva

Russisch Orthodoxes Kloster
Schöne Strände
Schloss Alatskivi

111
3
43
131 km 3

Tartu

KULTUR

ZWIEBELN, KNOBLAUCH UND FISCH

Im 17. Jahrhundert gab es in der russisch-orthodoxen Kirche einige Reformen, die sehr gläubige Menschen nicht mitmachen wollten. Mit brachialer Gewalt, Folter und Tod wurden die Neuerungen durchgesetzt. Das bewog manchen, aus Russland zu fliehen. Ein Ziel dieser sogenannten Altgläubigen war neben Polen auch Estland. Am Ufer des Peipsi järv bauten sie neue Dörfer und Kirchen. Die Lebensart am Peipsi järv ist von diesen Altgläubigen bis heute geprägt. Daher ist die Gegend am See auch berühmt für eingelegtes Gemüse und den Anbau von Zwiebeln und Knoblauch. Fisch gibt es hier sowieso. Die Straße an der Nord- und Westseite des Sees nennen die Esten Sibula tee (Zwiebelstraße). Fisch wird an der Straße roh oder geräuchert sehr viel angeboten.

Schloss Alatskivi, ein schottischer Traum

läuft der längste Aufschluss des Sandsteins aus dem Devon. Von der Mitte des Ortes bis zum südlichen Rand ist das rote Steilufer zu finden.

Bei Kallaste verlassen wir nun auch den Peipsi järv und steuern mit der 43 auf Tartu zu. Im Dorf **Alatskivi** ließ der deutschbaltische Adelige von Nolcken 1880 ein Schloss in neugotischem Stil und einen Schlosspark erbauen. Als Vorbild diente das Schloss Balmoral in Schottland. Vor dem Traumschloss ist ein Parkplatz in der Lossi tee und das Schloss kann von außen besichtigt werden. Dann liegt bald Tartu, die schöne und geschichtsträchtige Universitätsstadt vor uns.

Rathausplatz mit klassizistischem Rathaus in Tartu

DIE UNIVERSITÄTSSTADT TARTU

Die Hansestadt **Tartu** ist mit 100 000 Einwohnern die zweitgrößte Stadt Estlands und die Wiege der Kunst, Wissenschaft und Kultur. 20 000 Studenten prägen das urbane Leben und geben in Tartu den Ton an. 1632 gründete König Gustav II. Adolf die Universität. In dieser großen, pulsierenden Stadt sind Parkplätze für Wohnmobile nicht gerade üppig. Wer Glück hat, ergattert – gegen Gebühr – einen Parkplatz an der Vabaduse puiestee, Ecke Gildi tee in der Innenstadt oder, zeitlich begrenzt, einen an der Tartu turuhoone (Markthalle) in der Vabaduse puiestee 1. Vielleicht ist es da besser, besonders mit größeren Wohnmobilen, gleich auf den Wohnmobilstellplatz im Hafen einzuchecken, zumal es von dort nicht mal zwei Kilometer Fußweg am Fluss in die Altstadt sind. Weit außerhalb der Stadt gibt es noch das Hotel Rehe, das auch Wohnmobilstellplätze anbietet.

Unbewachte Parkplätze mit Busanschluss außerhalb des Zentrums sind aber auch vorhanden, zum Beispiel in der Muuseumi tee 2 am sowieso sehenswerten **Eesti Rahva Muuseum** (Estnisches Nationalmuseum, Tel. +372 736 3051, www.erm.ee). Das Museum widmet sich in neuester Museumsstruktur estnischer Tradition und Lebensart. Nur einen Kilometer von der Altstadt entfernt ist in der Ranna tee der **Stadtstrand** mit Parkplatz am Fluss Emajõgi. Daneben befindet sich das **Emajõe-Lodjakoda-Museum**. Hier stehen alte Schiffe, unter anderem ein historischer Hanse-Lodi (Hanse-Schleppkahn), mit dem Fahrten auf dem Fluss unternommen werden. Gäste sind willkommen (www.lodi.ee).

Zwei Kilometer von der Altstadt entfernt ist ein Parkplatz am **Sportstadion** am nördlichen Ende der Friedebert Tuglase tee. Daneben steht die traditionsreiche Brauerei **A. Le Coq**, zur Zeit der ehemaligen Sowjetunion **Tartu Õlletehas** genannt, in der das **Biermuseum** besucht werden kann (Laulupeo puiestee 15, Tel. +372 744 9711, www.alecoq.ee).

Die Altstadt ist kompakt und praktisch alle Sehenswürdigkeiten und Restaurants sind auf engem Raum zu finden. Das Zentrum bildet natürlich der lange, schöne **Raekoja plats** (Rathausplatz). Im klassizistischen **Rathaus** aus dem 18. Jahrhundert ist auch die Touristeninformation untergebracht. Der Brunnen vor dem Rathaus mit den sich küssenden Studenten wurde längst zum Wahrzeichen der Stadt. Wahrzeichen ist aber auch das sogenannte **Schiefe Haus** am Raekoja plats 18. Alle Häuser stehen auf Holzfundamenten auf Torfboden. Durch das Absinken des Grundwasserspiegels haben sich einige Häuser leicht zur Seite geneigt. Dabei spielte der Abriss der alten Stadtmauer auch noch eine Rolle. Unweit des schiefen Hauses spannt sich eine Fußgängerbrücke über den Emajõgi. Auf den hohen Betonbögen veranstalten übermütige Studenten Mutproben.

Das schiefe Haus in Tartu ist ein Blickfang.

Eigentlich ist die gesamte Altstadt mit ihren Häusern aus dem 18. und 19. Jahrhundert sehenswert und die Seitengassen verlocken zum Flanieren. Vom Rathaus geht die Rüütli tee nach Norden ab. In ihr steht die **Jaani kirik** (Johanneskirche) aus dem 14. Jahrhundert. Sie ist ein Musterbeispiel der Backsteingotik Nordeuropas. Eine Besonderheit sind die über **1000 Terrakottaköpfe** auf den Simsen im Innenraum und auch an der Fassade. Es sollen einst 2000 Figuren gewesen sein, die Bürger der Stadt darstellen, die damals für die Kirche gespendet haben. Der Turm der Kirche kann bestiegen werden. Westlich der Kirche ist der **Antoniuse õu** (Antonius-Hof), eine Künstler- und Handwerkergilde. Hier zei-

KULTUR

DER STÄDTEBUND DER HANSE

Mitte des 12. Jahrhunderts schlossen sich niederdeutsche Kaufleute zur Hanse zusammen. Im 14. Jahrhundert vollzog sich der Übergang von der »Kaufmannshanse« zur »Städtehanse«. In den Zeiten ihrer größten Blüte waren unter der Leitung Lübecks 200 See- und Binnenstädte des nördlichen Europas in der Städtehanse vereinigt. Im baltischen Raum waren zwölf Städte feste Mitglieder des Hansebundes. Die Handelsstadt Kuldīga war eine davon, auch Ventspils, Danzig und Tartu. Eine wichtige Grundlage der Hanse war die monopolartige Entfaltung des Transportwesens, insbesondere zur See, darum wurde die Kogge zu ihrem Symbol. Durch den Freihandel innerhalb des Bundes erreichten viele Hansestädte großen Reichtum. Als die Nürnberger und Augsburger Kaufleute im 16. Jahrhundert die Ost-West-Handelswege auf den Landweg verlagerten, begann der Niedergang. Im 17. Jahrhundert löste sich der Hansebund auf. Heute will die 1980 gegründete Neue Hanse mit ihren bereits über 160 Mitgliedern als Kulturgemeinschaft der Städte über die Grenzen hinweg Handel und Tourismus fördern.

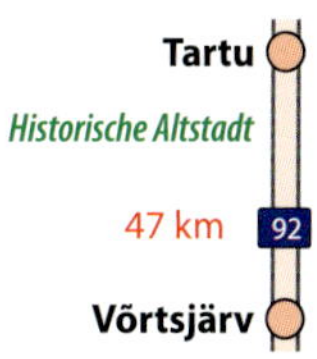

In der Markthalle in Tartu ist gut und günstig einkaufen.

gen die Akteure ihre Arbeiten und verkaufen sie als Souvenirs (Lutsu tee 3 und 5, www.loov-tartu.ee).

Auf dem romantischen **Toomemägi** (Domberg) befinden sich die sehenswerte **Ruine der mittelalterlichen Toomkirik** (Dom) sowie Gebäude der Universität. Schon wegen der **Aussichtsplattform** auf den Türmen der Ruine lohnt der Aufstieg. Der sogenannte Kussberg mit der Ruine des Kanonenturms auf dem Domberg zieht Liebespaare an. Die Sternwarte Dorpat, Engelsbrücke und Teufelsbrücke befinden sich ebenfalls auf dem Domberg.

Ein schöner Platz ist auf der anderen Seite des Flusses. Im noblen Panoramarestaurant Atlantis schauen die Gäste über den Fluss zur Altstadt (Narva maantee 2, Tel. +372 738 5495, www.atlantis.ee). Vom Atlantis aus gibt es auch Rundfahrten auf dem Fluss. Einen Blick wert ist die **Tartu turuhoone** (Markthalle) mit ihrem üppigen Warenangebot (Vabaduse puiestee 1, www.tartuturg.ee).

VÕRTSJÄRV UND OTEPÄÄ

Wer von den 1200 Seen Estlands noch mehr sehen möchte, macht den Bogen auf der 92 nach Westen zum großen **Võrtsjärv** mit. Das ergibt 70 Kilometer mehr Strecke. Der Emajõgi, den wir schon in Tartu kennengelernt haben, durchfließt den See. Er ist 35 Kilometer lang und 15 Kilometer breit. Da er durchschnittlich nur drei Meter tief ist, erwärmt sich der See im Sommer sehr schnell. Weite Ufer des Sees sind mit einem Schilfgürtel abgeschirmt und geben unzähligen Wasservögeln Schutz und Heimat. Ornithologen und Paddler sind hier genau richtig. Aber es gibt auch ein paar freie Ufer mit Campingplätzen und Wassersportmöglichkeiten. Die Chancen erkunden wir auf der 92 in nördliche Richtung.

Die 47 und 71 bringen uns in die schöne Hügellandschaft mit Wäldern und Seen um **Otepää** in der Region Valga. In der Kleinstadt

Am estnischen Nationalmuseum

gibt es genug Parkraum am Lipuväljak (Lipuplatz). Ein großer Parkplatz befindet sich auch hinter der Touristeninformation in der Tartu maantee 1. Otepää ist das Wintersport-Zentrum Estlands mit zahlreichen Möglichkeiten zur entsprechenden Freizeitgestaltung. Auch im Sommer machen Esten wegen der schönen Natur hier gern Urlaub.

Auf dem **Linnamägi** (Burghügel) östlich der Stadt stehen die Reste einer Burg aus dem 13. Jahrhundert. Das Schönste ist die Aussicht von hier oben. Südöstlich des Ortes wird im Sommer die 34 Meter hohe Skisprungschanze am Ende der Tehvandi tee als tolle Aussichtsplattform benutzt (www.tehvandi.ee). Am südlich gelegenen **Pühajärv** (Heiligensee) gibt es Bade- und Campingplätze. Ein Parkplatz in Strandnähe liegt an der 195 in westlicher Richtung. Der **Pühajärve matkarada** (Pühajärve-Wanderweg) um den See ist zwölf Kilometer lang.

IN DER LANDSCHAFT SETUMAA

Von Otepää lenken wir auf der 71 nach Osten, queren bei Kanepi die 2 und wechseln gleich auf die 62 in Richtung Põlva. Die Region Põlva beginnt schon kurz nach Otepää. Technikfans machen zehn Kilometer nach der 2 einen kurzen Abstecher auf der 115 nach Norden zum **Eesti Maanteemuuseum** (Estnisches Straßenmuseum) in Varbuse. Ausgehend von den alten Poststraßen, zeigt das Museum die Entfaltung des Transport- und Straßenwesens (EE-63122 Varbuse an der 115, Tel. +372

Stimmung am Pühajärv bei Otepää

Im alten Gebäude der Papierfabrik ist eine Töpferei.

Das Seto Talumuuseum ist eines der schönsten im Baltikum.

797 0790, www.maanteemuuseum.ee, GPS-Daten: N 58°00′55.2″ E 26°54′46.5″).

Südöstlich des Museums erstreckt sich der Wanderweg **Tilleoru matkarada** durch ein Wildnisgebiet am Flüsschen Ahja jõgi mit roten Sandsteinaufschlüssen. Der Einstieg ist südlich des Parkplatzes am **Kantsimäe linnamägi** (Kantsimäe-Schlossberg), auf den eine Treppe hinaufführt.

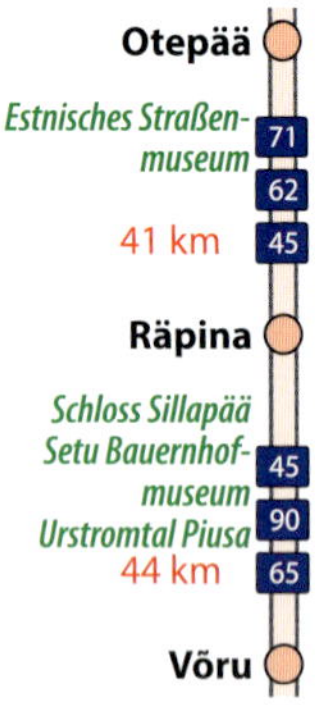

Unser Weg geht nach dem Abstecher auf der 62 weiter nach Nordosten in Richtung **Põlva**. Die Geschichte der Stadt reicht weit zurück. Davon legt die **Marienkirche** aus dem 13. Jahrhundert Zeugnis ab. Sie steht direkt an der 62 auf der linken Seite. Danach ist auf der rechten Seite nach der Brücke ein großer Parkplatz am Põlva järv.

KULTUR

DIE LANDSCHAFT SETUMAA UND IHRE BEWOHNER

Die historische Landschaft Setumaa erstreckt sich weit nach Russland hinein. Die traditionellen setukesischen Dörfer zeigen durch den Engstand der Häuser den orthodoxen Gemeinschaftssinn dieser Volksgruppe. Die ethnische, religiöse und sprachliche Minderheit der Setu ist wegen ihres beeindruckenden polyphonen Gesangs (Leelo) und ihrer traditionellen Dörfer und Speisen bekannt. Der Leelo-Gesang zählt zum immateriellen Kulturerbe der UNESCO. Die Bewohner von Setumaa sind ihren Wurzeln stets treu geblieben und sie halten ihren traditionellen Lebensstil einschließlich ihres Dialekts und ihrer traditionellen Trachten hoch. In Estland sollen noch 4000 Setu leben (www.setomaa.ee).

Von Põlva machen wir auf der 61 einen zehn Kilometer weiten Abstecher nach Norden zu einem fantastischen Ort am Fluss Ahja. Bei **Taevaskoja** ist der Taevaskodade matkarada, ein drei Kilometer weiter Rundweg zu dem 400 Millionen Jahre alten, leuchtenden Sandsteinfelsen **Suur Taevaskoda** (Große Himmelshalle) am Fluss. Der Ausgangspunkt ist an einem Parkplatz bei den Geokoordinaten N 58°06′54.6″ E 27°02′49.4″. Auf dem aufgestauten Ahja verkehrt das Flussschiff Lonny.

Die historische Landschaft Setumaa (estnisch: Setomaa) beginnt bei **Räpina** am Räpina paisjärv und zieht sich in der äußersten südwestlichen Ecke Estlands am Lämmijärv, der eine Verlängerung des Peipsi järv ist, nach Süden bis zur russischen und lettischen Grenze hinunter.

Räpina ist bekannt durch seine **Papierfabrik**. Es ist das älteste bis heute tätige Industrieunternehmen in Estland und existiert seit 1734. Die alte Papiermühle und die Gebäude sind als Industriedenkmal an der Pargi tee zu sehen (www.rappin.ee). Im alten Gebäude der Papierfabrik befindet sich eine Töpferei, die ortstypische Produkte herstellt. Bekanntheit hat in der Pargi tee, weiter westlich gelegen, auch der **Park von Räpina**, in dem das klassizistische **Schloss Sillapää** steht. An der evangelischen Kirche von 1785 in der Võhandu tee ist ein Parkplatz am Räpina paisjärv, ein weiterer vor der Touristeninformation an der Kooli tänav 1.

Nun nehmen wir die 45 nach Süden durch Setu-Dörfer. In **Värska** überqueren wir den Fluss Võhandu, an dem rechts nach der Brücke in der Silla 6 ein Campingplatz liegt. Im Ort stoßen wir auf die 178. Genau an dieser Kreuzung ist neben der Post die Touristeninformation einquartiert. Der 178 folgen wir nach rechts zum **Seto Talumuuseum** (Setu-Bauernhofmuseum). Zuerst sehen wir rechts das Festivalgelände der Setu, dann folgt links der Parkplatz zum Museum (Pikk 56, EE-64001 Värska, Tel. +372 505 4673, www.seto-muuseum.ee). Ein Bauernhof aus dem 19. Jahrhundert mit seinen Nebengebäuden bildet das authentische Museum. Es ist eines der schönsten im gesamten Baltikum. Spätestens hier im Restaurant am Parkplatz des Museums können typische Setu-Speisen getestet werden. Auf dem Parkplatz darf man im Wohnmobil übernachten.

Wir fahren sechs Kilometer auf der 178 zurück und biegen links bei Karisilla in die 90 in Richtung Põlva im Westen. Nach zehn Kilometern überqueren wir eine Eisenbahnlinie. Kurz danach ist nach links ein kurzer Abstecher (ein Kilometer Schotter) zu einem Meteoritenkrater möglich. Der **Ilumetsa kraatrite matkarada** (Meteoritenkrater-Wanderweg) zum Einschlagsbecken im Wald ist 500 Meter lang.

Nach sieben Kilometern auf der 90 lenken wir bei Vinso auf der 65 nach Südwesten in Richtung Võru. Nach Kääpa bietet sich für Naturliebhaber ein 18 Kilometer langer Abstecher auf der asphaltierten 130 nach Osten in das **Urstromtal Piusa** an. Nach dem kleinen Dorf **Lindora** folgt eine vier Kilometer lange Schotterstraße nach Süden zum **Jõeveere**

Die Bewohner von Setumaa haben ihre eigene Sprache und eigene Stoffmuster.

Auf dem Parkplatz am Nordstrand des Tamula järv in Võru

Der Aussichtsturm auf dem Munamägi reicht bis über die Baumwipfel.

talu muuseum (Jõeveere-Bauernhofmuseum, Tel. +372 528/0952, www.joeveerepuhkekula.weebly.com). Die eigentliche Sehenswürdigkeit der Gegend sind aber die **Härma müürid** (Härma-Wände) im Urstromtal des Flusses. Am Museum beginnt der **Piusa jõe ürgoru matkarada** (Piusa-Schluchtwanderweg), der nach zwei Kilometern am Fluss Piusa den höchsten estnischen Sandsteinaufschluss aus dem Devon zeigt. Die 20 Meter hohen Wände sind besonders wegen der farbigen Schichten ein Naturwunder.

Die berühmten Sandsteinhöhlen von Piusa und das dazugehörige Museum befinden sich zehn Kilometer weit entfernt im Ort Piusa (N 57°50'27.2" E 27°27'55.3"). Die Höhlen sind durch den Abbau von Glassand im 20. Jahrhundert entstanden. Heute überwintern in ihnen 4000 Fledermäuse (Piusa koobaste muuseum, EE-64122 Piusa, Tel. +372 530 44120, www.piusa.ee). 100 Meter östlich davon liegt eine Töpferei (Piusa Savikoda, Tel. +372 510 1783, www.savikoda.ee).

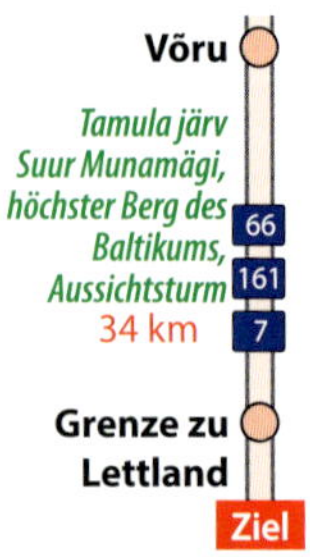

IN DER REGION VÕRUMAA

Die 13 000 Einwohner zählende Stadt **Võru** zeigt mit Stolz ihren Sandstrand am Tamula järv. In der Vabaduse tee ist ein großer Parkplatz am beliebten Ufer. Am Nordstrand gibt es einen noch größeren Parkplatz in der Tamula tee. Im Ort selbst können wir an der **Katariina kirik** (Katharinenkirche) aus dem 18. Jahrhundert in der Jüri tänav parken. Gegenüber steht das Rathaus, wo die Touristeninformation untergebracht ist. Am kleineren Kubija järv im Süden der Stadt bietet das Hotel Kubija einen Wohnmobilstellplatz.

Von Võru geht es auf der 161 nach Süden in Richtung Haanja in die dichten Wälder des Naturparks Haanja. Noch vor dem Dorf Haanja zeigt ein Wegweiser nach links zum **Vällamäe matkarada** in den dichten Wald hinein. Nach 100 Metern beginnt der Wanderweg auf den einen Kilometer entfernten **Vällamägi** mit 304 Meter Höhe. Der höchste Berg des Baltikums ist aber der **Suur Munamägi** (Großer Eierberg) – nicht weit hinter Haanja – mit 318 Meter Höhe. Auf ihm steht ein 30 Meter hoher **Aussichtsturm** mit weiter Rundumsicht auf die Waldlandschaft des Naturparks Haanja. An der Straße sind zwei Parkplätze vorhanden, wobei für längere Wohnmobile nur der erste zu empfehlen ist. Vor dem zweiten Parkplatz führt ein Feldweg 200 Meter nach rechts (Westen) zu einem einfachen RMK-Campingplatz. 100 Meter weiter im Wald lockt ein kleiner Badesee.

Auf der weiteren Fahrt nach Süden kommen wir im Dorf Rogosi direkt am **Gutshaus Rogosi** aus dem frühen 17. Jahrhundert am Ruusmäe järv vorbei (www.rogosi.ee). Hier scheint die Zeit stehen geblieben zu sein. Die 161 trifft bei Käbli auf die E 77. Auf ihr nach rechts und sechs Kilometer weiter liegt Estland bereits hinter uns.

PRAKTISCHE HINWEISE

TOURISTINFORMATIONEN

Tallinn
Niguliste 2, EE-10146 Tallinn,
Tel. +372 645 7777, www.visittallinn.ee,
www.tourism.tallinn.ee

Rakvere
Lai tänav 20, EE-44308 Rakvere,
Tel. +372 324 2734

Narva
Peetri plats 3, EE-20308 Narva,
Tel. +372 359 9137, www.tourism.narva.ee

Tartu
Raekoja plats 1a, EE-51003 Tartu,
Tel. +372 744 2111, www.visittartu.com

Otepää
Tartu maantee 1, EE-67404 Otepää,
Tel. +372 766 1200, www.otepaa.eu

Räpina
Kooli tänav 1, EE-64504 Räpina,
Tel. +372 799 5001, www.rapina.ee

Värska
Pikk 12, EE-64001 Värska,
Tel. +372 568 21268, www.visitsetomaa.ee

Võru
Jüri tänav 12, EE-65605 Võru,
Tel. +372 782 1881, www.maavalitsus.ee

CAMPING- UND STELLPLÄTZE

S 120 **Stellplatz Tallinn Freilichtmuseum Rocca al Mare** (S. 221 H2)
Vabaõhumuuseumi tee 12, EE-13521 Tallinn,
Tel. +372 654 9100, www.evm.ee
GPS-Daten: N 59°25'53.0" E 24°38'14.5"
Asphaltierter Parkplatz mit Bäumen am Freilichtmuseum, WC im Museum, Restaurant und Supermarkt in der Nähe

C 121 **Camping Tallinn City Camping** (S. 221 H2), Pirita tee 28, EE-10127 Tallinn,
Tel. +372 613 7322, www.tallinn-city-camping.ee
GPS-Daten: N 59°26'52.8" E 24°48'29.8"
Asphaltierter Platz an einer Sporthalle, nicht schön, aber zentrumsnah, 900 Meter zum Strand, vier Kilometer in die Altstadt mit dem Bus, 22. Mai bis 15. September

C 122 **Camping Tallinn Pirita** (S. 221 H2)
Regati puiestee 1, EE-11911 Tallinn,
Tel. +372 639 8801, www.piritatop.ee
GPS-Daten: N 59°28'02.7" E 24°49'27.6"
Asphaltfläche am Jachthafen, Restaurant, Supermarkt, ein Kilometer zum Strand, sieben Kilometer in die Altstadt, ganzjährig

S 123 **Stellplatz Tallinn Sadam (Hafen)** (S. 221 H2), Kai 5, EE-10111 Tallinn
GPS-Daten: N 59°26'36.4"N 24°45'31.6"
Asphaltierter Parkplatz im Hafen, videoüberwacht, Restaurant, Supermarkt, 700 Meter in die Altstadt, ganzjährig

C 124 **Camping Valkla Salmistu Valkla Rand** (S. 222 B2)
EE-74630 Valkla Salmistu, Tel. +372 562 44544
GPS-Daten: N 59°29'34.7" E 25°21'01.5"
Wiesen-/Sandplatz am Strand, Restaurant

C 125 **Natur-Camping RMK Purekkari** (S. 222 B1), EE-74706 Pärispea
GPS-Daten: N 59°40'02.8" E 25°41'56.1"
Sandplatz, 100 Meter zum Strand, Zufahrt zwei Kilometer Sandpiste

C 126 **Camping Käsmu Lainela** (S. 222 C1)
Neeme tee 70, EE-45601 Käsmu,
Tel. +372 508 9110, www.lainela.ee
GPS-Daten: N 59°36'28.1" E 25°55'05.7"
Wiesenplatz, 100 Meter zum Strand, Restaurant

C 127 **Camping Võsu Lepispea** (S. 222 C1)
EE-45501 Võsu, Tel. +372 545 01522,
www.lepispea.eu
GPS-Daten: N 59°34'32.6" E 25°56'10.8"
Wiesenplatz, 150 Meter zum Strand

S 128 **Stellplatz Võsu O Kõrts** (S. 222 C1)
Jõe 3a, EE-45501 Võsu, Tel. +372 516 5115

Am Campingplatz Laagna bei Narva

Auf dem RMK Campingplatz Kauksi am Peipsi järv

GPS-Daten: N 59°34'39" E 25°57'60"
Kiesplatz an einem Gasthaus, 200 Meter zum Strand, Restaurant, ganzjährig geöffnet

C 129 **Natur-Camping RMK Oandu** (S. 222 C1)
EE-45432 Oandu
GPS-Daten: N 59°33'45.9" E 26°05'45.6"
Wiesen-/Kiesplatz, Moorwanderweg

C 130 **Camping Altja Toomarahva** (S. 220 C1)
EE-45408 Altja, Tel. +372 505 0850, toomarahvaee.wordpress.com
GPS-Daten: N 59°34'58.9" E 26°06'41.9"
Wiesenplatz an altem Bauernhaus, 400 Meter zum Strand, Restaurant, Wanderwege

C 131 **Camping Rutja Rannapere kodukohvik** (S. 220 D1)
EE-45451 Rutja, Tel. +372 538 01008
GPS-Daten: N 59°32'58.0" E 26°22'50.6"
Wiesenplatz am Strand, Café

C 132 **Camping Kõrkküla Mereoja** (S. 222 E2), EE-43405 Kõrkküla, Tel. +372 590 84196, www.mereoja.eu
GPS-Daten: N 59°26'04.0" E 26°57'15.3"
Wiesenplatz, 300 Meter zum Strand, Minimarkt

C 133 **Camping Valaste Café Valaste** (S. 223 F2), EE-41557 Idu-Viru, Tel. +372 332 8200, www.valaste.eu
GPS-Daten: N 59°26'36.9" E 27°20'08.1"
Wiesen-/Asphaltplatz am Wasserfall, Restaurant

C 134 **Camping Laagna** (S. 223 H2)
EE-40101 Laagna, Tel. +372 530 60603
GPS-Daten: N 59°23'46.3" E 27°58'09.6"
Wiesenplatz an kleinem See und Hallenbad, Restaurant, drei Kilometer zur Ostsee

S 135 **Stellplatz Kuremäe** (S. 223 G3)
EE-41201 Kuremäe
GPS-Daten: N 59°12'10.7" E 27°31'52.8"
Asphaltierter Parkplatz, 500 Meter zum Kloster

C 136 **Natur-Camping RMK Karjama** (S. 223 G4), EE-41002 Karjama
GPS-Daten: N 59°00'35.8" E 27°29'32.7"
Wiesen-/Sandplatz, 100 Meter zum Strand

C 137 **Camping Kuru rannamaja** (S. 223 F4)
EE-41009 Kuru
GPS-Daten: N 58°59'46.4" E 27°16'24.8"
Wiesenplatz, 100 Meter zum Strand

C 138 **Camping Kauksi Rand** (S. 223 F4)
EE-41008 Kauksi, Tel. +372 566 40649, www.kauksirand.ee
GPS-Daten: N 58°59'22.9" E 27°13'41.3"
Wiesenplatz, 100 Meter zum Strand, Restaurant

C 139 **Natur-Camping RMK Kauksi** (S. 223 F4), EE-41008 Kauksi
GPS-Daten: N 58°59'18.2" E 27°12'38.3"
Großes Picknickgebiet im Wald und am Strand, Zufahrt 800 Meter Sandpiste

C 140 **Camping Kodavere Potsman** (S. 223 F5)
EE-49407 Kodavere, Tel. +372 505 4000
GPS-Daten: N 58°42'17.1" E 27°08'16.1"
Wiesenplatz am Peipsi järv

S 141 **Stellplatz Karlova Sadam** (S. 219 E/F1)
Rebase 18, EE-51013 Tartu, Tel. +372 524 7153
GPS-Daten: N 58°22'08.4" E 26°44'40.7"

Kiesfläche am Sporthafen, zwei Kilometer ins Zentrum

C 142 **Camping Tartu Hotel Rehe** (S. 219 F1)
Linnavere tee 3, EE-61709 Soinaste,
Tel. +372 730 7287, www.rehehotell.ee
GPS-Daten: N 58°20'03.2" E 26°42'33.4"
Wiesenplatz am Hotel, Restaurant, sechs Kilometer in die Stadt mit dem Bus, ganzjährig

C 143 **Camping Urinurga Kiviranna**
(S. 218 D1), EE-61113 Urinurga Suure-Rakke,
Tel. +372 529 8561, www.kiviranna.ee
GPS-Daten: N 58°21'54.4" E 26°09'11.4"
Wiesenplatz am Võrtsjärv, Wasser, Bootsverleih

S 144 **Stellplatz Rannu Võrtsjärve** (S. 218 D2)
EE-61120 Rannu, Tel. +372 518 6346,
www.vortsjarv.ee
GPS-Daten: N 58°23'09.5" E 26°07'53.7"
Wiesenplatz am Võrtsjärv, Aussichtsturm, schlechte Zufahrt

C 145 **Camping Vaibla** (S. 218 D1)
EE-70314 Vaibla, Tel. +372 501 7337,
www.vaiblapuhkekeskus.ee
GPS-Daten: N 58°24'30.9" E 26°03'03.6"
Wiesenplatz am Võrtsjärv, Bootsverleih, Café

C 146 **Natur-Camping RMK Otepää Angunina** (S. 219 E3)
EE-67414 Valga, www.rmk.ee
GPS-Daten: N 58°01'53.9" E 26°27'04.2"
Wiesenplatz am Pühajärv

C 147 **Natur-Camping RMK Otepää Kiigemäe lõkkekoht Nüpli** (S. 219 E3)
EE-67409 Nüpli
GPS-Daten: N 58°01'48.4" E 26°28'20.7"
Wiesenplatz am Pühajärv

S 148 **Stellplatz Võru Kubija Hotel** (S. 219 F4)
EE-65526 Võru, Tel. +372 504 5745,
www.kubija.ee
GPS-Daten: N 57°48'51.7" E 27°00'24.0"
Wiesenplatz an kleinem See und Hotel, Restaurant

C 149 **Natur-Camping RMK Haanja** (S. 219 F5)
EE-65101 Haanja
GPS-Daten: N 57°42'48.2" E 27°03'03.9"
Wiesenplatz, 100 Meter zu kleinem See

Stellplatz am Hafen in Tartu

Links: Am Wohnmobilstellplatz am Võrtsjärve steht ein Vogelbeobachtungsturm.

Rechts: Wohnmobilstellplatz am Kubija Hotel in Võru

5 WÄLDER UND SEEN UM RĒZEKNE UND DAUGAVPILS

Die weiten Wälder Ostlettlands

Etappe fünf erstreckt sich über die Regionen Vidzeme (Livland) und Latgale (Lettgallen) an der Ostgrenze Lettlands zu Russland und Weißrussland. Wir erleben alte Städte, Ordensburgen und Gutshäuser aus dem 18. und 19. Jahrhundert, sonst nur weites Land, bedeckt mit Wäldern und Mooren. Zuweilen wie eine vergessene Landschaft – fast ohne Besiedelung. Stille und Ruhe. »Land der blauen Seen« wird Lettgallen gern genannt. In dem Gebiet zwischen Aglona, Krāslava und Ezernieki liegen die meisten Seen Lettlands. Von Krāslava bis Daugavpils erstreckt sich der Naturpark Daugavaschleifen des Urstromtals der Daugava.

Die Basilika von Aglona

In der nordöstlichen Ecke Lettlands ist die Landschaft der Stille. Wälder und Felder ziehen sich über die sanften Hügel. Sind auch die touristischen Massen an der Gutmannshöhle in der Hauptsaison groß, herrscht im Osten Ruhe und Beschaulichkeit abseits jeglicher Touristenpfade. Hier und im benachbarten Russland ist das Einzugsgebiet der Zuflüsse des langen Koiva jõgi (Gauja). Für 19 Kilometer bleiben wir ab der estnischen Grenze auf der A 2 (E 77) in Richtung Südwesten. Nach Grūbe biegen wir links auf die P 39 in südöstliche Richtung nach Alūksne.

ALŪKSNE IN NORDVIDZEME

Auf einer Insel im **Alūksnes ezers** errichteten deutsche Ordensritter im 14. Jahrhundert eine Burg und nannten sie Marienburg. Aus der Siedlung Marienburg wurde die heutige Stadt **Alūksne** mit 10 000 Einwohnern. Es ist Lettlands höchstgelegene Stadt, denn sie erstreckt sich auf der Alūksner Hochebene in 200 Metern über Meereshöhe. Alūksne ist mit einigen Sehenswürdigkeiten, mit den Gärten und Parks in den grünen Hügeln die touristische Perle des nördlichen Livlands. Mit dem Wohnmobil parken wir einsam am nördlichen Stadtrand am Ende der Miera iela in Seenähe oder 200 Meter weiter direkt am See. Von da sind es aber zwei Kilometer in das Zentrum. Mitten in der Stadt und auch in der Nähe des Sees parken wir an der Touristeninformation in der Pils iela 25a, wo auch das Bibelmuseum ist. Noch besser ist die Parallelstraße Margaritas iela zwischen Touristeninformation und Kirche. Campingplätze befinden sich am Westufer und am Ostufer des Alūksnes ezers.

Schmuckstück der Stadt ist der **Schlosspark** zwischen See und Schloss an der Pils iela. Das **Neue Schloss** wurde im 19. Jahrhundert im neugotischen Stil errichtet. Die Schlossfassade »blickt« über die Terrassen zum See hinunter. Heute befindet sich im Schloss das Museum für Kulturerbe, Kunst

ROUTE 5

STARTPUNKT
Grenze zu Estland bei Veclaicene

ENDPUNKT
Grenze zu Litauen bei Zarasai

STRECKENLÄNGE
318 km

FAHRZEIT
2 bis 3 Tage

BESTE JAHRESZEIT
Juni bis September

Das Neue Schloss in Alūksne beherbergt das Museum für Kulturerbe, Kunst und Natur.

Das Bibelmuseum wurde zur Erinnerung an die Bibelübersetzungen von Ernst Glück eingerichtet.

und Natur (Alūksnes muzejs, Pils iela 74, Tel. +371 643 81321, www.visitaluksne.lv).

Der Schlosspark wurde als romantischer Park angelegt und galt damals als Vidzemes schönste Grünanlage. In der künstlichen Landschaft finden sich Teiche, Brücken, Wälder, Pavillons und Denkmäler und es gibt immer wieder herrliche Aussichten auf den See. Noch heute ist der Park einer der interessantesten dendrologischen Parks im Baltikum. Über die Pilssalas iela am westlichen Rand des Schlossparks können wir an einem Café vorbei über eine Holzbrücke auf die **Pilssala** (Burginsel) spazieren. Die einstige Ordensburg wurde 1702 von den Schweden gesprengt. Die Burgruine bildet heute die romantische Kulisse für die große Freiluftbühne.

Morgenstimmung am Alūksne-See

200 Meter westlich des Schlossparks befinden sich das **Bibelmuseum** und die Touristeninformation. Das Museum wurde zur Erinnerung an die Bibelübersetzungen von Ernst Glück eingerichtet. Es enthält Fundstücke aus dem Bestand Glücks und ein Faksimile der in altlettischer Schreibweise verfassten Bibelübersetzung von 1694. Der deutsche Pfarrer Glück hatte sich 1683 im damaligen Marienburg niedergelassen. Er übersetzte die Bibel aus den Originalsprachen ins Lettische. Glück, seine Familie und seine Magd Martha Skavronska wurden von den Russen als Kriegsgefangene weggeführt. Die Magd wurde die spätere russische Zarin Katharina I., während Ernst Glück 1705 in Moskau starb. Nördlich des Bibelmuseums steht die klassizistische Kirche aus dem 18. Jahrhundert. Ungewöhnlich ist der Turm mit über 55 Meter Höhe. In der Kirche ist eine Kopie der Originalübersetzung der Bibel von Ernst Glück ausgestellt.

Eine Touristenattraktion ist die **Schmalspurbahn** zwischen Alūksne und Gulbene. Die 750-Millimeter-Bahn wurde 1903 erbaut.

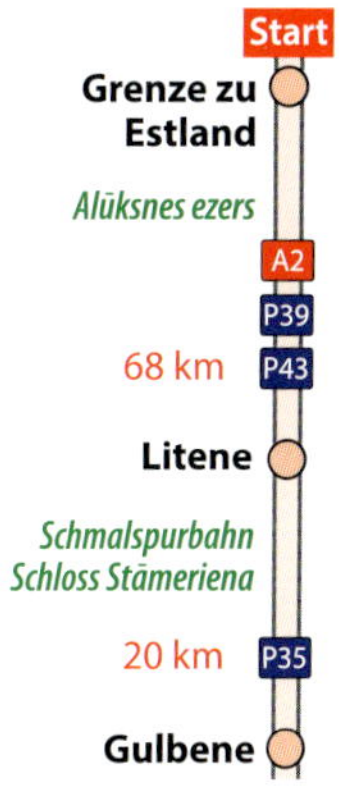

Auf der 33 Kilometer langen Strecke fahren Dampf- und Dieselloks. Sie startet am Bahnhof Alūksne in der Viestura iela 52 oder in Gulbene (Gulbenes-Alūksnes bānītis Ltd., Viestura iela 16g, LV-4401 Gulbene, Tel. +371 644 73037, www.banitis.lv).

Auf der P 43 verlassen wir Alūksne nach Süden und fahren am südlichen Stadtrand am See **Pullans** vorbei. Auf der gegenüberliegenden Seite des Sees ist ein Parkplatz mit Badestelle. Bald überqueren wir auf der Strecke von Alūksne nach Gulbene auf der P 43 auch die Schienen der Schmalspurbahn.

Nun gilt es, über eine **Streckenvariante** zu entscheiden. Schneller ist die Strecke über **Balvi** durch die Region des östlichen Lettgallen: eine stille, eher arme Landschaft, aber reich an Seen und Wäldern. Getöpferte Keramik mit einer leicht glitzernden Glasur herzustellen ist ein traditionelles lettisches Handwerk. Patchwork, verschiedene Strickarten, Häkeln, Schnitzen und Flechten sind überlieferte Handarbeiten in Latgale; sie repräsentieren Eigenheiten der volkstümlichen Kunst in dieser Region. Diese östliche Route ist nach der westlichen Strecke über **Gulbene** beschrieben. Gulbene liegt auch in der Region Lettgallen, aber im mittleren Bereich. Hier gibt es mehr Sehenswürdigkeiten, aber am Lubān-See ist mit 19 Kilometer Schotterstraße zu rechnen.

GULBENE UND DIE MOORGEBIETE

Vor **Litene** lenken wir im Falle der westlichen Route über Gulbene rechts auf die P 35. Nach sieben Kilometern machen wir nach rechts einen drei Kilometer weiten Abstecher zum **Schloss Stāmeriena** in Vecstāmeriena am Stāmerienas ezers. Kurz vor dem Ort kommen wir am **Pogas ezers** vorbei, wo ein Campingplatz liegt. Direkt vor dem Schloss gibt es einen Parkplatz. Das Schloss Stāmeriena ist ein auserlesenes Beispiel der französischen Neorenaissance in Lettland, aber es ist in schlechtem Zustand. Im Schloss kann das Schlossmuseum besichtigt werden (www.visitgulbene.lv).

Vom Schloss aus führt ein Wanderweg am See in östliche Richtung, an dem es Informationen über die Umgebung und die Geschichte des Schlosses gibt. An der Straße vor dem Schloss lädt das urige Wirtshaus Sonāte zur Einkehr ein. Vom Schloss in westliche Richtung steht in 400 Meter Entfernung die schöne orthodoxe **Alexandra-Kirche** fo-

Das Schloss Stāmeriena ist im Stil der französischen Neorenaissance erbaut.

Der Bahnhof in Gulbene ist nach der Renovierung ein Schmuckstück geworden.

togen am See. Daneben ist eine Anlegestelle, von der ein Ausflugsschiff startet.

Nach dem Abstecher bewegen wir uns auf der P35 weiter in südwestliche Richtung in die 8000 Einwohner zählende Stadt **Gulbene**. Hinter der Neste-Oil-Tankstelle in der Brīvības iela 66 befindet sich ein Wohnmobilstellplatz. Ein guter Parkplatz ist am schön restaurierten Bahnhof in der Dzelzceļa iela, von wo auch die Schmalspurbahn nach Alūksne abdampft. Auf der anderen Seite der Schienen steht der **alte Lokschuppen** mit Drehbühne für die Lokomotiven. Dort ist der Sitz des **Eisenbahnmuseums Gulbenes-Alūksnes bānītis** (Viestura iela 16g, Tel. +371 644 73037, www.banitis.lv).

Die Touristeninformation Gulbene finden wir am Centrālais parks in der Ābeļu iela 2. Interessant ist das **»Weiße Schloss« Vecgulbene** (Alt-Schwanenburg), das 1763 erbaut und im 19. Jahrhundert im Stil der Neorenaissance verändert wurde. Heute ist nur noch der renovierte Südteil zu sehen, denn das Schloss wurde im Zweiten Weltkrieg zerstört. Daneben existieren noch die Wirtschaftsgebäude (Brīvības iela 18, www.vecgulbenesmuiza.lv). Darin sind heute ein Restaurant und ein Hotel untergebracht.

Gegenüber steht im Park auf einer Insel die **Kirche**, die im 19. Jahrhundert auf der Ruine der Burg errichtet wurde. Südlich des »Weißen Schlosses« befindet sich das Museum für Geschichte und Kunst. Hier werden Exponate zur Geschichte des Ortes und seiner Umgebung gesammelt (Gulbenes mu-

Die orthodoxe Alexandra-Kirche am Stāmeriena ezers

Im Eisenbahnmuseum in Gulbene werden alte Lokomotiven aufwändig instand gehalten.

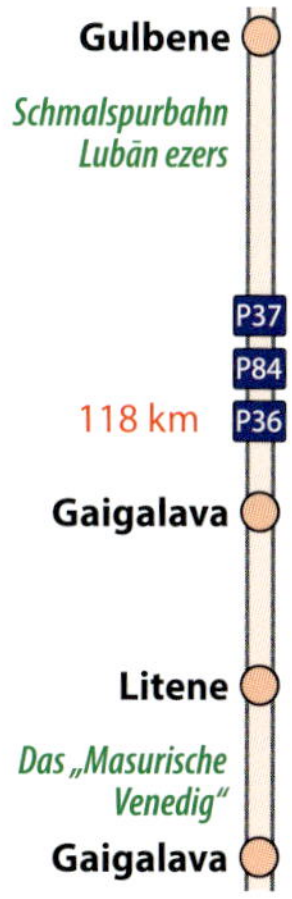

zejs, Brīvības iela 10, Tel. +371 644 73098, www.gulbenesmuzejs.lv).

Östlich des Museums liegt das **»Rote Schloss«** (Neu-Schwanenburg) aus dem 19. Jahrhundert, das noch auf seine Restaurierung wartet. Der Park mit künstlichen Teichen, Seen, Grotten, Pavillons und Brücken wurde zu ebenjener Zeit angelegt. Außerdem ist noch der Bauernmarkt interessant, der jeden dritten Samstag im Jugendpark von Gulbene stattfindet. Dort wird verkauft, was hand- oder selbstgemacht ist.

Zwischen Gulbene und dem Lubānas ezers (Lubān-See) liegen Moorgebiete riesigen Ausmaßes, die aber über Straßen kaum zugänglich sind. Gut, dass es noch solch große Wildnisgebiete (hier beispielsweise im Durchmesser von circa 30 Kilometern) gibt. Denn auch die Bewohner der Wildnis benötigen Raum. Während zum Beispiel in Deutschland nur wenige der seltenen Schreiadler leben, gibt es im kleinen Lettland 3600 Brutpaare. Das ist ein Fünftel des Weltbestandes. Des Weiteren diskutieren wir in Deutschland über die ersten Wölfe, die das Land zaghaft wieder erobern. Im viel kleineren Lettland leben über 1000 Wölfe. Der Lubānas ezers mit seinen umliegenden Moorgebieten, den wir jetzt ansteuern, zeigt ein Stück dieser Welt.

AM LUBĀN-SEE

Die Fahrt auf der P 37, P 84 und P 82 von Gulbene zum Lubānas ezers über **Madona** ist zwar länger, aber so vermeiden wir weitere Schotterstraßen. Unterwegs ist bei Bakāni links an einem kleinen See ein Rastplatz (N 57°02'05.1" E 26°27'47.2"). Noch vor Madona liegt der Ort **Cesvaine** mit einer großen

SPECIAL

DIE SCHMALSPURBAHN BĀNĪTIS

Die Bānītis (Kleine Bahn) ist die einzige Schmalspurbahn im Baltikum, die regelmäßig auf einer Strecke von 33 Kilometern auf 750 Millimeter Spurbreite Personenverkehr durchführt. Dieser Abschnitt ist ein Rest der einst 210 Kilometer langen Schmalspurbahnlinie von Stukmani im Westen und Valka im Zentrum des Landes, die 1903 in Betrieb genommen wurde. Die Züge mit den Dieselloks verkehren heute zweimal pro Tag und machen auch Station in Stāmeriena. An ausgesuchten Tagen im Sommer fährt der Zug mit der im Jahr 1951 in Deutschland hergestellten Dampflokomotive »Ferdinand«, die im Depot von Gulbene steht (www.banitis.lv).

Am Lubānas ezers

Schlossanlage, die im 19. Jahrhundert in verschiedenen Stilrichtungen als Jagdschloss errichtet wurde.

Nach Madona kommen wir also auf der P 84 nach Südosten und nehmen vor dem Fluss Aiviekste die P 82 nach links in nordöstliche Richtung. Beim Dorf **Meirāni** müssen wir rechts über den Fluss in Richtung Lubān-See. Um den größten See Lettlands geht nun ohne mindestens 19 Kilometer Schotterstraßen nichts.

Unser erstes Ziel am Lubānas ezers ist das **Lubāna mitrāja informācijas centrs** (Lubāns Feuchtgebiet-Informationszentrum) an der nördlichsten Spitze des Sees. Hier können wir Vögel beobachten, uns führen lassen, ein Boot mieten oder eine Radtour unternehmen. Teleskope und Ferngläser können ausgeliehen werden. An der Straße am See entlang, die nun wieder asphaltiert ist, kommen Haltebuchten und ein richtiger Parkplatz mit Picknickbänken. Dann verläuft die Straße auf einem Damm, auf dem auch die Wohnmobilstellplätze am Tūrisma Attīstības Centrs Bāka (Tourismus-Entwicklungszentrum Leuchtturm) liegen.

Danach geht es rechts auf zwei Kilometer Schotterstraße über den Fluss Rēzekne zu dem Fischerdorf Īdeņa. An dem Restaurant Zvejnieki ist ein Campingplatz. Vier Kilometer südlich von Īdeņa beginnt der 800 Meter lange **Moorpfad Teirumnieku purva taka**, ein Holzbohlenweg, der zu einem Moorsee mit Badeplätzen und Vogelbeobachtungsturm führt.

AUSFLUG

DER LUBĀN-SEE UND SEIN FEUCHTGEBIET

Um Überschwemmungen einzudämmen, wurden am Lubānas ezers seit dem 19. Jahrhundert Dämme, Schleusen, Kanäle und Gräben gebaut. Dadurch wurde der See zum größten Gewässer Lettlands. Umgeben wird der Lubān-See von dem Feuchtgebiet Lubāna mitrāja – eine Fläche von 813 Quatratkilometern. Die Feuchtgebiete sind ein wichtiger Brutplatz seltener Vogelarten und Rückzugsort vieler besonders geschützter Populationen. Somit haben sie eine Tragweite für ganz Europa. Das Vorkommen von 225 Vogelarten wurde hier dokumentiert. Für die Vogelbeobachtung stehen im Gebiet sechs Aussichtstürme zur Verfügung (www.lubanamitrajs.lv).

DAS FISCHERDÖRFCHEN ĪDEŅA

Īdeņa, inmitten des Lubān-Feuchtgebietes, ist das einzige Fischerdorf in Lettland, das

Am Schloss Cesvaine sind verschiedene Stilrichtungen zu finden.

nicht am Meer liegt. Der Fischfang hat hier auch heute einen hohen Stellenwert. Der Name des Dorfes leitet sich vom Wort »ludini« ab, was so viel wie Wasser bedeutet. Einst war Īdeņa eine vom See und den Feuchtwiesen umgebene Insel, die typische Insel-Architektur können wir heute noch sehen. Die Geschichte des Dorfes lässt sich bis in die Steinzeit zurückverfolgen.

Von Īdeņa zurück an der Kreuzung nach dem Fluss Rēzekne fahren wir rechts und haben wieder Asphalt unter den Rädern. Bald sind wir nach **Gaigalava** auf der P 36 in südliche Richtung nach **Rēzekne** unterwegs.

VARIANTE ÜBER BALVI

Vor Litene lenken wir auf der östlichen Route über **Balvi** links auf die P 35. Die 7000 Einwohner Balvis leben an einer Kette glitzernder Seen. Der Ort war Mittelpunkt der Singenden Revolution im Jahr 1988 und spielt heute eine wichtige Rolle in der Bewahrung der lettgallischen Kultur. Im Gebäude des **Balvu Novada muzejs** (Regionalmuseum Balvi) ist die Touristeninformation untergebracht sowie Sammlungen von Fotomaterialien, Druckerzeugnissen, Philatelie und Kunst (Brīvības iela 46, Tel. +371 645 213430, www.muzejs.balvi.lv).

Auf der P 47 und P 36 steuern wir Rēzekne an. Bei Gaigalava ist ein Abstecher zum Vogelparadies Lubānas ezers möglich, der im Abschnitt vorher beschrieben ist.

IN RĒZEKNE

Auf den sieben Hügeln der Stadt **Rēzekne** am Kovšu ezers leben 32 000 Einwohner. Auf

SPECIAL

WODKA UND WÄSSERCHEN

Nicht nur Russland und Polen sind traditionelle Wodka-Produzenten. Auch in allen baltischen Ländern wird guter Wodka produziert. Die Bezeichnung entstammt dem slawischen Wort »woda« und bedeutet so viel wie Wasser oder Wässerchen. Bereits im 14. Jahrhundert stellte man Wodka her, und zwar aus Roggen. Heute nimmt man dafür häufiger auch andere Getreidearten oder Kartoffeln. Oft wird während der Zeitdauer des gesamten Essens Wodka getrunken und in fröhlicher Runde das Glas dann gern auf einen Zug geleert. Die Gläser sind fünfmal so groß wie deutsche Schnapsgläser – bei 40 Prozent Alkoholgehalt ist also Vorsicht geboten! Die Grenze für den Straßenverkehr in Estland liegt übrigens bei 0,0 Promille.

Der futuristische Bau des »Zeimuļs« (Bleistift) ist das Creativ-Center für Kinder und Jugendliche.

einer dieser Anhöhen stand bereits im 9. Jahrhundert eine lettgallische Holzburg. 1285 wurde dann eine gemauerte Burg erbaut. Heute ist die Stadt mit ihrer Hochschule und dem Konzerthaus der kulturelle Mittelpunkt Lettgallens. In der Krasta iela können wir direkt am **Pilskalns** (Burgberg) parken. Nördlich des Parkplatzes liegt auch gleich die Touristeninformation.

Unter den Ruinen auf dem Burgberg lebt laut einer Sage die Prinzessin Rose, die auf ihre Befreiung wartet. Auf jeden Fall geht die Aussicht von der Burg über die gesamte Stadt. Die alles überragende Herz-Jesu-Kirche ist eine der schönsten Backsteinkirchen im Stil des Historismus im Baltikum. Nach dem Zweiten Weltkrieg wurde Rēzekne mit dem Ziel der industriellen Entwicklung wiederaufgebaut. Der folgende Zuzug von Russen führte dazu, dass diese heute die Mehrheit der Einwohner stellen.

Der futuristische Bau im Norden des Burgbergs ist unverkennbar der **Zeimuļs** (Bleistift), ein Creativ-Center für Kinder und Jugendliche. Die schiefen Türme des Gebäudes sehen wie zwei Bleistifte aus, die mit lettischen Motiven geschmückt sind. 500 Meter westlich des Burgbergs steht in der Pils iela 4 das moderne **GORS**. Der Mehrzweckbau dient als Haus der Kultur, unter anderem für Theateraufführungen und Ausstellungen. Zudem beherbergt er einen der besten Konzertsäle des Baltikums.

Nördlich über dem Fluss Rēzekne ist das klassizistische **Theater** in der Brāļu Skrindu 3 mit einem Parkplatz davor. Das Denkmal **Latgales Māra** in der Atbrīvošanas aleja 93 steht für die Einigkeit Lettlands. Es ist den Freiheitskämpfern von 1920 gewidmet. Gleich danach finden wir rechts das **Lettgallische kulturhistorische Museum**. Im Museum kann die Geschichte der Stadt betrachtet werden. Es gibt aber auch Kunstausstellungen und die

Das moderne »GORS« in Rēzekne hat einen der besten Konzertsäle des Baltikums.

Der Innenraum der Basilika von Aglona

ständige Ausstellung der lettgallischen Keramik, eine Spezialität dieser Region.

Auf der A 13 (E 262) rauschen wir aus Rēzekne gen Südwesten. Wer die Reise mit einem Bad unterbrechen möchte, fährt zum Bade- und Picknickplatz am Feimaņu ezers, zwei Kilometer abseits der A 13 (N 56°16'55.2" E 27°01'57.8"), oder zum Campingplatz in **Siveriņa** am Rušon-See.

DIE SEENPLATTE UM AGLONA

Südlich von Rēzekne liegt die eher wenig bekannte Seenlandschaft Latgales um Aglona. An dem großen Kreisverkehr der A 13 mit dem weißen Kreuz sehen wir uns der Wallfahrtsstätte Aglona nahe. Noch neun Kilometer auf der P 62 und wir stehen auf dem Parkplatz vor der großen **Basilika von Aglona** am

KULTUR

WALLFAHRTSORT AGLONA

1699 gründete der Dominikanerorden in Aglona ein Kloster. Das Gnadenbild Unsere Liebe Frau von Aglona, das die Dominikaner vermutlich aus Litauen hierherbrachten, ist bedeutend älter. Da es immer mehr Pilger anzog, wurde im 18. Jahrhundert die heutige Kirche errichtet, in deren Hochaltar das Marienbild eingefügt wurde. Das Innere der barocken Basilika zieren Malereien im Stil des Rokokos. Der Hügel ist das geistliche Zentrum der Katholiken im sonst eher lutherischen Lettland und die Wallfahrtsbasilika die wichtigste katholische Kirche des Landes. Sie gehört zu den weltweit acht internationalen katholischen Heiligtümern und wird jährlich von über 50 000 Gläubigen besucht. Votivgaben zeugen von Gebetserhörungen. Das Beten in der Kirche hört nie auf. Freiwillige wechseln sich seit Jahren rund um die Uhr ab, um für den Frieden der Welt zu beten. Der Quelle nahe der Basilika werden Heilkräfte nachsagt (außerhalb des Zauns an der östlichen Ecke des Geländes). Manche historische Betrachtung erklärt Aglona als vorchristliche, heidnische Anbetungsstätte der Lettgallen.

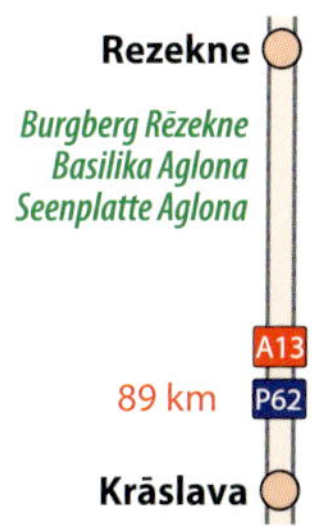

Am Campingplatz Aglonas Alpi

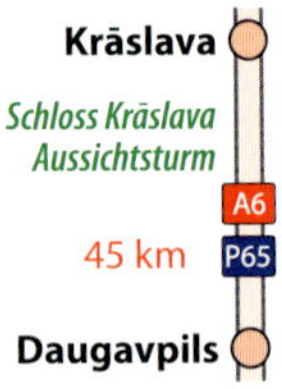

Beginn der Krāslavas iela. Die Größe des Platzes um die Basilika lässt den Ansturm der Gläubigen am 15. August (Mariä Himmelfahrt) jeden Jahres erkennen.

Die schöne Lage Aglonas zwischen zwei Seen und die umgebende Seenplatte haben die Gegend auch zu einem beliebten Ausflugsort gemacht. Genau 100 Meter westlich des Großparkplatzes vor der Basilika ist ein Badeplatz an der Tartakas iela am Cirīša ezers (Cirišs-See). Draußen im See ist Upursala zu sehen, die prähistorische Opferinsel. 100 Meter weiter liegt der Campingplatz Malvīne am See. Zwei Kilometer weiter südlich ist der Campingplatz Aglonas Alpi ebenfalls an einem See.

Am mystischen Teufelssee

Der **Madelānu pilskalns** (Madelān-Burghügel), auf dem sich vor 3000 Jahren die ersten Siedler niederließen, wurde zu einem »Disneyland« gemacht, ist aber trotzdem sehenswert. Er liegt an der P 60 in Richtung Dagda (N 56°07'29.5" E 27°02'26.6"). Übrigens hat Aglona ein anschauliches **Brotmuseum** (Daugavpils iela 7, Tel. +371 292 87044, www.aglona.travel).

Auf der P 62 verlassen wir Aglona in Richtung Krāslava nach Südwesten. Unterwegs finden wir am **Karpa ezers** einen Badeplatz (N 56°05'36.1" E 27°05'26.9"). Beachtung verdienen die Picknickplätze am **Čertoka ezers** (Teufelssee), denn er ist für seine mystischen Farben und Legenden berühmt (N 56°05'00.6" E 27°07'08.0", 700 Meter Schotterstraße).

KRĀSLAVA IM MÄANDER DER DAUGAVA

Die Daugava (Düna), in schönem Hügelland gelegen, war schon zu früheren Zeiten eine wichtige Wasserstraße. Die Wikinger kamen von der Ostsee die Daugava herauf und kannten diesen Ort. Bereits im 9. Jahrhundert gab es im heutigen **Krāslava** eine Holzburg und

im 13. Jahrhundert eine gemauerte Burg des Schwertritterordens. Heute hat das sehenswerte Krāslava 10 000 Einwohner.

Im Norden Krāslavas ist am Zirga ezers ein Strand mit Parkplatz (N 55°54′37.9″ E 27°10′46.5″). In der Stadt kann direkt vor dem schönen Schloss in der Pils iela 2 geparkt werden, wo auch die Touristeninformation ist. 200 Meter weiter nach Westen gibt es in der Kurve noch einen Parkplatz auf der rechten Seite. In dem Gebäude der Touristeninformation befindet sich auch das **Zentrum des kulinarischen Erbes Lettgallens**, wo man typische Produkte der Region verkauft, die auf den Picknicktischen auch gleich verspeist werden können (www.kulinaraismantojums.lv). Ein Campingplatz liegt fünf Kilometer außerhalb, westlich des Zentrums an der Daugava.

Das **Schlossensemble von Krāslava** ist ein Architekturdenkmal aus dem 18. Jahrhundert. Ursprünglich im Barockstil errichtet, wurde es zu Beginn des 19. Jahrhunderts im Stil des Klassizismus umgebaut. Die einstige Residenz der Grafen Plater kann nur von außen besichtigt werden. Aber der **Landschaftspark** ist schön. Die Aussichtsterrasse vor dem Schloss bietet einen Blick auf das Tal der Daugava und die Stadt. Im Nebengebäude des Schlosses ist das **Vēstures un mākslas muzejs** (Geschichts- und Kunstmuseum) mit einer reichhaltigen Sammlung, welche die Besiedlung der Region von der Antike bis in die Gegenwart zeigt (www.kraslavaspils.lv).

Westlich des Schlosses, ein Kilometer entfernt in der Baznīcas iela, befindet sich die katholische **Kirche Svētā Ludvika**, vor der auch eine Parkbucht ist. Der barocke Bau ohne Turm entstand im 18. Jahrhundert unter Mitwirkung italienischer Künstler. Nach Aglona ist dieser Ort die zweitgrößte Pilgerstätte Lettlands, denn die Kirche verwahrt die Reliquien des heiligen Märtyrers Svētais Do-

Das Schlossensemble von Krāslava stammt aus dem 18. Jahrhundert.

See im Seengebiet von Aglona

Allein in den baltischen Ländern brüten 23 000 Brutpaare.

nats (Sankt Donatus). In der Studentu iela 5, zwischen Schloss und Kirche, residiert der Kräslaver Handwerkerverein (Tel. +371264 87763).

Zu erwähnen ist noch einer der höchsten **Aussichtstürme** Lettlands, der südlich der Daugava in der Verlängerung der Dārza iela steht. Aus 32 Meter Höhe öffnet sich ein wunderschöner Ausblick auf die Daugava und die Umgebung der Stadt. Gute Aussicht besteht auch vom Karņicka kalns (Karņicki-Berg) in der Augusta iela, das ist die A6 (E77), die wir aus der Stadt hinaus sowieso benutzen. Eine Parkbucht finden wir vor dem Haus Nummer 60 kurz vor dem Wiesenweg, der rechts den Berg hinaufführt. Von oben sind die Daugava, die Stadt und das Schloss zu sehen. Hier soll sich der polnische Offizier Józef Karņicki aus unerfüllter Liebe zur Tochter des Grafen Plater erschossen haben. Ein Kilometer weiter ist auf der linken Seite der Parkplatz mit Picknicktischen zum **Adamovas dabas taka** (Adamovas-Pfad) und Aussicht auf das Tal der Daugava. Weiter auf der A6 nach Westen und wir sind bald in Daugavpils.

ALTES UND MODERNES DAUGAVPILS

Daugavpils ist mit knapp 100 000 Einwohnern die zweitgrößte Stadt Lettlands und durch die vielen hier angesiedelten Russen die größte überwiegend russischsprachige Stadt der Europäischen Union. Naturgemäß ist Daugavpils ein bedeutendes wirtschaftliches und kulturelles Zentrum mit großer Uni-

SPECIAL

DIE BALTISCHEN STÖRCHE

Weißstörche nehmen als Kulturfolger gern bei uns Menschen auf den Dächern der Siedlungen Quartier. Als Langstreckenzieher legen sie jährlich zweimal bis zu 10 000 Kilometer von den Brutgebieten in die meist afrikanischen Überwinterungsgebiete zurück. Zur Zeit des Vogelflugs sind am Bosporus Zehntausende Störche auf den Feldern und im Überflug zu beobachten. Mindestens 23 000 Brutpaare lassen sich in den baltischen Ländern nieder, noch einmal so viele in Polen. Das liegt an dem reichen Nahrungsangebot der naturbelassenen, meist feuchten Landschaften. Fische, Eidechsen, Frösche, Nagetiere und Großinsekten bilden die Hauptnahrung, wobei Frösche entgegen dem landläufigen Glauben nur einen Bruchteil der Kost ausmachen. Die Brut dauert 25 bis 38 Tage und die Jungen sind nach fünfzig bis hundert Tagen rechtzeitig Mitte August flügge. Störche werden über 20 Jahre alt und leben monogam.

versität. Die Daugava fließt mitten durch die Stadt und die Umgebung wird von Wäldern und Feldern geprägt. Daugavpils gehört wegen der Industrie nicht zu den schönsten Städten Lettlands, dennoch beherbergt die Stadt eine Perle für Kunstfreunde.

Station machen können wir noch vor der Stadt am Stropu ezers am Ende der Abavas iela. Der Parkplatz hat einen Zugang zum Strand. Ebenfalls am Stropu ezers liegt weiter nördlich ein Campingplatz. Schließlich ist vor der Touristeninformation ein großer Parkplatz.

Die A 13 führt von Norden kommend gewissermaßen über den sanften **Baznīcu kalns** (Kirchberg). Hier stehen **vier Kirchen** dicht gedrängt nebeneinander. Jede dient einer anderen Glaubensrichtung, aber gemeinsam bilden sie ein architektonisches Ensemble. Die sternförmig angelegte **Cietoksnis** (Zitadelle) aus dem frühen 19. Jahrhundert im Westen der Stadt gilt als historisch bedeutend, da sie als einzige Anlage dieser Art in Osteuropa erhalten ist. 10 000 russische Soldaten und Handwerker waren eingesetzt, um die zwei Quadratkilometer große Festung schnell hochzuziehen. Dadurch wurde Daugavpils eine bedeutende Garnisonsstadt.

Nur ein kleiner Teil der Festung ist restauriert und beherbergt zum Beispiel das bedeutende **Mark Rothko Kunstzentrum** mit Originalen des Künstlers. Er gehört zu den wichtigsten Repräsentanten des abstrakten Expressionismus und des Surrealismus mit verschiedenen Schaffensperioden. (Mihaila iela 3, www.rothkocenter.com). Auf der anderen Seite des Flusses befindet sich ein zur Festung gehörendes Vorwerk. Darin ist heute ein Gefängnis untergebracht. Zwischen Daugavpils und der Grenze zu Litauen gibt es am Sventes ezers noch einen Campingplatz. Auf der A 13 (E 262) sind es nun nur noch 19 Kilometer bis zur Grenze nach Litauen.

Die riesige Zitadelle wurde zu Beginn des 19. Jahrhunderts erbaut.

Das Mark Rothko Kunstzentrum ist in einem vorzüglich restauriertem Bau der Zitadelle.

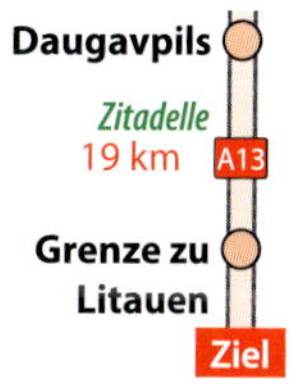

PRAKTISCHE HINWEISE

TOURISTINFORMATIONEN

Alūksne
Pils iela 25a, LV-4301 Alūksne,
Tel. +371 643 22804, www.aluksne.lv

Gulbene
Ābeļu iela 2, LV-4401 Gulbene,
Tel. +371 644 97729, www.visitgulbene.lv

Lubāna mitrāja informācijas centrs
(Lubāns Feuchtgebiet-Informationszentrum)
Aiviekstes hidromezgls, LV-4833 Ošupes pagasts, Tel. +371 292 34956, www.lubanamitrajs.lv

Balvi
Brīvības iela 46, LV-4501 Balvi,
Tel. +371 645 22597, www.turisms.balvi.lv

Rēzekne
Krasta iela 31, LV-4601 Rēzekne,
Tel. +371 646 22222, www.rezekne.lv

Krāslava
Pils iela 2, LV-5601 Krāslava,
Tel. +371 656 22201, www.visitkraslava.com

Daugavpils
Rīgas iela 22a, LV-5401 Daugavpils,
Tel. +371 654 22818, www.visitdaugavpils.lv

CAMPING- UND STELLPLÄTZE

C 150 **Camping Alūksne Jaunsētas** (S. 219 F6)
LV-4300 Alūksne, Tel. +371 286 50600,
www.jaunsetas.lv
GPS-Daten: N 57°26'30.3" E 27°03'12.7"
Wiesenplatz am Alūksnes ezers, Badestelle, Boots- und Fahrradverleih, Restaurant, drei Kilometer ins Zentrum

C 151 **Camping Alūksne Ezermalas** (S. 219 F6)
Ezermalas iela 44, LV-4301 Alūksne,
Tel. +371 292 74175, www.ezermalas44.lv
GPS-Daten: N 57°26'13.6" E 27°06'23.8"

Die Wohnmobilstellplätze am Tourismuszentrum Leuchtturm am Lubān ezers

Wiesenplatz am Alūksnes ezers, Badestelle, Bootsverleih, fünf Kilometer ins Zentrum

C 152 **Camping Vecstāmeriena Ziedugravas** (S. 215 E1), LV-4406 Vecstāmeriena, Tel. +371 29 12 34 16, www.visitgulbene.lv
GPS-Daten: N 57°12'33.9" E 26°54'17.8"
Wiesenplatz am Pogas ezers, Badestelle, Boots- und Fahrradverleih

S 153 **Stellplatz Gulbene** (S. 214/215 D/E2)
Brīvības iela 66, LV-4401 Gulbene, Tel. +371 29 11 11 28
GPS-Daten: N 57°10'30.9" E 26°44'48.3"
Platz hinter einer Tankstelle, Restaurant, zwei Kilometer zur Schmalspurbahn

S 154 **Stellplatz Lubānas ezers** (S. 215 E3)
Lubāna mitrāja informācijas centrs (Lubāns Feuchtgebiet-Informationszentrum), Aiviekstes hidromezgls, LV-4833 Ošupes pagasts, Tel. +371 29 23 49 56, www.lubanamitrajs.lv
GPS-Daten: N 56°49'00.5" E 26°54'24.2"
Wiesenplatz, Bootsverleih, Café, Exkursionen

S 155 **Stellplätze Tūrisma Centrs Bāka** (Tourismuszentrum Turm) (S. 215 E4)
LV-4618 Gaigalavas, Tel. +371 26 66 33 58
GPS-Daten: N 56°47'05.1" E 26°56'36.6"
Kiesfläche am Lubānas ezers, Bootsverleih

C 156 **Camping Īdeņa Zvejnieki** (S. 215 E4)
LV-4631 Īdeņa, Tel.+371 28 30 11 43, www.zvejnieki.lv
GPS-Daten: N 56°45'01.1" E 26°56'55.3"
Wiesenplatz an kleinem See, Restaurant

C 157 **Camping Aglona Malvīne** (S. 210 A1)
Tartakas iela, LV-5304 Aglona, Tel. +371 26 48 71 80, www.malvines.lv
GPS-Daten: N 56°07'16.5" E 26°59'41.2"
Wiesenplatz am Cirīša ezers, Badestelle, Bootsverleih

C 158 **Camping Aglonas Alpi** (S. 210 A1)
LV-5304 Aglona, Tel. +371 29 19 43 62, www.aglonasalpi.lv
GPS-Daten: N 56°06'25.2" E 27°01'31.8"
Wiesenplatz, 200 Meter zum Badeplatz am See, Bootsverleih

C 159 **Camping Krāslava Upes Dižvietas** (S. 210 B2), LV-5601 Užinkalns, Tel. +371 29 14 60 34, www.latvia-outdoor.eu
GPS-Daten: N 55°53'51.5" E 27°04'06.9"
Wiesenplatz an der Dangava, Boots- und Fahrradverleih, kleiner Badesee

C 160 **Camping Daugavpils Chill&Grill** (S. 209 H2), Dzintaru iela, LV-5401 Daugavpils, Tel. +371 26 34 35 02
GPS-Daten: N 55°55'13.7" E 26°34'48.2"
Wiesenplatz am Stropu ezers, Badestelle

C 161 **Camping Kļaviņas Saules Nams** (S. 209 H2), LV-5473 Kļaviņas, Tel. +371 29 46 72 76, www.saulesnams.lv
GPS-Daten: N 55°52'19.7" E 26°22'22.7"
Wiesenplatz am Sventes ezers

Am Campingplatz Aglonas Alpi

6 LEBENDIGES VILNIUS UND ZWEI SPANNENDE NATIONALPARKS

Ostlitauens Seen und die Hauptstadt

Die sechste Etappe durchquert die litauischen Regionen Aukštaitija (Oberlitauen) und Dzūkija, für das es keinen deutschen Namen gibt. Der Aukštaitija-Nationalpark ist in seiner Abgeschiedenheit einer der schönsten: Eine romantische Einsamkeit macht den Charme der Seenplatte von Aukštaitija aus. Der Dzūkija-Nationalpark vereint verschiedene Naturschutzgebiete, unter anderem die größte Moorlandschaft in Litauen. Das quicklebendige Vilnius besticht durch seine mittelalterlichen und barocken Bauten. Es ist das wirtschaftliche und kulturelle Zentrum Litauens und die größte Stadt des Baltikums.

Die gotische Annakirche in Vilnius ist ein architektonisches Juwel.

ROUTE 6

STARTPUNKT
Grenze zu Lettland bei Zarasai

ENDPUNKT
Grenze zu Polen bei Sejny

STRECKENLÄNGE
470 km

FAHRZEIT
3 bis 4 Tage

BESTE JAHRESZEIT
Juni bis September

Schon vier Kilometer auf der A 6 (E 262) nach der Grenze zu Lettland sind wir in der für Litauen einmaligen Fächerstadt **Zarasai**. Die Straßen laufen von einem zentralen Platz radial auseinander. Die Perle Zarasais ist der See **Zarasas**. Auch sonst lohnt ein Aufenthalt in der Stadt mit 8000 Einwohnern, die malerisch in den bewaldeten Hügeln der litauischen Regionen Aukštaitija (Oberlitauen) liegt.

FÄCHERSTADT ZARASAI

Vor der **großen Insel** im See mit dem Wassersportpark finden wir am westlichen Ende der Vilniaus gatvė einen Parkplatz. Ein weiterer Standort ist der Badeplatz der Stadt am **»Chill Out« poilsiavietė** (Erholungsort) am Ende der Dariaus ir Girėno gatvė. Die Touristeninformation befindet sich im innersten Teil der fächerartigen Straßen in der Sėlių aikštė 22. Direkt an der D. Bukonto gatvė (A 6), auch im Mittelpunkt des Fächers, steht die Basilika mit dem Doppelturm aus dem 19. Jahrhundert.

1872 bekam die Stadt Zarasai ihre heutige Gestalt mit einem in Litauen einmaligen, von einem zentralen Platz aus radial verlaufenden Straßennetz. Die Stadt wurde aber schon im 16. Jahrhundert erwähnt. Gegenüber dem klassizistischen **Zarasų krašto muziejus** in der D. Bukonto gatvė 20 (Regionalmuseum Zarasai, Tel. +370 385 52456, www.zarasumuziejus.lt) begeistert eine schleifenförmige, 17 Meter hohe **Aussichtsbrücke** über dem Strand am See. An seinem Ufer verläuft ein Spazierweg zwischen der Aussichtsbrücke und großer Insel.

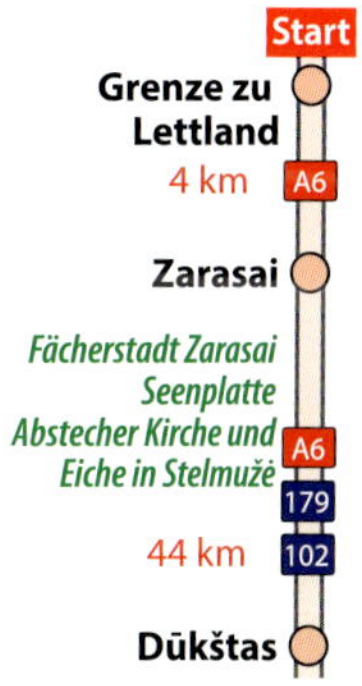

Die Basilika Zarasais steht im Mittelpunkt des Straßen-Fächers.

Die Fußgängerbrücke verläuft in einer Schleife hoch über den Strand in Zarasai.

Die älteste Eiche Litauens steht an der Holzkirche in Stelmužė.

Ein Ausflugsort ist selbst für die Bewohner von Zarasai die historische, fast 300 Jahre alte **Wassermühle Šlyninkos** an der Straße 5305 im Westen der Stadt (Tel. +370 686 23348, www.slyninkosmalunas.lt, GPS-Daten: N 55°44'03.8" E 26°11'55.4"). Sie ist nicht nur lebendige Mühlen-Geschichte mit Verkaufsraum für ihre Mahlprodukte und Brot, es ist auch ein Restaurant angeschlossen, in dem regionale Speisen aufgetischt werden. Auf der Wiese neben der Mühle darf auf Anfrage im Wohnmobil übernachtet werden.

ZUR ÄLTESTEN EICHE LITAUENS

Von Zarasai aus ist ein 14 Kilometer langer Abstecher nach Norden zu einer zweifachen Sehenswürdigkeit nötig. Ziel ist die alte **Holzkirche von Stelmužė** und die **Eiche** davor. In der Ąžuolo gatvė (Eichenstraße) ist der Parkplatz vor der angeblich 2000 Jahre alten Eiche. Auf jeden Fall ist sie die älteste Eiche Litauens. Sie hat stolze zehn Meter Umfang. Der Legende nach wurde der heidnische Gott Perkūnas, der baltische Himmels- und Donnergott, unter diesem Baum verehrt.

Die Holzkirche von Stelmužė wurde 1650 erbaut, der jetzige Innenraum aber 1713 gestaltet. Die Balken sind mit Äxten behauen und kunstvoll ohne Nägel zusammengefügt. Die Säulen am Eingang geben der Fassade einen klassizistischen Anschein, aber die klassizistische Epoche begann ja erst im 18. Jahrhundert. Der Glockenturm steht separat. Die Kirche von Stelmužė ist ein kultur- und kunsthistorisches Kleinod.

SEENPLATTE UM ZARASAI

Über Zarasai kommen wir wieder vom Abstecher zurück und setzen unsere Reise auf der A 6 (E 262) in südwestliche Richtung fort. In **Degučiai** wechseln wir die Richtung auf die 179 nach links. Nach 500 Metern zweigt rechts ein Sträßchen in den Wald ab. Im Wald liegt ein Picknickplatz, wo auch der zwei Kilometer lange **Degučių pažintinis takas** (Degučių-Lehrpfad) beginnt. Der Weg beschreibt eine Acht zwischen den Seen, an denen Badestege sind. Nach drei Kilometern, nach einem Damm und einer Brücke, ist rechts ein Parkplatz mit Picknickplatz, Badestrand und Natur-Campingplatz. Gegenüber befindet sich ein Campingplatz mit Bootsverleih und Wasserrutsche. Die verzweigten Seen bei **Bikėnai** bieten ein ideales Gewässer für Paddler.

Am See Luodis bei **Salakas** finden wir einen größeren Campingplatz mit Bootsverleih. Weiter nördlich gibt es einen freien Parkplatz mit Picknicktischen und Badestrand (N 55°34′54.6″ E 26°09′22.7″). Am Ende der 179 biegen wir nach rechts auf die 102 und kommen durch das Städtchen **Dūkštas**, das aus einer mittelalterlichen Siedlung entstand. Kurz vor Ignalina ist auf der linken Seite ein Parkplatz am Ilgis-See.

IM AUKŠTAITIJA-NATIONALPARK

Ignalina ist das Tor zum Aukštaitija-Nationalpark. Vom Aussichtsturm in einem Seitensträßchen der Bokšto gatvė können wir uns einen weiten Überblick verschaffen (N 55°20′06.3″ E 26°10′38.2″). Die Touristeninformation ist in der Ateities gatvė 23 untergebracht.

In der Ferienzeit kann es in Ignalina und im Nationalpark sehr belebt werden. Es zieht uns auf jeden Fall hinaus in die herrliche Natur, die wir in einer 40 Kilometer langen Rundfahrt durch den Naturpark erkunden. Vielleicht nicht, bevor wir im Restaurant Romnesa vorbeigeschaut haben. Die Spezialität ist der Baumkuchen, eine Nationalspeise, die am offenen Feuer gebacken wird (N 55°20′24.2″ E 26°08′05.6″, Tel. +370 606 11315, www.romnesa.lt).

Wir nehmen also in Ignalina die 114 in Richtung Molėtai unter die Räder. Vor **Palūšė** ist rechts ein Parkplatz und Natur-Campingplatz mit Strand am See Lūšiai. Hier beginnt auch der **Pėsčiųjų botanikos takas**, ein über drei Kilometer langer botanischer Wanderweg, der verschiedene Landschaftsformen

Die Holzkirche von Stelmužė ist über 350 Jahre alt.

AUSFLUG

NATIONALPARK AUKŠTAITIJA

Das große Landschaftsschutzgebiet ist bekannt für seine weit über 100 sauberen Seen, die vielen Burghügel und zahlreichen volkstümlichen Dörfer in hügeligem Gelände. Der Park umfasst eine Fläche von über 40 000 Hektar, 15 Prozent davon sind Seen. Oft verbinden Kanäle diese Seen und ihr Kanalnetz stellt ein wahres Paradies für Paddler dar. Die eiszeitliche Moränenlandschaft ist zu zwei Dritteln mit Wäldern bedeckt. Die Flora und Fauna ist sehr artenreich. Elch und Fischadler sind nur zwei der hier vorkommenden 250 Tierarten. Darüber hinaus wurden fast 1000 Pflanzenarten dokumentiert. In einem kleineren Teilbereich besteht zum Schutz der Tier- und Pflanzenwelt Betretungsverbot. Der Blick vom Ladakalnis (Eisberg), einer heidnischen Opferstelle, zeigt sechs Seen in einer traumhaften Landschaft. Die Direktion der Nationalparkverwaltung ist in Palūšė. Dort gibt es auch ein Sammelticket, das verschiedene Eintritte abdeckt (www.aparkai.lt).

Auf dem Natur-Campingplatz am Lūšiai ezer

des Gebietes zeigt. Nebenan gibt es einen Bootsverleih. In Palūšė ist auf der linken Seite die **Direktion des Aukštaitija-Nationalparks** mit Parkplatz davor. Sie versorgt uns mit einer guten Broschüre in deutscher Sprache, die Informationen über Wander- und Radwege im Nationalpark enthält. Vom Parkplatz aus sehen wir weiter oben die Holzkirche von Palūšė aus dem 18. Jahrhundert, deren Inneres aber nicht besichtigt werden kann. Oberhalb der Kirche liegt ein Campingplatz.

Vor **Šakarva** ist rechts im Wald ein Picknickplatz mit Badestelle (N 55°18'42.0" E 26°03'48.6"). Nach dem Ort biegen wir rechts nach Norden. Nach vier Kilometern folgt auf der rechten Seite ein Parkplatz

Entdeckung auf dem botanischen Wanderweg, hier die Sumpfdotterblume

Die Holzkirche von Palūšė stammt aus dem 18. Jahrhundert.

(N 55°20'20.0" E 26°00'50.6"). Am See ist unten links ein Badesteg. Die eiserne Statue birgt ein Geheimnis: Sie trägt eine raffiniert versteckte Glocke, ein echtes Suchspiel.

Vor **Kirdeikiai** drehen wir an der Kreuzung nach rechts in Richtung Ginučiai. In Kirdeikiai ist aber auch ein Campingplatz am Pakasas-See. Und über Kirdeikiai führt ein Abstecher zum sehenswerten, sehr umfangreichen **Bitininkystės muziejus** (Imkereimuseum) in **Stripeikiai** (Tel. +370 386 36210, www.ignalinatic.lt).

Auf dem Weg nach Ginučiai taucht auf der linken Seite ein Sendeturm über den Baumwipfeln auf. Links der Straße finden wir einen kleinen Parkplatz. Der Turm ist zugleich Aussichtsturm: Der Blick geht über das bewaldete Hügelland des Nationalparks mit unglaublich vielen Seen.

Der **Ginučių piliakalnis** (Burgberg von Ginučiai) und der **Ladakalnis** (Lada-Berg) sind zwei Aussichtspunkte in der Nähe des Dorfes Ginučiai. Der Ladakalnis ist 176 Meter hoch und von oben kann man sechs Seen erblicken. Es ist üblich, Kieselsteine hinaufzutragen und oben abzulegen. Der Ginučių piliakalnis ist ein archäologisches Denkmal. Auf dem Hügel wurden Keramiken gefunden, die auf das 9. bzw. 10. Jahrhundert datiert wurden. In dieser Zeit und noch später soll sich auf der Erhebung eine Holzburg befunden haben. Die zwei Hügel sind mit einem Wanderweg verbunden.

Das Dorf **Ginučiai** ist bekannt durch die **Vandens malūnas** (Wassermühle) an der Durchgangsstraße. Nicht nur diese Mühle aus dem 19. Jahrhundert, auch manche Dörfer erscheinen wie Freilichtmuseen. Die Wassermühle war bis 1968 in Aktion und kann heute im Zuge einer Führung besichtigt werden. 100 Meter nach der Mühle lockt rechts ein Campingplatz mit Bootsverleih und Restaurant.

Die 1423 verläuft nun nach Osten. Kurz vor **Vaišniūnai** liegt rechts der Campingplatz Vaišniūnų stovyklavietė mit schönem Badeplatz am Dringis-See. Nach Vaišniūnai können wir rechts die kleine Straße benutzen, um nach Ignalina zurückzukommen. Unser nächstes Ziel ist nun Molėtai mit seinen Seen, das wir auf der 114 wieder über Palūšė ansteuern. Im Dorf **Kaltanėnai** gibt es einen Straßenkreuzungspunkt, wo die 114 nach Westen abknickt.

Kaltanėnai
Seenplatte
41 km 114
Molėtai

Stille am Asveja See

DIE SEENPLATTE UM MOLĖTAI

Unterwegs auf der 114 entdecken wir vor **Labanoras** links einen Picknickplatz am gleichnamigen See. Südlich von **Mindūnai** liegt am See Baltieji Lakajai ein Campingplatz. Eine Besonderheit ist der nebenstehende höchste Aussichtsturm Litauens mit 36 Meter Höhe. Die Zufahrt befindet sich beim Molėtų krašto amatų centras mit Museum (www.infomoletai.lt/laisvalaikis/moletu-krasto-amatu-centras) in Richtung Apžvalgos bokštas. Die zwei Kilometer lange Sandpiste zu fahren lohnt sich: Der Blick schweift über die Seen des La-

Molėtai
38 km A14
Mittelpunkt Europas A14

Kräftemessen mit der eisernen Statue am Parkplatz

banoras-Regionalparks. Um die Kleinstadt **Molėtai** liegen sage und schreibe 230 Seen zwischen den Hügeln und Wäldern – ein Urlaubsgebiet für sich. Ein Campingplatz in der Nähe von Molėtai befindet sich südöstlich davon am See Bebrusai. Südwestlich von Molėtai liegt ein schöner Campingplatz am Grabuostas-See.

Ein interessanter Abstecher von 13 Kilometern nach Norden führt zum **Etnokosmologijos muziejus** (Ethnokosmologisches Museum, Žvaigždžių gatvė, LT-33354 Kulionys, Tel. +370 383 45424, www.etnokosmomuziejus.lt, GPS-Daten: N 55°18′53.4″ E 25°33′22.1″) mit dem **Astronomijos observatorija** (Astronomisches Observatorium, Tel. +370 383 45444, http://mao.tfai.vu.lt). Ethnokosmologie beleuchtet die Beziehungen der Menschheit zum All und das ethnokosmologische Museum ist das erste Museum weltweit, das sich dieser Thematik widmet. Es informiert über die Auseinandersetzung des Menschen mit der kosmischen Welt in Tradition, Riten, Wissenschaft, Literatur, Kunst, Religion und Philosophie. Die futuristischen Gebäude zeigen außerdem Teleskope, Gerätschaften und Fotos von Himmelskörpern. Die Aussichtsplattform bietet einen fantastischen Blick über die Seenlandschaft. In der Nacht gibt es Gelegenheit, in die Sterne zu schauen. Die Anlagen mit schönem Garten gehören zur Universität Vilnius.

Die historische Wassermühle in Dorf Ginučiai

ZUM MITTELPUNKT EUROPAS

Die A 14 bringt uns schnell nach Süden. Wir nähern uns der Barockstadt Vilnius, aber es liegen noch einige Sehenswürdigkeiten im

Die Gebäude der Universität Vilnius sind schon architektonisch ein Schaustück.

36 Meter bedeuten 231 Stufen

weiteren Umkreis der Hauptstadt. Dies erfordert, in einem Bogen von 100 Kilometern um Vilnius herumzufahren.

38 Kilometer nach Molėtai kündigt ein braunes Schild den **geografischen Mittelpunkt Europas** an. Also fahren wir rechts raus und finden nach 200 Metern den Parkplatz in der Golfo gatvė, die zum Ort Girija gehört. Ein kurzer Fußweg führt zur Säule, die am geografischen Mittelpunkt Europas steht. Es ist eher eine touristische Kuriosität als ernsthafte Wissenschaft, denn es gibt verschiedene Methoden, den Mittelpunkt einer Landmasse festzulegen. Demgemäß streiten verschiedene Orte um diesen Punkt. Aber der Ort macht zumindest mit den Fahnen aller europäischen Länder fotografisch etwas her. Übrigens sind wir jetzt in der Region **Dzūkija**, die sich bis zur Grenze nach Polen erstreckt. Vilnius einmal ausgenommen, ist dies ein eher armer Landstrich.

LITAUENS TROJA

Von der A14 wechseln wir auf die 108 nach Westen in Richtung Maišiagala. In **Kiemeliai**, das ist nach Maišiagala, sind die **Lavendelfelder** einen Abstecher wert, zumal es dort auch einen Campingplatz auf der Lavendelfarm gibt. Der Hofladen ist voller Geschenke und Produkte aus Lavendel (Klevų gatvė 19, LT-14025 Kiemeliai).

Gutes Panorama auf dem höchsten Aussichtsturm Litauens

Hier stehen wir am geografischen Mittelpunkt Europas.

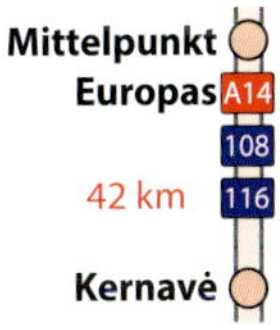

Die hölzerne Kapelle neben der neugotischen Kirche in Kernavė stammt aus dem 18. Jahrhundert.

Die Burghügel über dem Tal der Neris

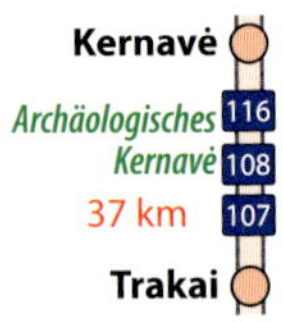

In **Dūkštos** knickt die 108 nach rechts und leitet nach zwei Kilometern geradeaus als 116 nach **Kernavė**. Der Ort war die erste Hauptstadt Litauens und ist UNESCO-Weltkulturerbe. Im 13. Jahrhundert war Kernavė eine feudale Stadt mit fünf Wehrburgen, von denen nur noch Hügel übrig sind. Um die glazialen Burghügel ranken sich Legenden über Fürsten und heidnische Priester. Auf dem Opferhügel sollen Priester die Träume der Menschen gedeutet haben. Zwischen den Hügeln wurden die Reste einer Siedlung aus dem 3. und 4. Jahrhundert gefunden.

Wohnhaus in Kernavė

Die Ordensritter setzten der blühenden Stadt im 14. Jahrhundert ein Ende. Da es danach keine Versuche gab, die Stadt wiederaufzubauen, fanden Archäologen ein unberührtes Erbe der früheren Kulturen. Daher wird Kernavė auch als Litauens Troja bezeichnet. Die archäologischen Funde aus 10 000 Jahren Menschheitsgeschichte sind im **Museum für Archäologie und Geschichte** nahe den Hügeln ausgestellt (Archeologijos ir istorijos muziejus, Kerniaus gatvė 4a, Tel. +370 382 47371, www.kernave.org). Am Museum gibt es Parkplätze.

Die hölzerne **Kapelle** neben der neugotischen Kirche stammt aus dem 18. Jahrhundert. Der Blick von den Erhebungen in das Tal der Neris zeigt eine sehr schöne Landschaft. Während der »Tage der lebendigen Archäologie« im Juli und im September wird das frühe Mittelalter heraufbeschworen. Ein Campingplatz am nahen See ermöglicht einen längeren Aufenthalt.

INSELBURG TRAKAI

Eine unbedingte Sehenswürdigkeit im Umkreis der Hauptstadt Vilnius ist die **Inselburg Trakai**. Auch der **Nationalpark Trakai** bildet einen landschaftlichen Höhepunkt. Dahin kommen wir in der Weiterführung des Bogens um die Hauptstadt auf der 108 und 107. Ein Zwischenstopp lohnt am urigen Restaurant Pušynėlis in Verkšionys (Verkšionys 108, Tel. +370 699 14103). Die Terrasse hoch über dem Tal der Neris ist einmalig. Drei Kilometer danach überqueren wir den Fluss auf einer hohen Brücke.

Die **Burg Trakai**, ein touristischer Hotspot, thront auf einer Insel im Galvė-See. Gebührenpflichtige Parkplätze gibt es in Trakai einige. Da der Ort oft überlaufen ist, kann die Parkplatzsuche in der Hauptsaison dennoch schwierig sein. So nutzen wir am besten den schön gelegenen Campingplatz Slėnyje am Galvė-See mit tollem Blick auf die Inselburg – über den Steg und das Schilf hinweg, hinüber zur Insel mit der herrschaftlichen Burg Trakai. Ein Picknickplatz mit großem Parkraum befindet sich an der Zufahrt des Campingplatzes vorbei in Richtung Užutrakis.

Das **Herrenhaus Užutrakis** im Nationalpark Trakai ist vor allen Dingen wegen seiner 80 Hektar großen Parkanlage bekannt. Graf Tyszkiewicz ließ sich die Sommerresidenz zwischen 1897 und 1902 in klassizistischem Stil erbauen. Der damals in ganz Europa bekannte Landschaftsarchitekt und Botaniker E. F. André schuf die Parkanlage. Der besondere Charakter des Parks entsteht durch die miteinander verbundenen Teiche. Von der Terrasse des Palastes schweift der Blick über das Teichensemble und über den See bis hin zur Inselburg Trakai (www.seniejitrakai.lt).

Für die Fahrt vom Camping Slėnyje zur fünf Kilometer entfernten Inselburg Trakai bieten sich sowohl Fahrrad als auch Taxi an. Aber am schönsten ist die Fahrt mit dem Ausflugsboot »Skaistis«, das auch am Cam-

KULTUR

DER HISTORISCHE NATIONALPARK TRAKAI

Der Trakų istorinis nacionalinis parkas ist einzigartig. Im Gegensatz zu anderen Nationalparks in Litauen liegt in diesem Fall das besondere Augenmerk auf dem kulturellen Erbe, der Geschichte der alten Hauptstadt Trakai und auf der Archäologie. Kern des historischen Parks bildet die Stadt Trakai mit ihrer ausgefallenen Burganlage auf der Insel im Galvė-See. Dieses einmalige Ensemble von Objekten des Kultur- und Naturerbes spiegelt die wichtigsten Epochen Litauens wider. Die umliegende herrliche Landschaft ist ein passender Rahmen. Zum Park gehören zahlreiche Seen (www.seniejitrakai.lt).

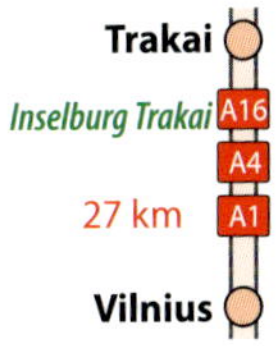

Herrliche Natur am Galvė ezer

Die Inselburg Trakai liegt unvergleichlich schön im Galvi-See

Wunderschöner Blick zur Inselburg Trakai

pingplatz anlegt. Die Touristeninformation befindet sich in Trakai nahe der Brücke zur Insel in der Karaimų gatvė 41. In dieser langen Straße stehen auch die typischen Holzhäuser der Karäer – eine Volks-, Sprach- und Religionsgruppe mit spannender Geschichte.

Trakai war im 14. Jahrhundert sieben Jahre lang die Hauptstadt des Großfürstentums Litauen. Aus dieser Zeit stammt die Burg, einst gedacht als Bollwerk gegen die Kreuzritter, und erst durch einen Graben wurde sie zur Inselburg. Heute ist sie umfassend restauriert, leicht über eine lange hölzerne Brücke zu erreichen und die wohl am häufigsten fotografierte Sehenswürdigkeit Litauens. Das Trakai-Festival im Juli lässt in der Burg mittelalterliches Leben erwachen.

VILNIUS, DIE PROSPERIERENDE HAUPTSTADT

Die aus dem 15. und 16. Jahrhundert stammende größte Altstadt Europas besitzt mit ihren italienischen Barockbauten den UNESCO-Weltkulturerbe-Status. Von Trakai fahren Busse nach Vilnius oder wir lassen uns gleich auf einem der Campingplätze in Vilnius nieder. Parkplätze nur für eine Stadtbesichtigung gibt es zentrumsnah in der Maironio gatvė nach der Hausnummer 25 oder, videoüberwacht, unterhalb des Burgbergs (N 54°41'17.2" E 25°17'37.4").

Stellen der Touristeninformation sind in dem Kiosk an der Kathedrale oder auch auf der gegenüberliegenden Straßenseite, wo wir die Stadtbesichtigung beginnen. Die Touristinfos halten Stadtplan, Audioguide und

Die Kathedrale in Vilnius

auch die Vilnius Card für den öffentlichen Nahverkehr und Eintritt in die Museen parat.

Auf dem großen **Kathedralenplatz** begann oder endete am 23. August 1989 die 620 Kilometer lange Menschenkette aus zwei Millionen Bürgern der drei baltischen Länder, um gegen die sowjetische Besatzung zu demonstrieren. Mit Kerzen in den Händen und mit Gesang forderten sie ihre Freiheit zurück. Die gewaltige **Kathedrale** auf dem einstigen heidnischen Kultplatz entstand in ihrer heutigen neoklassizistischen Form im 18. Jahrhundert. Zu beachten ist die Seitenkapelle des Heiligen Kasimir, deren Wände mit Marmor verkleidet sind. Der frei stehende, fast 60 Meter hohe **Glockenturm** ist letzter Teil einer großen Anlage mit Mauern und Gräben, deren Gestalt im Pflaster des Platzes wiedergegeben wird.

In der Pilies gatvė, die vom Kathedralenplatz nach Süden abgeht, finden wir im Haus Nummer 16 das Restaurant **Forto Dvaras**, das traditionelles litauisches Essen anbietet (http://fortodvaras.lt). Die kalorienreiche litauische Nationalspeise Cepelinai (mit Fleisch gefüllter Kartoffelteig in Zeppelinform) schlägt gewaltig zu. Lecker auch das dunkle Bier.

KULTUR

DIE KARÄER

Die Karäersiedlung in Trakai besteht aus hübschen alten Holzhäusern. Sie stehen mit dem Giebel der Straße zugewandt und weisen meist drei Fenster auf. Es war Großfürst Vytautas, der Ende des 14. Jahrhunderts die Karäer von der Krim nach Trakai holte – zum Schutz seiner Burg. Der Volksname leitet sich her aus dem karaitischen Glauben. Die Religion weist Züge des Judaismus auf, hält sich aber an die Thora (erster Teil des Alten Testaments). Die Karäer verstehen sich einerseits als Religionsgemeinschaft, andererseits als eigene Volksgruppe innerhalb der Turkvölker. Karäisch ist zum Beispiel auch die einzige Turksprache der Welt, die mit hebräischen Buchstaben geschrieben wird. Heute hat die ethnische Minderheit der Karäer in Trakai nur noch wenige Mitglieder. Die karäische Spezialität Kibinai, leckere mit Fleisch gefüllte Teigtaschen, gibt es beispielsweise im Restaurant Kybynlar (Karaimų gatvė 29, www.kybynlar.lt).

Fenster in der Kathedrale in Vilnius

Südlich des Kathedralenplatzes steht in der Pielis gatvė nur eine der herausragenden barocken Kirchen von Vilnius, die Šv. Jonų. Auf der Ostseite der Kathedrale schließt sich das wiederaufgebaute **Großfürstenschloss** an. Davor ist das **Monument des Gediminas**. Ab 1316 war er Großfürst von Litauen und zählt zu den großen Herrschern in der litauischen Geschichte. In den Gebäuden im Anschluss nach Norden befindet sich das **Lietuvos nacionalinis muziejus** (Litauisches Nationalmuseum), das sich mit der Geschichte Litauens und mit dem Leben früherer Zeiten befasst (www.valdovurumai.lt). Dann folgt schon am Ufer der Neris das **Senasis arsenalas** (Altes Arsenal) mit Ausstellungen archäologischer Funde und sakraler Kunst (www.lnm.lt). Daneben liegt das interessante **Taikomosios**

Blick über Vilnius

dailės ir dizaino muziejus (Design- und Kunstmuseum, www.ldm.lt).

STADTANSICHTEN

Einen wunderbaren Blick über Stadt und Land bietet der dahinter liegende 50 Meter hohe **Burgberg** des Großfürsten Gediminas. Hier oben stand schon im 14. Jahrhundert eine wehrhafte Burg. Die Aussicht über die barocken Türme der Stadt ist unvergleichlich. Die Burg wurde im 17. Jahrhundert von den Russen zerstört. Ein Weg führt von der Südseite des Großfürstenschlosses nach oben. Vom Alten Arsenal fährt auch eine Bahn hinauf. Im rekonstruierten Turm befindet sich das **Burgmuseum**. Östlich des Burgbergs ist ein bewaldeter Berg mit den **Trys kryžiai** (drei Kreuze) zu sehen. Dort oben sollen einst drei Mönche hingerichtet worden sein. Auch diese Stelle ist ein beliebter Aussichtsort.

Vom Kiosk der Touristeninformation am Kathedralenplatz führt die Radvilaitės gatvė nach Osten und die Maironio gatvė nach Süden. Dort steht das außergewöhnliche gotische Ensemble von **Annakirche** und dahinter liegender Bernhardinerkirche, die allerdings teilweise barockisiert wurde. Die wunderbare Annakirche aus dem 15. Jahrhundert wurde aus über 30 verschiedenen Arten von Formziegeln erbaut. Ein fantastisches Werk der Backsteingotik, das schon Napoleon gern mit nach Paris genommen hätte. Hinter den Kirchen erstreckt sich der beliebte Bernardinų-Garten.

Weiter auf der Maironio gatvė nach Süden, liegt auf der linken Seite hinter dem Flüsschen Vilnia der **Freistaat Užupis**. Das Ufer-Café **Užupio Kavinė** ist ein kultiges Plätzchen (www.uzupiokavine.lt). In der gemauerten Uferwand wartet die berühmte Nixe auf das Klicken der Kameras.

Die Altstadt liegt in westlicher Richtung. Durch die Latako gatvė oder durch die Rusų gatvė werden die in Nord-Süd-Richtung verlaufende Didžioji gatvė und die Pilies gatvė erreicht. In der Didžioji gatvė nach links, also nach Süden, stoßen wir auf den großzügigen Rathausplatz. Im **Rathaus** mit den dorischen Säulen residiert die Touristeninformation.

Der Turm auf dem Burgberg über Vilnius ist rekonstruiert.

Am Rathaus weiter auf der Didžioji gatvė und Aušros Vartų gatvė nach Süden am noblen Radisson Blu Astorija Hotel vorbei, gelangen wir zum **Aušros Vartai** (Tor der Morgenröte). In dem historischen Stadttor wurde im 17. Jahrhundert oben die Kapelle der heiligen Madonna eingebaut. Das angeblich wundertätige Bild im Tor der Morgenröte ist nicht nur Wahrzeichen der Stadt, sondern auch beliebtes Pilgerziel. 150 Meter zurück ist rechts das Tor zur orthodoxen Kirche Šv. Dvasios cerkvė (Heiliger Geist) aus dem 16. Jahrhundert. Außen unscheinbar, glänzt sie innen mit einer interessanten Farbgestaltung intensiver Blau- und Grüntöne. Ebenfalls in der Aušros Vartų gatvė finden wir im Haus Nummer 3 den **Käseladen Džiugo Namai** mit dem leckeren **Džiugas-Käse** (Geschmacksverwechslung mit hochwertigem Parmesan möglich).

SPECIAL

DER FREISTAAT UŽUPIS

1998 gründeten eine Handvoll Freidenker, Hausbesetzer, Künstler und Alternative im heruntergekommenen Stadtviertel Užupis am Flüsschen Vilnia den Freistaat Užupis. Das Gebilde zwischen Spaß und Ernst und ohne wirkliche völkerrechtliche Anerkennung hat eine eigene Verfassung, Fahne, Hymne und einen Präsidenten. Die Verfassung steht in großen Lettern auf einer Wand in der Paupio gatvė in 90 Sprachen. Darin ist auch das Recht zum Unglücklichsein verankert. Inzwischen ist Užupis zum trendigen Szeneviertel aufgestiegen, in dem sich immer mehr Läden und Galerien ansiedeln. Längst stauen sich am Platz mit der Skulptur Užupio angelas die Bus-Touristen. Der 1. April ist Staatsfeiertag, der ausgelassen gefeiert wird (www.uzhupisembassy.eu).

Im Bernhardinų-Garten

Wir schlendern zurück nach Norden durch die charmanten Gassen der Altstadt, in denen wir ohne Weiteres einen interessanten Tag zubringen könnten. Am Schluss gehen wir durch die Universiteto gatvė nach Norden und kommen so noch vor dem Kathedralenplatz an der ältesten Universität des Baltikums (1579 gegründet) und am **Präsidentenpalast** vorbei.

Etwas außerhalb im Nordosten der Stadt steht in der Antakalnio gatvė 1 die sehenswerte Kirche **St. Peter und Paul**. Die barocke Kirche aus dem 17. Jahrhundert hält sich mit Hunderten Skulpturen und Figuren in schlichtem Weiß. Eine der schönsten Kirchen im Baltikum, geschaffen von italienischen Künstlern.

Nördlich der Neris wächst das neue Vilnius in die Höhe. Das **Europa-Einkaufzentrum** ist mit fast 130 Metern das höchste Hochhaus des Baltikums. Der **Fernsehturm** in der Nähe des Campings Vilnius city bietet eine überragende Aussicht von seiner 165 Meter hohen Plattform (Sausio 13-osios gatvė 10, Tel. +370 525 25333, www.tvbokstas.lt). Im 326 Meter hohen Turm erinnert ein Museum an den »blutigen Sonntag«, als am 13. Januar 1991 sowjetische Panzer in die Menschenmenge fuhren und 13 Menschen töteten. Noch viel schwerer ist die Last der jüdischen Bewohner. Vilnius galt als das »Jerusalem des Nordens«. Einst lebten in Vilnius 80 000 Juden, die von den Nationalsozialisten verschleppt und ermordet wurden.

Wer an Plastiken interessiert ist, macht von Vilnius noch einen 18 Kilometer weiten Abstecher nach Norden zum **Europos parkas** in Joneikiškės. Der 50 Hektar große Skulpturenpark zeigt internationale, gegenwärtige Bildhauerei, Installationskunst und Land Art

Das Ortsende-schild des Frei-staats Užupis

(Parko gatvė 302, LT-15166 Joneikiškės, Tel. +370 523 77077, www.europosparkas.lt).

DURCH DEN DZŪKIJA-NATIONALPARK

Bestimmt war die Zeit im herrlichen Vilnius für alle viel zu kurz. Nun machen wir aber auf der A 4 einen großen Sprung nach Südwesten in den Dzūkija-Nationalpark. Vor Merkinė knickt die A 4 nach Südosten ab. Ein Kilometer vor dieser Kreuzung liegen rechts im Wald zwei Seen, die so recht zur Erholung geeignet sind. Der hintere See verfügt über einen Badesteg (500 Meter Sandstraße, GPS-Daten: N 54°10'33.1" E 24°13'21.7"). **Merkinė** sollten wir uns nicht entgehen lassen. Zum einen ist im Ort das **Besucherzentrum** des Dzūkija-Nationalparks und des Naturschutzgebietes Cepkeliai (Vilniaus gatvė 3, Tel. +370 310 44641, www.gamta.cepkeliai-dzukija.lt). Hier können wir Informationen über den Nationalpark und seine Sehenswürdigkeiten erhalten. Die orthodoxe Kirche am zentralen Platz ist das Ortsmuseum.

Mangels hoher Berge lieben die Menschen im Baltikum ihre Aussichtstürme. So gibt es auch in Merkinė in der Nähe der Memel (Nemunas) einen Ausguck (N 54°09'49.8" E 24°10'31.0"). Ein wichtiger Aussichtspunkt ist auch der historische **Merkinės piliakalnis** (Burgberg) an der Memel. Der Parkplatz dazu liegt an der 133 vor der Brücke über die Memel (N 54°09'30.7" E 24°10'53.3"). Von oben haben die Besucher Blick auf den malerischen Zusammenfluss der Flüsse Nemunas und Merkys. In Merkinė beginnt auch der zwölf Kilometer lange **Lehrpfad Gamtos takas Juodoji keramika**, der sich mit der schwarzen Keramik befasst.

Am kultigen Ufer-Café »Užupis Kavine«

Die Meerjungfrau an der Brücke zum Freistaat Užupis

Am Platz mit dem Užupio Angelas

Auf der A4 fahren wir gen Süden und biegen nach der Überquerung des Flusses Merkys links in Richtung Marcinkonys ab. Unterwegs steht gegenüber der letzten Einfahrt des Dorfes **Puvočiai** ein Aussichtsturm (N 54°06′52.9″ E 24°18′34.2″). Außerdem gibt es nördlich des Dorfes einen großen Natur-Campingplatz am Merkys. Das Gebiet ist ein Paradies für Wassersportler.

Dann erreichen wir das relativ große Dorf **Marcinkonys**. Gleich zu Beginn des Dorfes steht die Holzkirche der heiligen Apostel Simon und Judas Thaddäus. In der langen Dorfstraße, die parallel östlich der Umgehungsstraße 5003 verläuft, befindet sich das **Dzūkijos nacionalinio parko centras** (Besucherzentrum Dzūkija-Nationalpark, Miškininkų gatvė 61, Tel. +370 672 46388, www.cepkeliai-dzukija.lt). Hier gibt es Informationen über Wandermöglichkeiten. Der **Zackagirio pažintinis takas** ist ein Wanderweg in die Binnendünen. Am Besucherzentrum sind auch Kanus und Fahrräder zu mieten. Östlich des Ortes liegen gleich zwei Natur-Campingplätze an einem Badesee. Im Ort ist auch das **Ethnografische Museum** interessant. Es gruppiert sich um ein Gehöft aus dem Jahr 1905 und zeigt Lebensweise, Tradition und Handwerk früherer Zeiten (N 54°03′14.5″E 24°24′27.5″).

Restaurants, Cafés, Bars und Geschäfte gibt es in der Altstadt zuhauf.

Die 5003 nach Südwesten ist die alternativlose Möglichkeit für die Fahrt von Marcinkonys nach Druskininkai. Unterwegs tangieren wir vor Druskininkai den **Latežeris-See** beim gleichnamigen Dorf. Am See ist ein Natur-Campingplatz für ruhige Stunden. Im Dorf **Naujasodė**, vier Kilometer vor Druskininkai, zeigt das **Šakočių muziejus** Handwerkszeug zur Herstellung von Kuchen und

In den Gassen der Altstadt von Vilnius

die Verarbeitung von Milch. Das Wichtigste sind aber die Baumkuchen, die dort hergestellt und verkauft werden, sowie das Restaurant Romnesa (Vienkiemių gatvė 3, LT-66443 Jaskonys, Tel. +370 606 00016, www.romnesa.lt).

Druskininkai an der Nemmar (Memel) ist Litauens vornehmster Kurort mit 15 000 Einwohnern, eingebettet in bewaldete Moränenhügel. »Druska« bedeutet in der litauischen Sprache Salz und weist auf die Herkunft des Namens hin. Die mineralhaltigen Quellen von Druskininkai wurden schon im 13. Jahrhundert entdeckt. Seit 1794 läuft der offizielle Kurbetrieb. Neben Hotels verschiedener Kategorien gibt es auch zwei Campingplätze. Die Touristeninformation ist an einem der Campingplätze in der Gardino gatvė 3.

Vergnügungsmöglichkeiten für anspruchsvolle Kurgäste und Urlauber gibt es zuhauf. Eine Seilbahn schwebt 45 Meter über der Memel und bietet ein herrliches Panorama. Sie führt hinauf zur Schnee-Arena in einer Halle. Schön ist auch ein Ausflug mit dem Mo-

AUSFLUG

NATIONALPARK DZŪKIJA

Der Dzūkija-Nationalpark (Dzūkijos nacionalinis parkas) ist mit fast 600 Quadratkilometern der größte in Litauen. Er erstreckt sich über 50 Seen bis zur weißrussischen Grenze, beinhaltet verschiedene Naturschutzgebiete und auch das sich über 5858 Hektar ausdehnende größte Moor Litauens. Das bekannteste Schutzgebiet ist das Totalreservat Čepkelių raistas, eine zusammenhängende Moorlandschaft mit einer Fläche von über elf Hektar. Darin gibt es Überschwemmungsgebiete, Wiesen, Torfmoore und Sümpfe, Sanddünen, Flüsse und Bäche. Wölfe, Luchse, Birkhuhn, Auerhuhn, Frauenschuh und die Küchenschelle sind nur ein paar von den 4000 verbreiteten Pflanzen- und Tierarten. Die dzūkischen Dörfer haben noch eine traditionelle Struktur und erzählen von der Lebensweise der hier ansässigen Menschen. Die Töpfer dieser Gegend sind berühmt für ihre Schwarzkeramik und vielerorts können wir zusehen, wie am Webstuhl gewebt oder aus Weidenruten Körbe geflochten werden. Es gibt zwei Besucherzentren: eines in Merkinė (www.gamta.cepkeliai-dzukija.lt) und eines in Marcinkonys (www.cepkeliai-dzukija.lt).

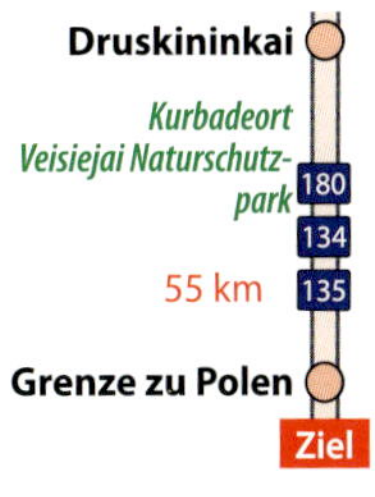

An einem der Seen vor Merkinė

torboot Druskininkai auf der Memel zum zehn Kilometer entfernten **Kloster Liškiava**.

Neun Kilometer nordöstlich von Druskininkai befindet sich der **Grūtas-Park**, eines der seltsamsten Museen der Welt. Als Litauen 1991 seine Unabhängigkeit wiedererlangte, wurden viele Denkmäler aus der Sowjetzeit demontiert. Schließlich wurde beschlossen,

Stimmung am Snaigynas ezer

Der Aussichtsturm am Snaigynas ezer

den 20 Hektar großen Grūtas-Park zu eröffnen, um die Monumente der sowjetischen Ideologie zu zeigen. Im Park stehen mehr als 100 pompöse Skulpturen sowjetischer politischer Führer und auch andere Dinge aus dem sowjetischen Erbe. Für die Kleinen gibt es einen ausgedehnten Spielplatz und einen Streichelzoo (LT-66441 Grūtas, Tel. +370 682 42320, www.grutoparkas.lt, GPS-Daten: N 54°01'29.8" E 24°04'42.2"). Vielleicht interessiert manch einen aber der Natur-Campingplatz am Ilgis-See nördlich von Grūtas mehr.

Es verbleibt nicht mehr viel Strecke, bis wir die Reise auf der 134 und 135 an der polnischen Grenze zu Ende bringen. Unterwegs können wir noch auf den letzten **Aussichtsturm** am Snaigynas-See steigen, um uns von der Seenlandschaft Litauens zu verabschieden, oder hier auch eine Pause einlegen (N 54°06'03.8" E 23°43'20.2"). Wir sind im **Veisiejai-Naturschutzpark**, in dem es an den Seen einige Campingplätze gibt. Eine letzte Möglichkeit, in einem litauischen See zu baden, ergibt sich am **Baltajis-See** (N 54°12'50.3" E 23°30'29.6").

PRAKTISCHE HINWEISE

TOURISTINFORMATIONEN

Zarasai
Sėlių aikštė 22, LT-32110 Zarasai,
Tel. +370 385 37171, www.visitzarasai.lt

Ignalina
Ateities gatvė 23, LT-30121 Ignalina,
Tel. +370 386 52092, www.ignalinatic.lt

Informationszentrum Aukštaitija-Nationalpark
Lūšių gatvė 16, LT-30203 Palūšė,
Tel. +370 386 53135, www.aparkai.lt

Trakai
Karaimų gatvė 41, LT-21104 Trakai,
Tel. +370 528 51934, www.trakai-visit.lt

Vilnius
Šventaragio gatvė 2, LT-01122 Vilnius,
Tel. +370 526 29660,
www.vilnius-tourism.lt, www.vilnius.lt

Druskininkai
Gardino gatvė 3, LT-66204 Druskininkai,
Tel. +370 313 60800, www.info.druskininkai.lt

CAMPING- UND STELLPLÄTZE

C 162 **Camping Bikėnai Poilsis Zarasuose** (S. 209 G3/4), LT-32210 Bikėnai,
Tel. +370 624 23838, www.poilsiszarasuose.lt
GPS-Daten: N 55°37′54.9″ E 26°04′33.6″
Wiesen-/Sandplatz am See, Badestelle, Wasserrutsche, Bootsverleih

C 163 **Camping Salakas Degesa Paukščių sala** (Vogelinsel) (S. 209 G4)
LT-3207 Salakas, Tel. +370 685 44450,
www.degesa.lt
GPS-Daten: N 55°34′20.5″ E 26°09′22.2″
Wiesenplatz am Luodis-See, Bootsverleih, Restaurant

C 164 **Camping Kirdeikiai Peizažas** (S. 209 G5), S. Gimžausko gatvė 82,
LT-28321 Kirdeikiai, Tel. +370 699 40376,
www.sodyba-peizazas.lt
GPS-Daten: N 55°22′19.0″ E 25°57′16.7″
Wiesenplatz am Pakasas-See, Badestelle, Bootsverleih

C 165 **Camping Ginučiai Gaidelių kaimo sodyba** (S. 209 G5)
Malūno gatvė 35, LT-30222 Ginučiai,
Tel. +370 687 39339, www.gaideliusodyba.lt
GPS-Daten: N 55°23′11.0″ E 25°59′42.9″
Wiesenplatz am Sravinaitis-See, Badestelle, Bootsverleih, Restaurant

C 166 **Camping Mindunai** (S. 209 F6)
LT-30200 Mindunai, Tel. +370 606 11317,
www.ignaturas.lt
GPS-Daten: N 55°13′12.5″ E 25°33′36.4″
Wiesen-/Sandplatz am See Baltieji Lakajai, Badestelle, Bootsverleih, zwei Kilometer Sandpiste, Aussichtsturm

C 167 **Camping Molėtai Papartis** (S. 209 E6)
LT-33140 Molėtai, Tel. +370 698 20016,
www.campingpapartis.lt
GPS-Daten: N 55°11′28.6″ E 25°28′46.4″
Wiesenplatz am Bebrusai-See, Badestelle

Am Campingplatz Slènyje am Galvė ezer

C 168 **Camping Molėtai Obuolių sala** (Apfelinsel) (S. 209 E6)
Salos gatvė 3, LT-33284 Žalvariai,
Tel. +370 383 50073, www.appleisland.lt
GPS-Daten: N 55°09'37.4" E 25°18'28.4"
Wiesenplatz auf einer Insel im Grabuostas-See, Badestelle, Boots- und Fahrradverleih, Restaurant. Wegen Festivals an drei Wochenenden im Juni und Juli nicht nutzbar, sonst ganzjährig offen.

C 169 **Camping Kiemeliai Lavender Village** (S. 205 E2), Klevu gatvė 19,
LT-14025 Kiemeliai, Tel. +370 686 30212,
www.lavender-village.com
GPS-Daten: N 54°50'50.9" E 24°59'40.5"
Wiesenplatz an kleinem See, Badestelle, Bootsverleih, hochpreisig

C 170 **Camping Kernavė Dvaras Kernavės bajorynė** (S. 204/205 D/E2)
LT-19172 Kernavė, Tel. +370 656 59199,
www.kernavesbajoryne.lt
GPS-Daten: N 54°53'06.5" E 24°52'16.6"
Wiesenplatz an kleinem See, Badestelle, Boots- und Fahrradverleih, Restaurant

C 171 **Camping Trakai, Slėnyje** (S. 205 E3)
Slėnio gatvė 1, LT-21102 Trakai,
Tel. +370 686 11136, www.camptrakai.lt
GPS-Daten: N 54°40'07.8" E 24°55'46.4"
Wiesenplatz am Galvė-See, Badestelle, Restaurant, Schiffsanlegestelle, ganzjährig offen

C 172 **Camping Vilnius Vilnius city** (S. 205 E/F2/3)
Parodų gatvė 11, LT-04215 Vilnius,
Tel. +370 629 72223, www.vilnius-camping.lt
GPS-Daten: N 54°40'49.2" E 25°13'33.3"
Wiesenplatz hinter den Messehallen, sieben Kilometer ins Zentrum, Bus

C 173 **Camping Vilnius Downtown Forest Hostel & Camping** (S. 205 E/F2/3)
Paupio gatvė 31a, LT-11341 Vilnius,
Tel. +370 686 84523, www.downtownforest.lt
GPS-Daten: N 54°40'41.3" E 25°18'07.7"
Wiesen-/Betonplatz, Kiosk, ein Kilometer in die Altstadt

C 174 **Natur-Camping Puvočių** (S. 204 C5)
LT-65344 Puvočiai
GPS-Daten: N 54°07'13.2" E 24°18'20.7"
Wiesenplatz am Fluss Merkys, 500 Meter Sandpiste

C 175 **Natur-Camping Marcinkonys** (S. 204 C6), LT-65303 Marcinkonys
Zwei Parkplätze am Ende der Kastinio gatvė an einem Badesee
GPS-Daten: N 54°03'33.6" E 24°25'22.2"
Sandplätze am See, Badestelle

C 176 **Natur-Camping Latežeris** (S. 204 B/C6)
LT-66443 Latežeris
GPS-Daten: N 53°59'03.2" E 24°06'21.1"
Wiesen-/Sandplatz am Latežeris-See, Badestelle

C 177 **Camping Druskininkai Hotel Dainava** (S. 204 B6), Maironio gatvė 22,
LT-66116 Druskininkai,
Tel. +370 831 35 9100, www.hotel-dainava.lt
GPS-Daten: N 54°01'26.7" E 23°58'24.2"
Parkplatz am Hotel, Erlebnisbad und Seilbahn, Restaurant

C 178 **Camping Druskininkai** (S. 204 B6)
Gardino gatvė 3, LT-66204 Druskininkai,
Tel. +370 313 60800
GPS-Daten: N 54°00'35.2" E 23°58'39.5"
Wiesenplatz, Restaurant, zwei Kilometer ins Zentrum

C 179 **Natur-Camping Grūtas** (S. 204 B6)
LT-66441 Grūtas
GPS-Daten: N 54°02'09.6" E 24°04'23.9"
Wiesen-/Sandplatz, Badestelle

Am Natur-Camping-platz Marcinkonys

Historisches Holzhaus
in Vilnius

» REISE-INFORMATIONEN VON A BIS Z

Ventspils ist eine große Hafenstadt, aber blitzsauber.

Wenn nicht anders vermerkt, gelten die folgenden Angaben für Estland, Lettland und Litauen gleichermaßen.

ALKOHOL

Alkoholkonsum in der Öffentlichkeit ist nicht erlaubt und wird mit einer Geldbuße belegt.

ANREISE

Die lange Anfahrt führt durch Polen. Eine Alternative ist die Fähre, die allerdings frühzeitig gebucht werden muss: von Lübeck über Travemünde nach Liepāja (Lettland) mit Stena Line (www.stenaline.de) oder von Kiel nach Klaipėda (Litauen) mit DFDS Seaways (www.dfdsseaways.de). Nach Estland gibt es nur Fähren über Skandinavien.

BADEN

Die baltischen Länder bieten herrliche Sandstrände an der Ostsee und unzählige Seen. Oft weht die Blaue Flagge, die beste Wasserqualität verspricht. Bei roter Flagge besteht Badeverbot. Nicht für alle begeisternd sind die relativ kühlen Temperaturen der Ostsee. Flache Seen hingegen sind da schon besser temperierte Badewannen. Baden ohne Bikinioberteil oder gar ohne Textil ist tabu.

BOTSCHAFTEN

Deutsche Botschaft in Estland:
Estonia Toom-Kuninga 11, EE-15048 Tallinn, Tel. +372 627 5300, www.tallinn.diplo.de
Deutsche Botschaft in Lettland:
Raiņa bulvāris 13, LV-1050 Rīga, Tel. +371 670 85100, www.riga.diplo.de
Deutsche Botschaft in Litauen:
Z. Sierakausko gatvė 24, LT-03105 Vilnius, Tel. +370 521 06400, www.wilna.diplo.de
Österreichische Botschaften:
www.bmeia.gv.at/botschaften-konsulate
Schweizerische Botschaften: www.eda.admin.ch/eda/de/home/vertretungen-und-reisehinweise.html

BÜCHER

Reiseführer »Baltikum«, DUMONT, ISBN 978-3-7701-7850-6
Reiseführer »Estland, Lettland & Litauen«, lonely planet, ISBN 978-3-8297-2186-8
Reiseführer »Baltikum«, MARCO POLO, ISBN 978-3-8297-2710-5

CAMPING- UND STELLPLÄTZE

Das Angebot an Campingplätzen ist an der Ostsee und in den touristisch frequentierten Regionen gut. Alle in den Touren angegebenen Campingplätze wurden angefahren, konnten jedoch nur insoweit besichtigt werden, als sie während der letzten Recherchereise im April/Mai 2018 geöffnet hatten. Es war uns wichtig, in allen Gebieten Campingplätze zu finden, um den Reisenden Sicherheit zu geben. Es gibt natürlich noch viel mehr Plätze (www.camping-estonia.ee, www.camping.lv, www.camping.lt).

Die Campingplätze haben meist von Mai bis September geöffnet. Das Preisniveau ist gewöhnlich etwas niedriger als in Deutschland. Auf offiziellen Campingplätzen kann überwiegend Wasser, Entsorgung, Strom, WC, Dusche und Picknickplatz erwartet werden. Manchmal finden sich auch Spielplatz, Wi-Fi, Pool, Restaurant, Fahrradverleih, Bootsverleih und Sauna am Platz.

Die Anzahl der Wohnmobilstellplätze ist noch eher gering, aber im bescheidenen Aufbau begriffen. Bauernhöfe gewähren auf Anfrage oft einen Stellplatz für eine Nacht.

Freies Übernachten ist in allen baltischen Ländern außerhalb von Ortschaften erlaubt, in Nationalparks und Naturschutzgebieten aber verboten. Ausgenommen sind extra ausgewiesene Natur-Campingplätze, auf denen aber Wohnmobil-Liner gewöhnlich keinen Platz haben. Die Ausstattung beschränkt sich auf diesen Plätzen auf Picknicktisch und Feuerstelle, manchmal auch WC.

Besonders schön sind die Natur-Campingplätze der RMK (Riigimetsa Majandamise Keskus, das ist die Staatliche Forstverwaltung) in Estland. Diese Plätze sind zu finden unter: www.loodusegakoos.ee. Es obliegt der eigenen Verantwortung, ob frei übernachtet wird.

EINKAUFEN UND ÖFFNUNGSZEITEN

Die Preise haben sich mit dem Euro dem mitteleuropäischen Niveau angeglichen. Auf Bauernmärkten oder direkt bei den Erzeugern ist der Einkauf günstig. Nicht in der EU ansässige Personen können steuerfrei einkaufen. Die Mehrwertsteuer wird bei Vorlage entsprechender Formulare bei der Ausreise ausbezahlt. Die Öffnungszeiten der Geschäfte und Tankstellen sind unterschiedlich, aber

Links und rechts: Farbenfrohe Stoffe aus Leinen und Bernstein sind für die baltischen Länder typisch.

in den Städten meist von 10 bis 20 Uhr. Große Supermärkte haben auch am Sonntag geöffnet. Restaurants öffnen mindestens von 12 bis 22 Uhr, Banken Montag bis Freitag von 10 bis 17 Uhr. Museen können meist von 9 bis 17 Uhr besucht werden, außer am Montag.

EINREISE

Gemäß dem Schengener Abkommen gibt es keine Grenzkontrollen. Ein Personalausweis mit der Geltungsdauer von mindestens drei Monaten über die geplante Rückreise hinaus genügt. Kraftfahrer benötigen einen Führerschein, den Kfz-Schein und die Grüne Versicherungskarte. Für ein geliehenes Fahrzeug ist eine Bestätigung des Fahrzeughalters oder der Mietvertrag nötig.

ELEKTRIZITÄT

Die Stromspannung beträgt 230 Volt. Auf den Campingplätzen gibt es nicht überall die blauen CEE-Camping-Steckdosen mit drei Polen. Oft ist ein Stecker des Typs E oder C wie in deutschen Häusern nötig.

FAHRRADFAHREN

Auf den kleinen Nebenstraßen lässt sich bei wenig Verkehr gut Rad fahren. Angelegte Radwege gibt es in den Nationalparks und an der Küste. Für Radfahrer besteht in Litauen die Pflicht zum Tragen von Warnwesten.

FEIERTAGE

Die religiösen Feiertage sind mit denen in Deutschland identisch. Feiertage sind in allen baltischen Ländern darüber hinaus der 1. Mai und der 24. Juni. In Estland begeht man außerdem den 24. Februar, 23. Juni und 20. August, in Lettland den 4. Mai, 23. Juni und 18. November festlich. In Litauen sind der 16. Februar, der 11. März und der 6. Juli Feiertage.

Die baltischen Länder sind ideal für Ausflüge mit dem Fahrrad, denn es gibt keine Berge.

FREMDENVERKEHRSÄMTER

Estland: Kleine Reichenstr. 6, 20457 Hamburg, Tel. +49 40 30387899, www.visitestonia.com
Lettland: Pērses iela 2, LV-1011 Rīga, Tel. +371 670 31703, www.latvia.travel/de
Litauen: Gutleutstr. 16a, 60329 Frankfurt am Main, Tel. +49 69 256288868, www.lithuania.travel

GAS

In allen baltischen Ländern gibt es einige Tankstellen, die deutsche Gasflaschen befüllen. Zur Befüllung ist ein internationales Adapterset nötig.

GELD

Die Landeswährung ist der Euro. Bargeldlose Bezahlung hat große Akzeptanz. Bei Banken und Geldautomaten ist mit einer Kreditkarte Bargeld zu bekommen. Bankkarten funktionieren nicht immer.

GESUNDHEIT

Bürgern aller EU-Mitgliedsstaaten mit der Versichertenkarte wird Nothilfe gewährt. Trotzdem muss oft für die Behandlung erst einmal in bar bezahlt werden. Die Krankenkasse übernimmt später die Kosten. Eine Auslandskrankenversicherung bietet zusätzliche Leistungen, zum Beispiel einen Rücktransport. Apotheken sind gut ausgestattet und in Städten haben einige 24 Stunden geöffnet.

HAUSTIERE

Für jedes mitreisende Haustier sind ein europäischer Heimtierausweis und eine eintätowierte Nummer oder ein Transponder-Chip nötig. Eine zeitnahe Tollwutimpfung, aber mindestens 21 Tage vor der Einreise, ist dafür Voraussetzung. Welpen müssen mindestens 15 Wochen alt sein. In öffentlichen Verkehrsmitteln müssen Hunde einen Maulkorb tragen und für sie muss eine Fahrkarte gelöst werden. Viele Restaurants verweigern den Zutritt mit Hunden und viele Strände sind für Hunde gesperrt.

Getrennte Badeplätze für Hunde und Menschen

INTERNET

Informative Websites sind z. B. www.baltikum24.de, www.viabaltica.de, www.visitestonia.com, www.latvia.travel oder www.lithuania.travel. Jede Stadt und jede Region verfügen außerdem über eigene Websites, die im Text zu den Reiserouten angegeben sind.

KARTEN

Autokarte »Baltische Staaten« 1:400 000, freytag & berndt, ISBN 978-3-7079-0567-0
Autokarte »Baltikum« 1:600 000, Reise Know-How, ISBN 978-3-8317-7371-8

KLIMA UND WETTER

Die baltischen Länder werden von Übergangsklima beherrscht, da trockene, kontinentale Luft mit feuchter maritimer Luft zusammentrifft. An der Küste überwiegt sanfteres Seeklima, im Landesinneren Kontinentalklima mit wärmeren Sommern als am Meer. Die Monate Juni, Juli und August haben eine mittlere Tagestemperatur zwischen 20 und 21 °C. Auch der September ist noch eine schöne Zeit mit abgemilderten Temperatu-

Auf diesem Campingplatz eines Landgutes gibt es auch landestypische Bewirtung.

ren. Wettervorhersagen lassen sich zum Beispiel unter www.wetterdienst.de, www.wetteronline.de/wetterfilm/europa, www.weather.ee und www.meteo.lv, www.meteo.lt abrufen.

MAUT

In Estland und Lettland gibt es keine mautpflichtigen Straßen für Wohnmobile. Litauen kassiert nur auf der Kurischen Nehrung eine Maut für Wohnmobile bis zu 20 Euro je nach Saison. Autobahnen und Schnellstraßen in Polen sind gebührenpflichtig. Die Maut wird bar an Mautstationen kassiert. Bei Fahrzeugen mit über 3,5 Tonnen wird elektronisch über eine viaBox abgerechnet. Unter dem Logo »viaTOLL« kann an Vertriebsstellen an der Grenze die viaBox entliehen und aufgeladen werden. Bei der Ausfahrt, auch an anderer Stelle, kann die viaBox zurückgegeben werden und der Restbetrag wird erstattet. Nähere Infos siehe www.viatoll.pl.

NOTFALL

Europäische Notrufnummer 112

PARKEN

In vielen Städten und an Stränden ist für das Parken eine Gebühr fällig, die an Parkuhren oder auf bewachten Parkplätzen bar bezahlt wird. Parkplätze in den Städten sind meist nur für Wohnmobile bis zu sechs Meter Länge tauglich. Tallinn: www.parkimine.ee, Riga: www.rigassatiksme.lv, www.europark.lv, Vilnius: www.parking.lt.

RAUCHEN

Rauchverbot gilt in der Öffentlichkeit, in Museen, öffentlichen Verkehrsmitteln, Bahnhöfen, Krankenhäusern und Restaurants.

REISEZEIT

Die beste Reisezeit richtet sich nach dem Interesse der Besucher. Die Monate Juni, Juli und August bilden die Hochsaison für Badeurlauber. Zur Zeit der Schulferien von Anfang Juni bis Ende August sind viele Strände und Reisegebiete recht voll (siehe www.feiertagskalender.ch/ferien.php?geo=0). Ornithologen kommen im Frühjahr und Herbst.

SICHERHEIT

Die baltischen Länder sind sichere Reiseländer. Die Kriminalitätsrate liegt auf europäischem Niveau. Allgemein bekannte Vorsichtsmaßnahmen sind angebracht. Wir empfehlen, das Fahrzeug nur auf bewachten Parkplätzen abzustellen.

SOUVENIRS

Bernstein ist die erste Wahl. Offerten an Straßenständen haben allerdings nicht immer eine gute Qualität oder können sogar Fälschungen sein. Gute Handarbeitsartikel aus Wolle, Leinen, Holz und Keramik locken den Souvenirjäger außerdem. Auch Wodka und Kräuterschnaps sind beliebte Mitbringsel.

SPRACHEN

Die Sprachen der baltischen Länder sind unterschiedlich und meist nicht einmal ähnlich. Viele Bewohner sprechen Russisch, manche auch Deutsch. An touristischen Orten wird oft Englisch gesprochen. Einige Wörter der baltischen Sprachen sind in der Einleitung aufgelistet.

STRASSEN

Die Qualität der Straßen hat in den letzten Jahren sehr gewonnen. Schotter- und Sandstraßen in abgelegenen Gegenden sind im Text der Routen angegeben.

TANKEN

Das Tankstellennetz ist gut, aber in ländlichen Gebieten nicht dicht. Diesel läuft aus den schwarzen Zapfsäulen.

TELEFONIEREN

Die Vorwahl nach Deutschland ist +49, nach Estland +372, nach Lettland +371 und nach Litauen +370. In Litauen muss bei Ferngesprächen zuerst die 8 gewählt werden.

TOILETTEN

In Estland trägt die Toilettentür die Aufschrift N für Frauen und M für Männer. In Lettland steht S für Frauen und V für Männer. In Litauen M für Frauen und V für Männer. Für Männer wird auch ein nach unten zeigendes Dreieck verwendet und für Frauen ein Dreieck, das mit der Spitze nach oben zeigt. In Polen ist ein Kreissymbol auf der Türe für Frauen und ein Dreiecksymbol an der für Männer. Kompliziert? Glücklicherweise wird immer häufiger das international verständliche WC-Zeichen verwendet.

TRINKGELD

Üblich ist es, fünf bis zehn Prozent Trinkgeld zu geben.

VERKEHRSMITTEL

Straßenbahnen, Busse und Taxis sind verhältnismäßig günstig.

VERKEHRSVORSCHRIFTEN

Ganzjährig muss in allen baltischen Ländern 24 Stunden mit Abblendlicht gefahren werden. Anschnallpflicht gilt für alle Mitfahrer. Kinder bis zu einer Größe von 150 Zentimetern müssen in Kindersitzen untergebracht sein. Am Steuer darf nur über Freisprecheinrichtung telefoniert werden. Unfälle müssen nicht zwingend der Polizei gemeldet werden. In allen baltischen Ländern werden versteckte Geschwindigkeitskontrollen durchgeführt. Bußgelder werden sofort kassiert. Nähere Infos siehe www.campingfuehrer.adac.de/camping-ratgeber/camping-info-blaetter.php.

Auch in den baltischen Ländern werden Telefonhäuschen überflüssig, denn Mobiltelefone wählen sich flächendeckend ein.

Auf Entdeckungsreise an der estnischen Grenze

Campingwiese am riesigen Peipsi Järv in Estland

VERKEHRSVORSCHRIFTEN IN ESTLAND

Für Wohnmobile bis 3,5 Tonnen gilt ein Tempolimit von 50 km/h in Ortschaften, 90 km/h auf Landstraßen und 110 km/h auf Autobahnen. Für Wohnmobile über 3,5 Tonnen und Wohnanhänger gilt ein Tempolimit von 50 km/h in Ortschaften, 70 km/h auf Landstraßen und 90 km/h auf Autobahnen. Die Geschwindigkeitsbegrenzung in Ortschaften beginnt am Schild mit dem Stadtsymbol und nicht am Schild mit dem Namen für die Gemeinde. Fahrer, die weniger als zwei Jahre im Besitz des Führerscheins sind, dürfen auf Autobahnen nur 90 km/h fahren. Die Alkoholgrenze beträgt null (!) Promille.

VERKEHRSVORSCHRIFTEN IN LETTLAND

Für Wohnmobile bis 3,5 Tonnen gilt ein Tempolimit von 50 km/h in Ortschaften, 90 km/h auf Landstraßen. Ein Tempolimit von 110 km/h gilt nur dann, wenn dies auch so ausgeschildert ist. Für Wohnmobile über 3,5 Tonnen und Wohnanhänger herrscht ein Tempolimit von 50 km/h in Ortschaften, 70 km/h auf Landstraßen und 90 km/h auf Autobahnen. In Wohngebieten darf man generell nur 20 km/h fahren. Die Alkoholgrenze beträgt 0,5 Promille.

VERKEHRSVORSCHRIFTEN IN LITAUEN

Für Wohnmobile bis 3,5 Tonnen gilt ein Tempolimit von 50 km/h in Ortschaften, 90 km/h auf Landstraßen und 110 km/h auf Autobahnen. Wohnmobile über 3,5 Tonnen und

In den Freilichtmuseen der baltischen Länder sind alte Gebäude wieder aufgebaut.

Wohnanhänger müssen ein Tempolimit von 50 km/h in Ortschaften, 80 km/h auf Landstraßen und 90 km/h auf Autobahnen einhalten. Fahrer, die weniger als zwei Jahre im Besitz des Führerscheins sind, dürfen auf Landstraßen nur 70 km/h und auf Autobahnen nur 90 km/h fahren. Auf Schotterstraßen gilt ein Tempolimit von 70 km/h. Die Alkoholgrenze für Kraftfahrer beträgt 0,4 Promille.

VOGELBEOBACHTUNG

Insbesondere Estland ist weltweit bei Ornithologen bekannt. Zwischen den Monaten März und Mai und zwischen August und September ziehen Millionen Vögel über den Himmel.

WANDERN

Besonders in den Nationalparks existieren angelegte Wanderwege. Nähere Angaben finden sich in den Beschreibungen der Touren. Ein Mückenabwehrmittel mitzuführen ist ratsam.

WASSER

Das Leitungswasser ist gesundheitlich unbedenklich. Es gibt natürlich auch Trinkwasser in Flaschen.

WASSERSPORT

An vielen Orten gibt es Boote zu mieten. Auf manchen Seen, Flüssen und an der Ostsee kann eine Fahrt mit Ausflugsbooten unternommen werden.

WI-FI

Das Angebot an meist kostenlosen Wi-Fi-Hotspots ist sehr gut.

ZEIT

Der Unterschied zu Mitteleuropa beträgt in allen baltischen Ländern + 1 Stunde. Die Sommerzeit gilt von März bis Oktober in der gesamten EU.

ZOLL

Bei der Ausfuhr gelten Richtmengen: 300 Zigaretten, 10 Liter Spirituosen, 20 Liter Wein, 110 Liter Bier, 10 Kilogramm Kaffee, 20 Liter Treibstoff im Reservekanister. Für die Ausfuhr von Antiquitäten ist eine Genehmigung erforderlich. Die Einfuhr von Waffen ist verboten.

REGISTER

PS.: DA FÄLLT MIR NOCH WAS EIN!

MIT DEM EISBRECHER UNTERWEGS

Schon zu Beginn der achten Reise durch die baltischen Länder im April/Mai 2018 erfuhren wir von Einheimischen, dass der Winter ungewöhnlich lang andauere. Kleinere Seen waren denn auch noch zugefroren. Aber das Abenteuer, das sich bei der Überfahrt von der Insel Saaremaa zur Insel Hiiumaa bot, war doch eine Überraschung: Die Ostsee zeigte sich als geschlossene Eisdecke! Die Fähre kam nur mit Verspätung durch das brechende Eis, denn sie fuhr sich immer wieder fest und musste dann erneut Anlauf nehmen. Unter Deck war das Getöse des berstenden Eises deutlich zu hören. Würde das gut gehen? Also lieber nach oben und die Bordwände nach Schäden absuchen. Doch Kapitän und Mannschaft blieben gelassen und so hieß es auch für uns: ruhig bleiben und lieber der Kolonie Ringelrobben auf dem Eis zuschauen.

CEPELINAI FÜR DREI

Zu jeder Reise gehört das Erlebnis der landestypischen Esskultur. Es war im Restaurant Forto Dvaras in Vilnius, als wir Cepelinai probieren wollten. Cepelinai bedeutet »Zeppelin« und die Kartoffelklöße heißen so, weil sie die Form eines Zeppelins haben. Gefüllt sind die Ungetüme mit Hackfleisch, Zwiebeln, Salz, Pfeffer und Majoran. Nicht zuletzt baden sie in einer deftigen Soße aus gebratenem Speck, Zwiebeln und Sauerrahm. Schätzungsweise reichte die servierte Menge für drei Esser. Hätte ich doch vorher nur nicht die leckere Pilzsuppe im ausgehöhlten Brot gegessen! War aber halt auch eine Nationalspeise. Die Cepelinai mit einer Füllung aus Quark, Ei und Butter, gewürzt mit Salz und Knoblauch, muss ich leider beim nächsten Mal probieren – gottlob werden die ganz gewöhnlich in Form von Knödeln gemacht.

Ihnen eine gute Fahrt durch die baltischen Länder und ebenso viele wunderbare Eindrücke, wie wir sie genießen konnten.

Herzlichst Ihr

» STRASSENATLAS

Am Strand von Palanga

Stockholm
Södertälje
SCHWEDEN
Nynäshamn
Oxelösund
Gotska Sandön
(Sverige)
Får
Visby
Gotland
OSTSEE
220
Hiiumaa
Muh
221
Tallin
Haapsalu
Saaremaa
Kuressaare
Pärnu
Liivi laht
216
217
Ventspils
Talsi
Rīgas Jūras
Līcis
Venta
Tukums
Rīga
Jūrmala
Kuldiga
Dauga
211
212
213
Liepāja
Saldus
Dobele
Jelgava
Mažeikiai
Baus
Joniškis
Venta
Kuršėnai
Palanga
Telšiai
Šiauliai
Plungė
Klaipėda
Panevėž
206
207
208
Raseiniai
LITAU
Šilutė
Neman
Tauragė
Kėdainiai
Kuršskij
zaliv
Sovetsk
Jonav
Svetlogorsk
Władysławowo
Kaliningrad
Kaunas
Gvardejsk
Gdynia
Zatoka
Gdańska
Lębork
Sopot
Černʹahovsk
Gusev
Prienai
RUSSLAND
Gdańsk
Kartuzy
Braniewo
203
Marijampolė
204
Tczew
Elbląg
Bartoszyce
Gołdap
Alytus
Łyna
Nemuna
Wisła
Malbork
POLEN
Kętrzyn
Suwałki
Morąg
Olecko

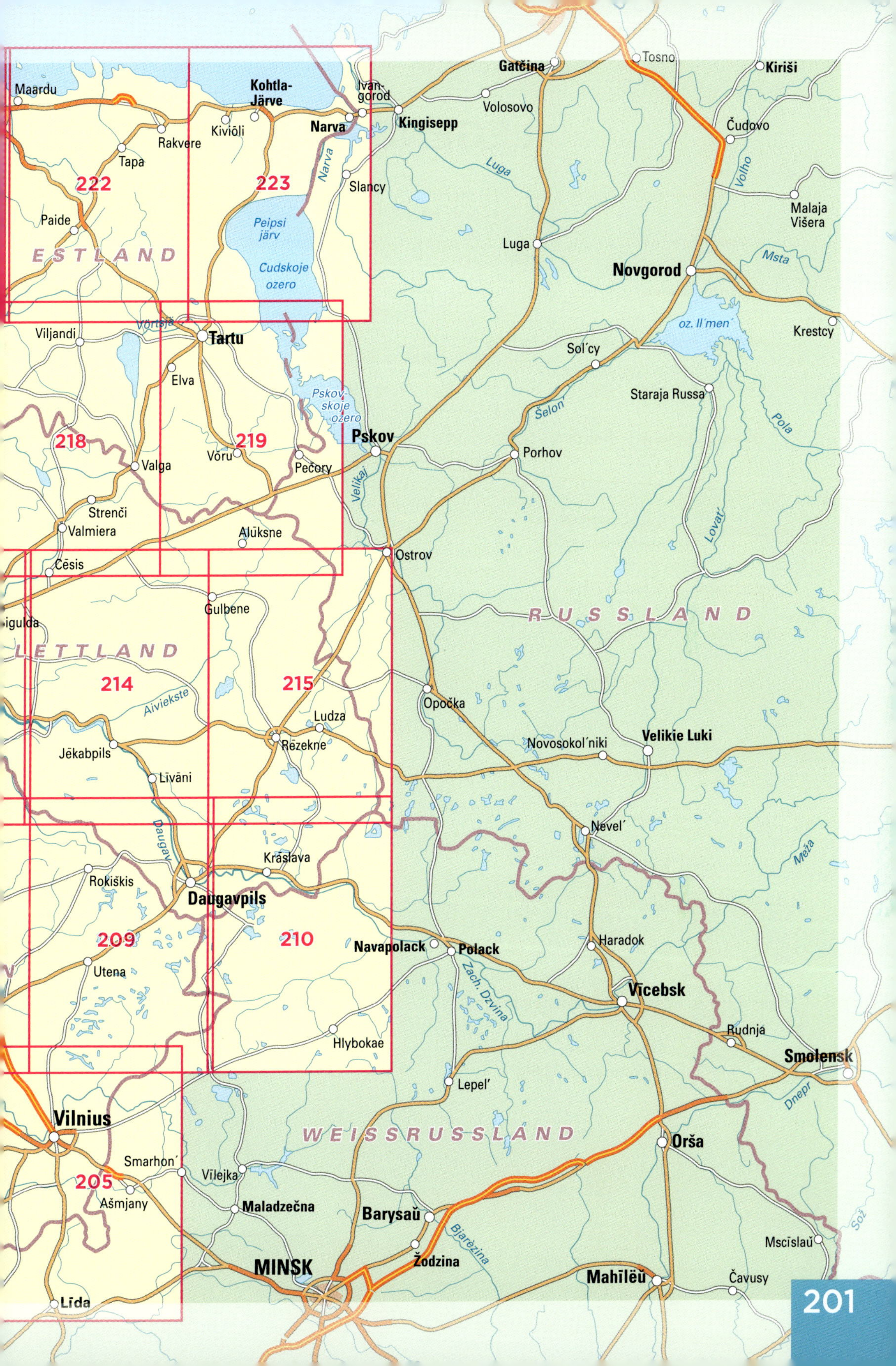
Maardu
Kohtla-Järve
Ivangorod
Gatčina
Tosno
Kiriši
Kingisepp
Volosovo
Narva
Kiviõli
Rakvere
Tapa
222
223
Čudovo
Luga
Narva
Slancy
Volho
Malaja Višera
Paide
Peipsi järv
Cudskoje ozero
ESTLAND
Luga
Novgorod
Msta
Krestcy
oz. Il'men'
Viljandi
Võrtsjärv
Tartu
Sol'cy
Elva
Staraja Russa
Pskovskoje ozero
Šelon
Pola
218
219
Pskov
Valga
Võru
Pečory
Porhov
Velikaj
Strenči
Valmiera
Alūksne
Lovat'
Ostrov
Cēsis
Gulbene
RUSSLAND
Sigulda
LETTLAND
214
215
Aiviekste
Opočka
Ludza
Jēkabpils
Rēzekne
Velikie Luki
Novosokol'niki
Līvāni
Nevel'
Daugava
Krāslava
Rokiškis
Daugavpils
Meža
209
210
Haradok
Navapolack
Polack
Utena
Zach. Dzvina
Vicebsk
Rudnja
Hlybokae
Smolensk
Lepel'
Dnepr
Vilnius
WEISSRUSSLAND
Orša
Smarhon'
Vilejka
205
Ašmjany
Maladzečna
Barysaŭ
Bjarėzina
Sož
Mscislaŭ
Žodzina
MINSK
Mahilëŭ
Čavusy
Lida

LEGENDE

- Route 1 - AN DER MEMEL ZU STRÄNDEN AUF DER KURISCHEN NEHRUNG
- Route 2 - SANDSTRÄNDE, HAFENSTÄDTE UND RIGA, PERLE DER OSTSEE
- Route 3 - HERRLICHE OSTSEEINSELN UND ALTEHRWÜRDIGE BADEORTE
- Route 4 - MITTELALTERLICHES TALLINN UND NATIONALPARK LAHEMAA
- Route 5 - WÄLDER UND SEEN UM RĒZEKNE UND DAUGAVPILS
- Route 6 - LEBENDIGES VILNIUS UND ZWEI SPANNENDE NATIONALPARKS

A 1, E 85	Autobahn mit Anschlussstelle
	Schnellstraße
A 8, A 12	Fernstraße
P 2	Nebenstraße
	Sonstige Straße
	Fahrweg
	Eisenbahn
	Flüsse
	See
	Bebauung
	Natur-, Nationalpark
6	Staatsgrenze mit Grenzübergang

C 10	Campingplätze
S 10	Stellplätze
p	Sehenswürdigkeit - Kultur
★	Sehenswürdigkeit - Natur
D	Kirche
E	Kloster
|	Klosterruine
F	Schloss
G	Schlossruine
"	Museum
u	Höhle
K	Windmühle
I	Leuchtturm
V	Aussichtspunkt
8	Flughafen

HUBER KARTOGRAPHIE

N

0 20 km

1 : 600.000

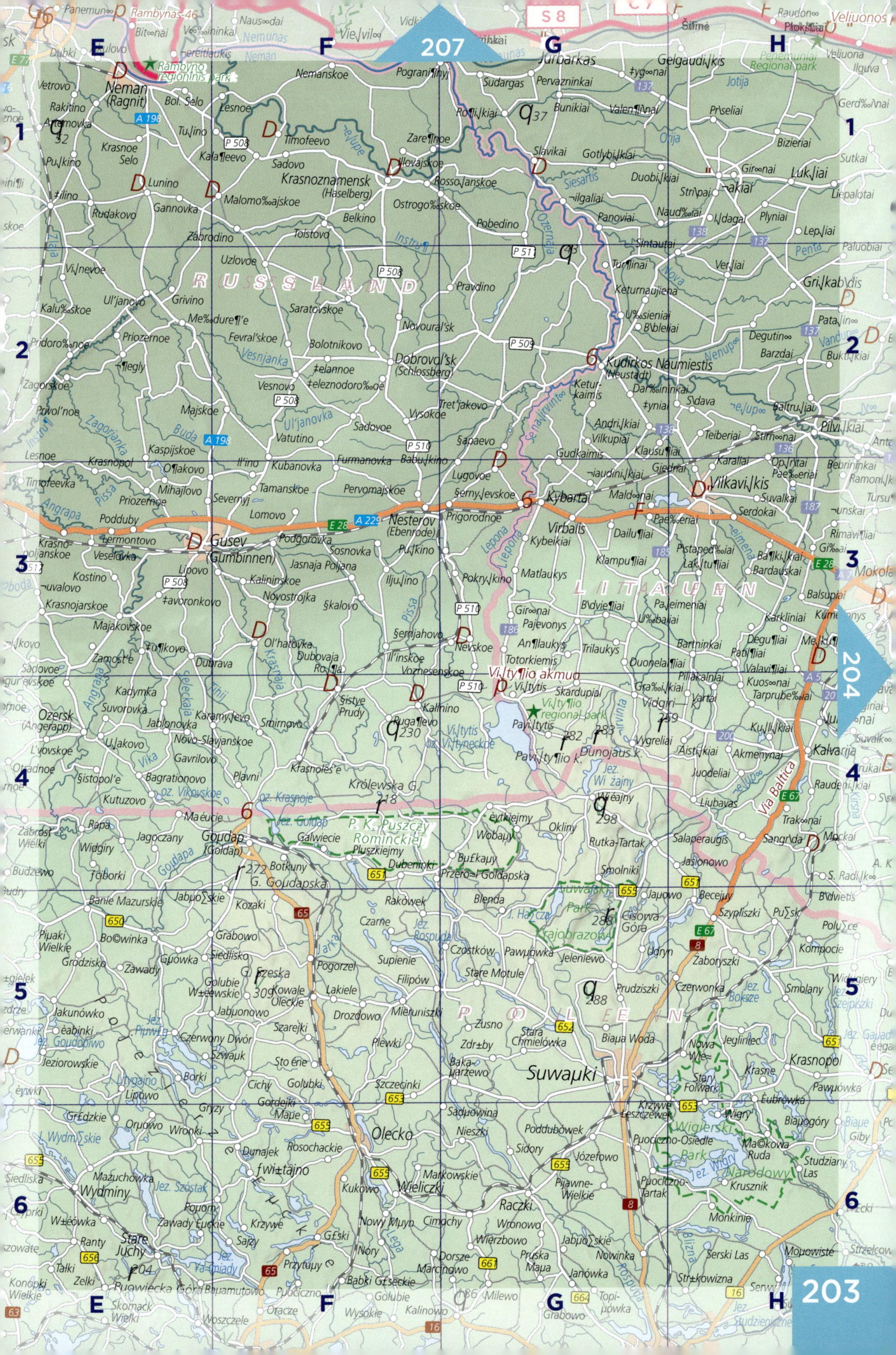
207
204
RUSSLAND
LITAUEN
POLEN
Neman (Ragnit)
Sovetsk
Krasnoznamensk (Haselberg)
Dobrovol'sk (Schlossberg)
Gusev (Gumbinnen)
Nesterov (Ebenrode)
Ozersk (Angerapp)
Jurbarkas
Kudirkos Naumiestis
Kybartai
Virbalis
Vilkaviškis
Kalvarija
Marijampolė
Suwałki
Olecko
Gołdap
Wydminy
Rambyno regioninis parkas
Vištyčio regioninis parkas
Vištyčio akmuo
P.K. Puszczy Rominckiej
Suwalski Park Krajobrazowy
Wigierski Park Narodowy
Via Baltica
E 28
E 67
S 8
A 198
A 229
P 508
P 510
P 512
650
651
652
653
655
661
664
8
16
63
65
E
F
G
H
1
2
3
4
5
6

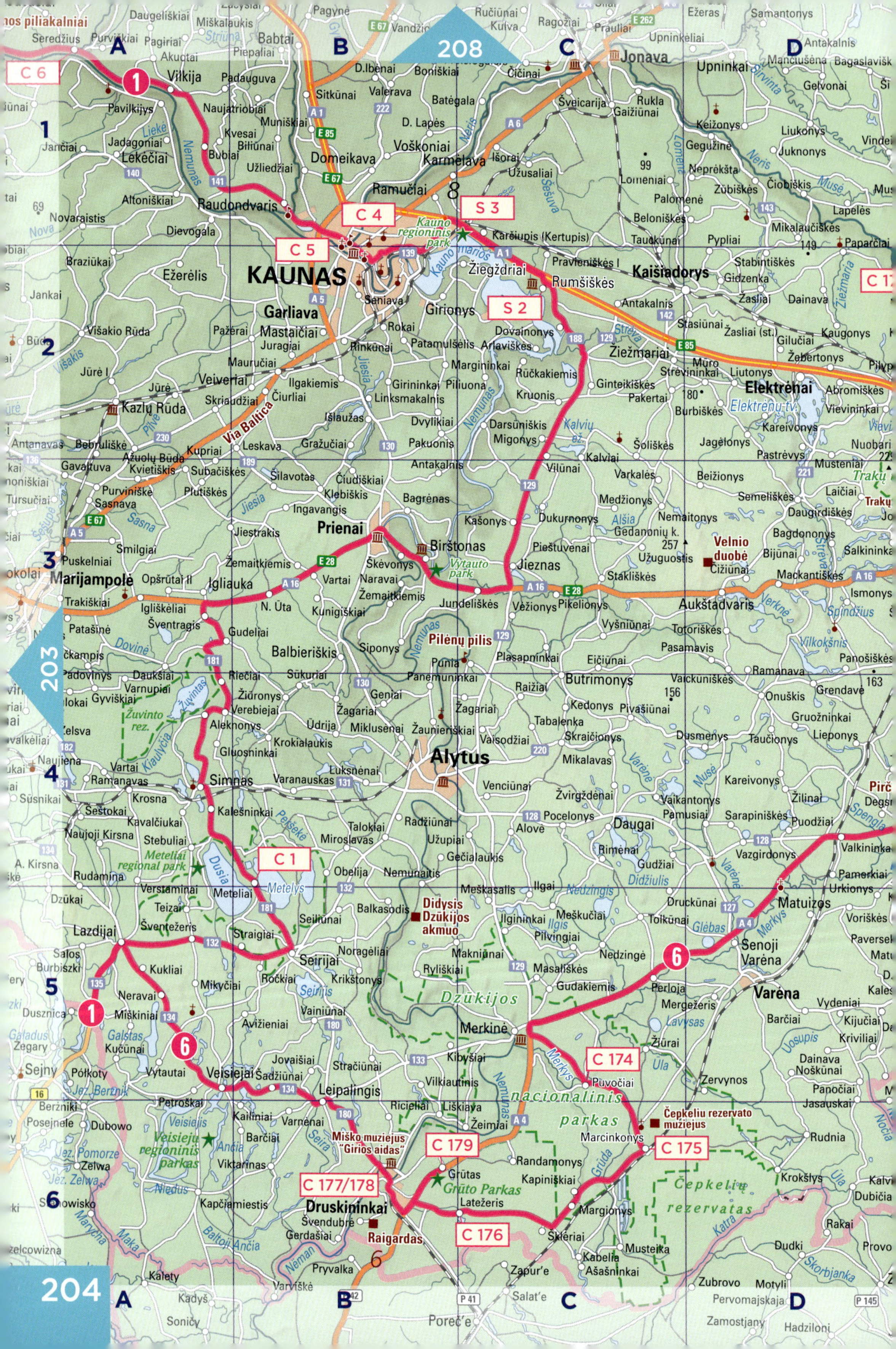

208
203
A
B
C
D
1
2
3
4
5
6
KAUNAS
Kaišiadorys
Jonava
Elektrėnai
Marijampolė
Prienai
Birštonas
Alytus
Lazdijai
Seirijai
Druskininkai
Varėna
Senoji Varėna
Merkinė
Jieznas
Garliava
Kazlų Rūda
Vilkija
Raudondvaris
Aukštadvaris
Rumšiškės
Žiežmariai
Simnas
Veisiejai
Leipalingis
Daugai
Butrimonys
Matuizos
Sejny
Kauno regioninis park
Vytauto park
Metelių regional park
Veisiejų regioninis parkas
Žuvinto rez.
Dzūkijos nacionalinis parkas
Čepkeliu rezervatas
Grūto Parkas
Pilėnų pilis
Didysis Dzūkijos akmuo
Velnio duobė
Raigardas
Miško muziejus "Girios aidas"
Čepkeliu rezervato muziejus
Via Baltica
Nemunas
Neris
Merkys
C 1
C 4
C 5
C 6
S 2
S 3
C 174
C 175
C 176
C 177/178
C 179
E 28
E 67
E 85
A 1
A 4
A 5
A 16

209

E
F
G
H
1
2
3
4
5
6
Širvintos
Dubingiai
Arnionys II
Arnionys I
Meškerinė
Sariai
N. Strūnaitis
Lyntupy
Juodiškiai
Giedraičiai
Zvernas
Baluošas
Asveja
Dubinga
Alionys I
Juodonys
Našiūnai
Padubingė
Šutai
Vidutinė
Domuti
Kieliai
Glitiškės
Visalaukė
Sužionys
Danilava
Pabradė
Zalavas
Mera
Kliuščany
Šiauliai
Musė
Grigiūnai
Skirlėnai
Pavoverė
Mostjany
Bartkuškis
Jauniūnai
Anavilis
Paberžė
Sirvydiškės
Karkažiškė
Barani
Traščany
Paspėriai
Barskūnai
Europos centras
Eitminiškės
Medžiukai
Veriškės
Pailgė
Družiliai
Magūnai
Vorzjany
Belaja Voda
Spondy
Kernavė
Karvys
Pikeliškės
Ažulaukė
Sventininkai
Gadiliuny
Kiemeliai
Maišiagala
Pilikalnis
Raudondvaris
Tuščiauliai
Prienai
Kemeliški
Nekrašuny
Podol'cy
Žukoini
C 169
Europos parkas
Punžonys
Bol'šie Svirjany
Gudeliai
Nemenčinė
Buivydžiai
183
Dūkštos
Raudondvaris
Bezdonys
Arvydai
Kaniūkai
Žarneli
Litvjany
Michališki
Panerial
Riešė
Kirtimai
Bystrica
Ol'chovka
Belarus NPP
Suderve
D. Gulbinai
Ignacovo
Goza
Markuny
Nestaniški
Bubos
Bukiškės
Mostiškės
Symoneli
Pūgainiai
Avižieniai
Verkių rūmai
300
Osinovka
Slobodka
Švejljany
Rykantai
Zujūnai
VILNIUS
Uosininkai
Lavoriškės
Dubniki
Vornjany
Buivydiškės
Mickūnai
Nevieriškės
Gradovščizna
Maiki
Gervjaty
Rymdjuny
Kariotiškės
Grigaičiai
Skaisteriai
Petruliškės
Parakiti
Filipany
Grigiškės
C 172/173
Kena
Klompjany
Mali
Gal'čuny
C 171
Lentvaris
Dobromislė
237
Giry
Nemėžis
Didžiasalis
Kalveliai
Kalabariškės
Dreveniki
Ol'ginjany
Trakai
S. Trakai
Skaidiškės
Rukainiai
Ostrovec
Vjal. Jakentany
Pagiriai
Kalviškės
Mykoliškės
Šumskas
Palušy
Gudogaj
Varakumščyna
Šventininkai
Rudamina
D. Kuosinė
Juodšiliai
Užukenė
Vindžiūnai
Loša
Dojlidki
Snigjany
Aluona
Keturiasdešimt Totorių
Piktakonys
Kruopinė
Medininkų kalva
Gudogaj
WEISS-
S. Tarpupis
Valčiūnai
Marijampolis
293
Medininkai
Cudeniški
Šoly
Merešlėnai
Parudaminys
Varkalabiškės
294
Grodi
Ošmjany
Barancy
Žverynas
Beržiškės
Rakonys
Senasalis
Juozapinė
Benjany
Žuravy
Terešiškės
Laibiškės
Malyniški
Grincy
Poljany
Župrany
Paluknys
Papis
Papiškės
Mamavys
Merkys
Misiučėnai
Turgeliai
Krakovka
Kušljany
Madžiūnai
Žagarinė
Baltoji Vokė
Jašiūnai
Keidžiai
Skynimai
Tabariškės
Murovano-Ošmjanka
Ošmjany
Rūdninkai
Jašiūnai
Valakininkai
Daukšyški
204
Stripuny
Stymony
Pirčiupiai
Dainava
Gojus
Žaltūnai
Gordievcy
Ponara (Novinka)
Zavišonys
Akmenynė
Bunjany
Povjažy
Novosëlki
Darguziai
Gudeliai
Skubėtai
Šalčininkėliai
Kurmelionys
Vil'bu
Kol'čuny
163
RUSSLAND
Vojnevičy
Didžiosios Sėlos
Naujakiemis
Boruny
Čiužiakampis
D. Baušiai
Graužiški
Kamjenka
Krevo
Gelūnai
Tartokas
Šalčininkai
262
Klevica
Čuhny
Tetėnai
Navakonys
Gerviškės
Dailidės
311
Mištūnai
Pabarė
Tribonys
Poškonys
Ludy
Bol. Vojšnariški
Gejstuny
Pajuodupis
Režiai
Svily
Voloviki
Gol'šany
Dainava
Butrimonys
Ljubarty
Benjakonė
Konveliški
Daulėnai
Gončary
Dragleyrcy
Semerniki
Rovy
Bojarsk
Balandžiai
Kemeli
Jurgelionys
Pickuny
Dorgiški
Goreckovščina
Vilkonys
Dailidės
Taužhinjany
Utkany
Senkenjata
Michajlovščina
Bogdanov
Eišiškės
Polečkiški
Dieveniškės
Rudnia
Surviliški
Emiliškės
Tusomancy
Žižmai
Maciučiai
Desjatniki
Tausiūnai
Voronovo
Vincuki
Krakūnai
Kljava
Traby
Višnevo
Poditva
Germaniški
Šarkuti
Sušiški
180
Geraneny
Kudejši
Mil'ki
Jahimovščina
Solyški
Grušenzi
Dotiški
Pogorodno
Polipnica
Dajnova
Subotniki
180
Dovgerdiški
Bastuny
Boroviki
153
Radun'
Skladancy
Mikjancy
Žili
Kladniki
Vodol'
Ljapeški
Ejgerdy
215
Ravbovičí
Maguny
Trokeli
Tokariški
Haradzišča
Kamenčane
Juratiški
Kuprovičí
Žirmuny
Pašuncy
Lipniški
Grabovo
Klajšy
Paškovičy
Dvorišče
Stigane
Hauja
Gudenjata
Zaljeskija
Urtiški
Hudy
201
Gav'ja
Lazduny
Pelesa
Cvermy
Bol. Knjazikovcy
Petroviči
Bakšty
Bol'tiški
Krupovo
Berdovka
Dešjeviči
Lazduny 1-e
Kukli
Povalaka
Lida
Lukašino
Krupli
Ležneviči
Berëzovka
Evseeviči
Pervomajski
Scerkovo
Galenovo
Lugomoviči
Morino
A 14
A 2
A 1
A 3
A 4
A 15
A 16
A 19
E 28
E 85
E 272
M 7
M 6
M 11
P 45
P 48
P 52
P 63
P 89
P 135
P 145

211
A
B
C
D
1
2
3
4
5
6
OSTSEE
C 24
C 22
C 21
C 15
C 13
C 12
C 11
C 14
C 16-19
C 20
C 9
S 10
Papes dabas parks
Nida
Šventoji
Palanga
Gintaro muziejus
Kretinga
Vydmantai
Girkalai
Karklė
Kalotė
Kretingalė
Jūrų muziejus
Klaipėda
(Memel)
Gargždai
Dovilai
Priekulė
Juodkrantė
Pilkosios kopos
Arklių ragas
Kuršių nerijos nacionalinis parkas
Pervalka
Preila
Raganų kalnas
Nida (Nidden)
Didžioji Parnidžio kopa
Kuršių marios
Morskoe
Rybačij
Nac. p. "Kuršskaja kosa"
Kuršskaja kosa
Kuršskij zaliv
Lesnoj
Ventė
Kintai
Šilutė
(Heydekrug)
Rusnė
(Ruß)
Nemunodeltos regional park
Žvejo sodyba-muziejus
"Žiemos sodas"
Juknaičiai
(Jugnaten)
Žemaičių Naumiestis
Pagėgiai
Oflager-53 memorialas
RUSSLAND
Sovetsk
(Tilsit)
Slavsk
(Heinrichswalde)
Timirjazevo
(Neukirch)
Jasnoe
(Kuckerneese)
Golovkino
Salantai
Plateliai
Platelių ež. nac. parkas
Salantai regional park
Plungė
Mosėdis
Respublikinis unikalių akmenų muziejus
Ethografinės sodybos
Darbėnai
Kūlupėnai
Kartena
Ablinga
Agluonėnų karčema
Veiviržėnai
Švėkšna
m. Ostryj
Razino
Gromovo

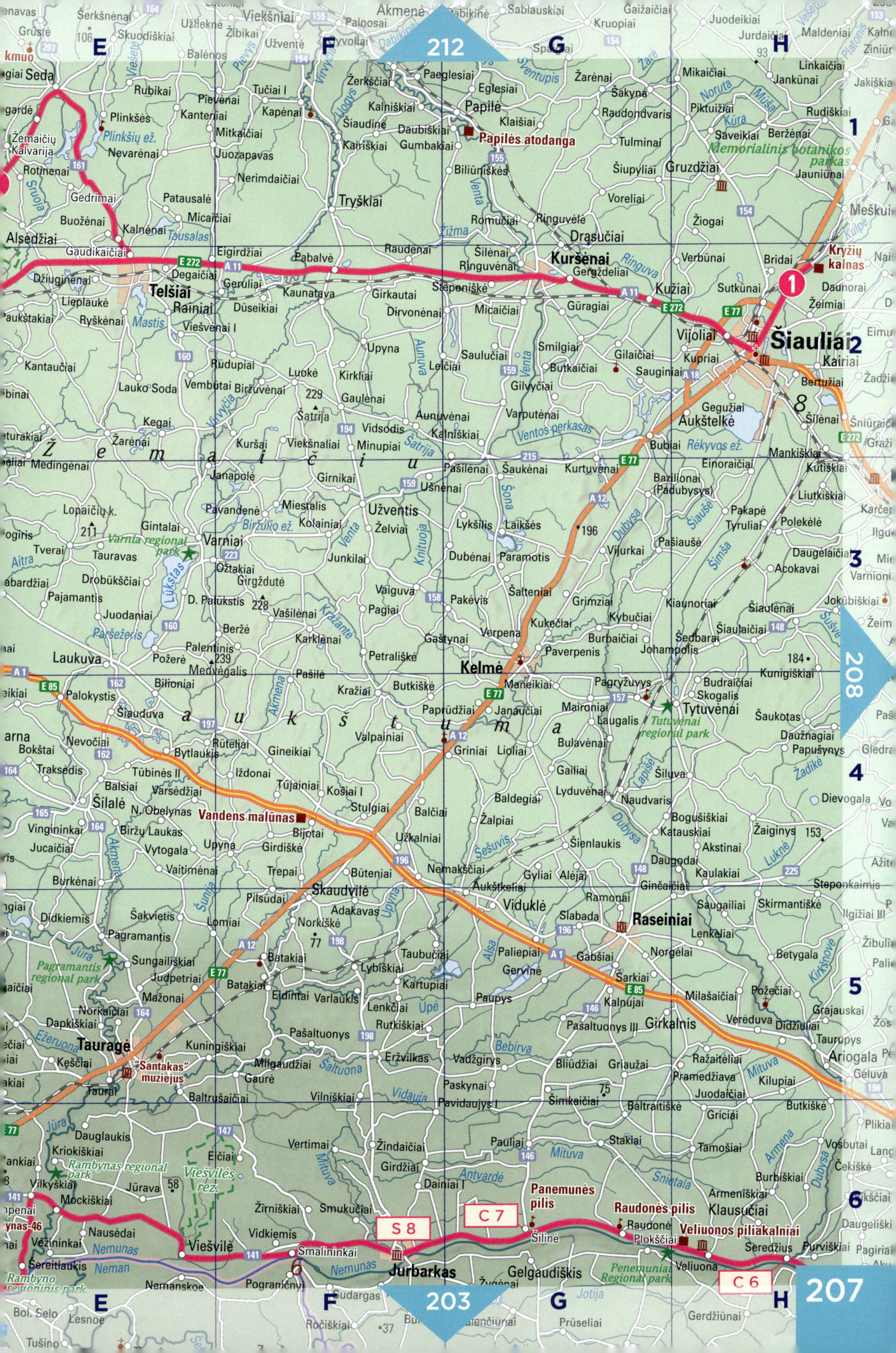
212
E
F
G
H
1
2
3
4
5
6
208
203
Seda
Plinkšės
Plinkšių ež.
Žemaičių Kalvarija
Rotinėnai
Gedrimai
Buoženai
Alsėdžiai
Gaudikaičiai
Telšiai
Rainiai
Mastis
Lieplaukė
Ryškėnai
Rubikai
Pievėnai
Kanteniai
Mitkaičiai
Juozapavas
Nerimdaičiai
Patausalė
Micaičiai
Kalnėnai
Tausalas
Eigirdžiai
Degaičiai
Geruliai
Dūseikiai
Viešvėnai I
Rūdupiai
Vembūtai
Biržuvėnai
Lauko Soda
Kegai
Žarėnai
Kantaučiai
Tryškiai
Tučiai I
Kapėnai
Viekšniai
Užventė
Papilė
Papilės atodanga
Paeglesiai
Žerkščiai
Kalniškiai
Šiaudinė
Kairiškiai
Daubiškiai
Gumbakiai
Biliūniškės
Eglesiai
Klaišiai
Venta
Romučiai
Ringuvėlė
Drasučiai
Kuršėnai
Raudėnai
Šilėnai
Ringuvėnai
Gergždeliai
Stepeniškė
Micaičiai
Girkautai
Dirvonėnai
Kaunatava
Pabalvė
Žarėnai
Šakynė
Raudondvaris
Tulminai
Šiupyliai
Gruzdžiai
Voreliai
Žiogai
Mikaičiai
Piktuižiai
Noruta
Kūra
Saveikiai
Beržėnai
Memorialinis botanikos parkas
Jauniūnai
Juodeikiai
Jurdaičiai
Maldeniai
Linkaičiai
Jankūnai
Rudiškiai
Meškuičiai
Kryžių kalnas
Bridai
Verbūnai
Kužiai
Sutkūnai
Daunorai
Žeimiai
Šiauliai
Vijoliai
Kupriai
Kairiai
Bertužiai
Šilėnai
Gūragiai
Smilgiai
Gilaičiai
Sauginiai
Butkaičiai
Gilvyčiai
Saulučiai
Lelčiai
Upyna
Kirkliai
Gaulėnai
Luokė
Šatrija
Varputėnai
Ventos perkasas
Aunuvėnai
Kalniškiai
Vidsodis
Minupiai
Satrija
Geguižiai
Aukštelkė
Bubiai
Rėkyvos ež.
Kurtuvėnai
Pašilėnai
Šaukėnai
Einoraičiai
Manikšiai
Kutiškiai
Žemaičių
Medingėnai
Kuršai
Viekšnaliai
Janapolė
Girnikai
Ušnėnai
Užventis
Želviai
Bazilionai (Padubysys)
Pakapė
Tyruliai
Polekėlė
Liutkiškiai
Lopaičių k.
Gintalai
Varnia regional park
Varniai
Pavandenė
Miestalis
Biržulio ež.
Kolainiai
Lykšilis
Laikšės
Junkilai
Dubėnai
Paramotis
Vijurkai
Pašiaušė
Daugėlaičiai
Acokavai
Tverai
Tauravas
Oštakiai
Girgždutė
Drobūkščiai
Pajamantis
Lūksčias
D. Palukstis
Vašilėnai
Vaiguva
Pagiai
Pakėvis
Šaltenai
Grimziai
Kiaunoriai
Šiaulėnai
Šiaulaičiai
Juodaniai
Paršežeris
Beržė
Karklėnai
Gastynai
Kukečiai
Kybučiai
Burbaičiai
Šedbarai
Johampolis
Verpena
Paverpenis
Kelmė
Laukuva
Požerė
Palentinis
Medvėgalis
Pašilė
Petrališkė
Butkiškė
Maneikiai
Pagryžuvys
Budraičiai
Skogalis
Kunigiškiai
Tytuvėnai
Tytuvėnai regional park
Palokystis
Bilioniai
Šiauduva
Kražiai
Paprūdžiai
Janaučiai
Maironiai
Laugalis
Šaukotas
Daužnagiai
Papušynys
Nevočiai
Bokštai
Ruteliai
Bytlaukis
Gineikiai
Valpainiai
Griniai
Lioliai
Bulavėnai
Gailiai
Lyduvėnai
Šiluva
Žadikė
Trakšėdis
Tūbinės II
Varsėdžiai
Iždonai
Tūjainiai
Košiai I
Dievogala
Šilalė
Balsiai
N. Obelynas
Vandens malūnas
Bijotai
Stulgiai
Balčiai
Baldegiai
Žalpiai
Naudvaris
Bogušiškiai
Katauskiai
Žaiginys
Vingininkai
Biržų Laukas
Vytogala
Upyna
Girdiškė
Užkalniai
Šešuvis
Šienlaukis
Akstiniai
Daugodai
Kaulakiai
Jucaičiai
Vaitimėnai
Trepai
Būteniai
Nemakščiai
Gyliai
Alėjai
Ginčaičiai
Steponkaimis
Burkėnai
Pilsūdai
Skaudvilė
Adakavas
Aukštkelai
Viduklė
Ramonai
Slabada
Raseiniai
Saugailiai
Skirmantiškė
Didkiemis
Šakvietis
Pagramantis
Lomiai
Norkiškė
Taubučiai
Paliepiai
Gervinė
Gabšiai
Lenkeliai
Norgėlai
Betygala
Pagramantis regional park
Sungailiškiai
Judpetriai
Batakiai
Lybiškiai
Kartupiai
Šarkiai
Milašaičiai
Požečiai
Mažonai
Norkaičiai
Eidintai
Varlaukis
Lenkčiai
Paupys
Kalnujai
Girkalnis
Verėduva
Grajauskai
Didžiulai
Taurupys
Dapkiškiai
Pašaltuonys
Rutkiškiai
Pašaltuonys III
Ariogala
Tauragė
Kuningiškiai
Eržvilkas
Vadžgirys
Bebirva
Bliūdžiai
Griaužai
Ražaitėliai
Pramedžiava
Kilupiai
Kęsčiai
"Santakas" muziejus
Milgaudžiai
Gaurė
Šaltuona
Paskynai
Pavidaujys I
Šimkaičiai
Baltraitiškė
Juodaičiai
Tauraí
Baltrušaičiai
Vilniškiai
Vidauja
Griciai
Butkiškė
Dauglaukis
Kriokiškiai
Rambynas regional park
Vilkyškiai
Jūrava
Mockiškiai
Viešvilės rez.
Eičiai
Vertimai
Žindaičiai
Girdžiai
Pauliai
Mituva
Dainiai I
Antvardė
Stakiai
Tamošiai
Burbiškiai
Panemunės pilis
Raudonės pilis
Raudonė
Klausučiai
Armeniškiai
Nausėdai
Vežininkai
Nemunas
Viešvilė
Žirniškiai
Vidkiemis
Smukučiai
Smalininkai
Jurbarkas
Šilinė
Plokščiai
Veliuonos piliakalniai
Veliuona
Seredžius
Purviškiai
Panemunių Regional park
Šereitlaukis
Neman
Rambyno regioninis park
Nemanskoe
Pogranicnyj
Sudargas
Gelgaudiškis
Žvėnai
Jotija
Prūseliai
Gerdžiūnai
Rotiškiai
Bol. Selo
Lesnoe
Tušino
E 272
A 11
E 77
A 12
E 85
A 1
S 8
C 7
C 6
141
147
160
162
164
196
198
225
146
148
157
158
159
194
197
223
154
155
161
A 18

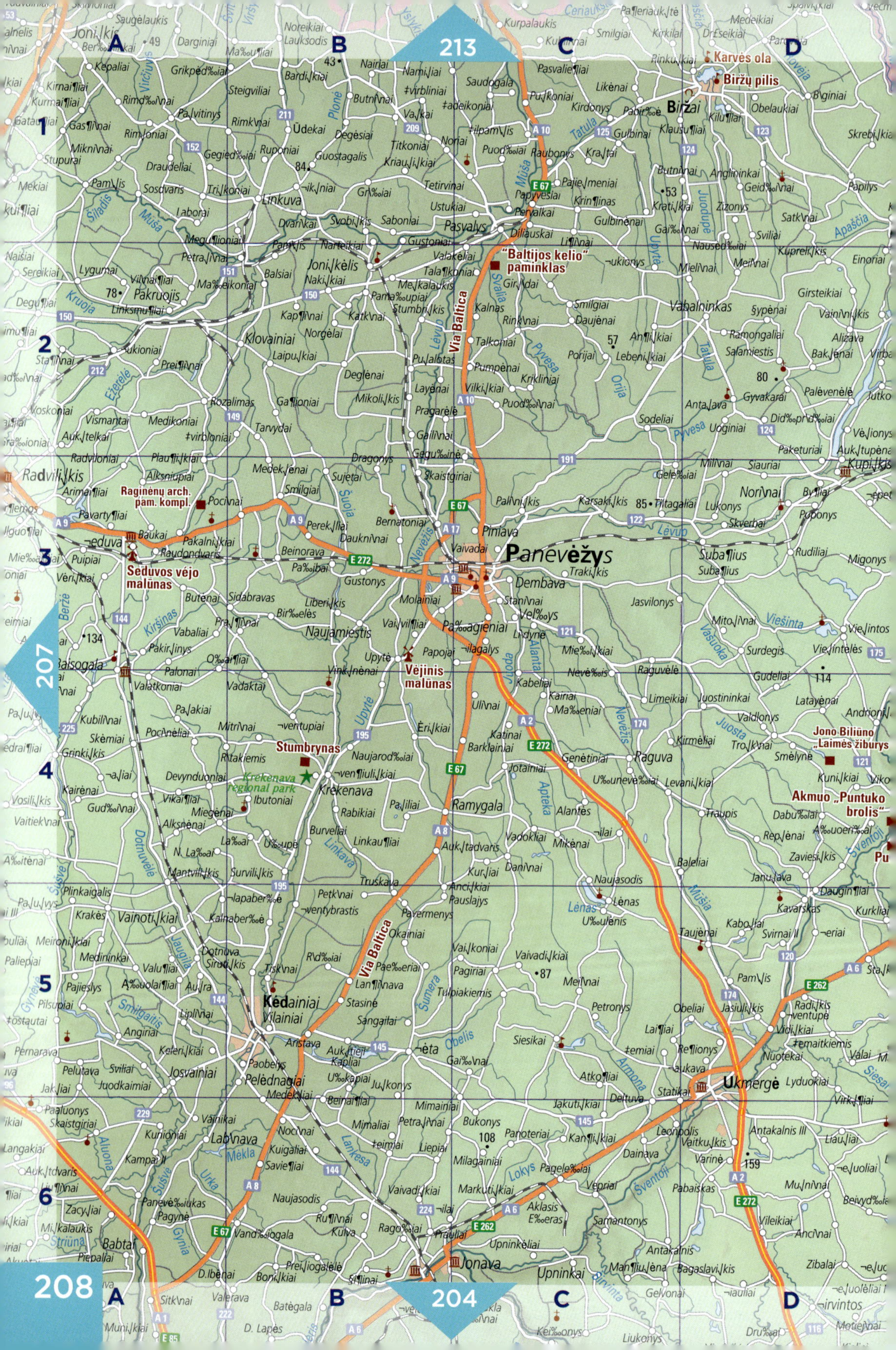
213
204
207
A
B
C
D
1
2
3
4
5
6
Karvės ola
Biržų pilis
Biržai
Pasvalys
Linkuva
Joniškėlis
Pakruojis
„Baltijos kelio“ paminklas
Vabalninkas
Via Baltica
Klovainiai
Radviliškis
Raginėnų arch. pam. kompl.
Šeduvos vėjo malūnas
Panevėžys
Kupiškis
Baisogala
Vėjinis malūnas
Stumbrynas
Krekenava regional park
Krekenava
Ramygala
Raguva
Jono Biliūno „Laimės žiburys“
Akmuo „Puntuko brolis“
Kėdainiai
Ukmergė
Jonava
Babtai

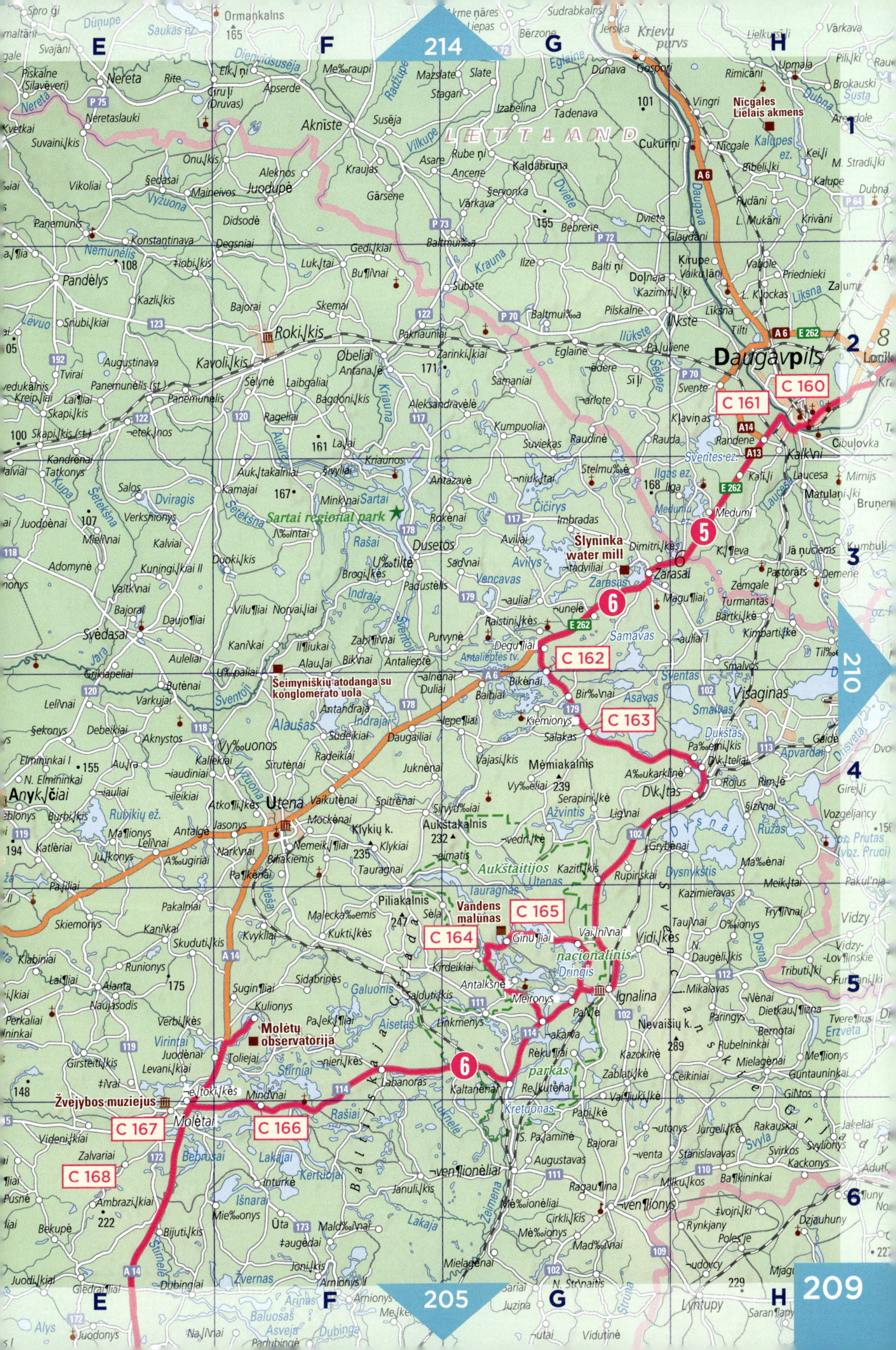
214
205
210
E
F
G
H
1
2
3
4
5
6
LETTLAND
Daugavpils
Nereta
Aknīste
Juodupė
Pandėlys
Rokiškis
Kavoliškis
Obeliai
Sartai regional park
Dusetos
Zarasai
Šlyninka water mill
Nicgales Lielais akmens
Visaginas
Utena
Anykščiai
Molėtai
Molėtų observatorija
Žvejybos muziejus
Vandens malūnas
Aukštaitijos nacionalinis parkas
Ignalina
Šeimyniškių atodanga su konglomerato uola
Daugava
A6
E 262
A14
A13
C 160
C 161
C 162
C 163
C 164
C 165
C 166
C 167
C 168
5
6
Lyntupy

215

209

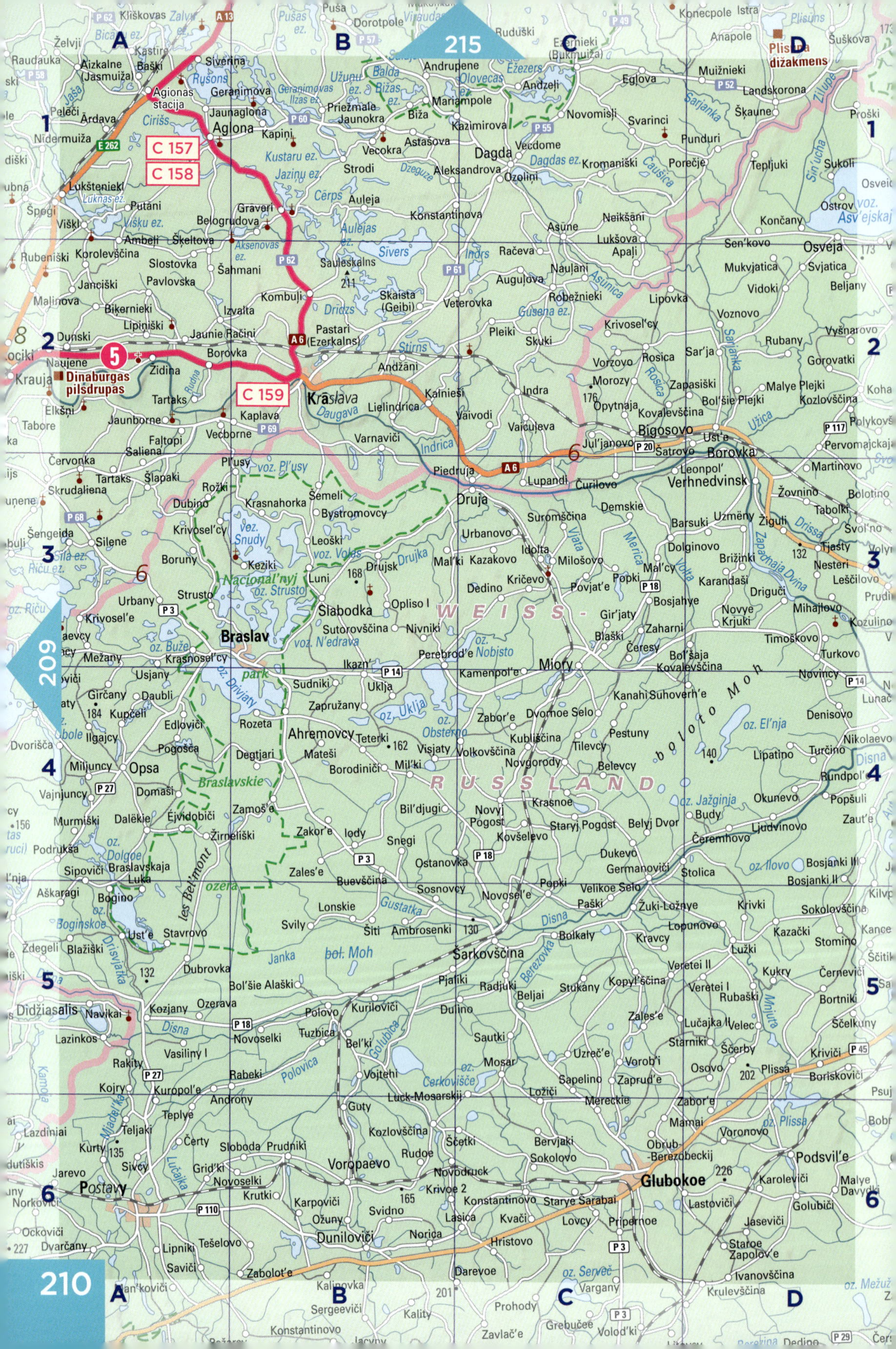
A
B
C
D
1
2
3
4
5
6
Plisņa dižakmens
Dinaburgas pilsdrupas
C 157
C 158
C 159
Agionas stacija
Aglona
Krāslava
Daugava
Dagda
Indra
Piedruja
Druja
Bigosovo
Borovka
Verhnedvinsk
Osveja
Braslav
Nacional'nyj park
Braslavskie ozera
Opsa
Miory
Ahremovcy
Šarkovščina
W E I S S - R U S S L A N D
boloto Moh
Postavy
Voropaevo
Glubokoe
Podsvil'e
Dunilovići
Didžiasalis
A6
A13
E262
P3
P14
P18
P27
P110

E
F
G
H
1
2
3
4
5
6
OSTSEE
Cirpstene
Kurzeme
Vārve
C 34
Venta
Ūdrande
Leči
Gārzde
Zūras
Užava
P 111
Ventava
Piltene
C 33
Ziras
Ventas Krasti
Užava
Sise
P 108
Sārnate
Tērande
P 111
C 32
Ošvalki
Nabite
Tigas
C 37
C 38
C 39
C 40
Mātras
Ēdole
Ķimale
Jūrkalne
Reģi
Īvande
Deksne
C 36
Labrags
Alsunga
Almāle
Vanka
P 119
Bērzkalni
Ulmale
Priedaine
S 31
Kukšu ez.
Alejas
Pāvilosta
Riva
Birži
C 30
Pāvilostas pelēkā kāpa
Saka
Gudenieki
Jātele
Vilgāle
Ludženieki
Vilgāles ez.
Saka
Basi
Akmeņrags
C 35
Riva
P 112
Tebra
Turlava
Grīņu rezervāts
Durbe
Apriķi
Ķikuri
Vanga
C 29
Ziemupe
Dzērvenieki
Cīldi
C 28
Štakldanga
Aloksta
Cīrava
Aizpute
Kazdanga
Vērgales stacija
Akmene
Marijas
Rokaiži
Rokasbirzs
Aizputes pilsdrupas
P 117
Valāta
Dunalka
Sieksāte
Saraiķi
Ploce
Durbe
P 112
Valtaiķi
Bojas
Medzes muiža
Pērbone
P 111
Aistere
Vecpils
Tebra
P 115
Tāšu ez.
Kalvenes st.
Tosmares ez.
Kapsēde
Tāši
Durbes ez.
Ligutti
Mazilmāja
Kalvene
A9
Rudbārži
Marijas muiža
Kapsēdes dižakmens
Alanda
Durbe
Koja
Liepāja
P 110
Guļas
Rolava
Grobiņa
A9
Lieģi
Krusāta
Vārtāja
Iļģi
Cimdenieki
Kradzes
Tadaiķi
Krote
Zeidaki
Dinsdurbe
P 116
Gavieze
Dubeņi
Vārtāja
P 106
Bunka
Embūte
Vībiņi
Cenkone
Liepājas ez.
Susta
Virga
Paplaka
Kniveri
Asīte
Krievukalns
Priekule
Bātasmuiža
A 11
Otaņķi
Perkone
Otanke
Tilti
Vaiņode
P 114
C 27
Purmsāti
Auguste
Bernāti
Bārta
Rude
Ķīburi
Mazgramzda
Bernāti Naturpark
Klampji
C 25/26
Krūte
Mālkalne
P 113
Nīca
Bārta
Kalēti
Gramzda
Dāma
Jūrmalciems
Vārtaja
Bārta
Rīva
Aizviķi
Dilbikiai
Sikle
Slamsti
Ozoli
Apše
Vižančiai
Narvydžiai
Girdeniai
Ječi
Dunika
Aleksandrija
Gėsalai
Sikšņi
D. Rūšupiai
170
Ylakiai
Luknes skābaržu audze
Skuodas
M. Rūšupiai
Kalniški
218
Luknės
Puodkaliai
Luoba
Apuolė
Kaukolikai
Raudoniai
Papes ez.
Ligupe
Kernai
169
Ersla
Šata
Nausėdai
C 24
S 23
Lenkimai
Daukšiai
Krakės
Vabaliai
Vaičaičiai
Pape
Etnografinės sodybos
Šventoji
Respublikinis unikalių akmenų muziejus
Mosėdis
Žemytė
Papes dabas parks
Žebrokai
Naujukai
206
N. Įpiltis
Šatraminiai
Vindeikiai
Šaukliai
Salantai regional
Plokščiai
Nida
2
53
190
142
137
212

216
211
207
A
B
C
D
1
2
3
4
5
6
Mērsrags
C 55
C 54
C 56
C 57
C 59
Vandzenes dižakmens
Talsi
Stende
Sabile
Kandava
Kuldīga
Riežupes alas
Ventas rumba
Māras kambari
Abavas rumba
Buses pilsk.
Velna akmens
Kaives dižozols
Tukums
Engure
Engures ezers
Ugāle
Usma
Moricsalas rezervāts
Usmas ez.
Kemeri nacion. park
Kemeri Swamps
Slampe
Kabile
Sabile
Skrunda
Airites
Druva
Saldus
Brocēni
Jaunpils
Dobele
Pokaiņu mežs
Incēnu pilsk.
Keveles avoti
Auce
Bēne
Mažeikiai
Naujoji Akmenė
Kamanų rez.
LITAUEN
Venta
Akmenė
Viekšniai
Tirkšliai
Žagarė
Skaistgirys
Papilė
Abava
Venta
A 9
A 10
E 22
2

217
208
214
E
F
G
H
1
2
3
4
5
6
Rīgas
Jūras Līcis
RĪGA
Jūrmala
Jūrmala open-air museum
Sculpture Museum
Lapmežciems
Bigauņciems
Babīte
Pinki
Dzilnas
Spunciems (Sala)
Gātciems
Klīves
Cielavas
Trenči
Skulte
Mārupe
Jaunmārupe
Peles
Cenas tīrelis
Tiraine
Gaismas
Bērzpils
Valdlauči
Baloži
Olaine
Jaunolaine
Ķekava
Dolesmuiža
Plavniekkalns
Salaspils
Salaspils memor.
Saurieši
Stopiņi
Bunči
Upeslejas
Ulbroka
Acone
Saulkalne
Ikšķile
Ogre
Rīgas ūdenskrātuve
Carnikava
Garupe
Garciems
Kalngale
Ādaži
Kadaga
Vangaži
Garkalne
Baltezers
Bukulti
M.Baltezers
L.Baltezers
Ķīšezers
Alderi
Langstiņi
Upesciems
Berģi
Līči
Silakrogs
Mucenieki
Zvejniekciems
Saulkrasti
Pabaži
Baltā kāpa
Bādciems
Lilaste
Lilastes ez.
Dūņezers
Siguļi
Skulte
Lauču akmens
Mandagas
Vidriži
Gravas
Lēdurga
Lēdurgas dendroparks
Juglas
Lielstraupe
Straupe
Stalbe
Rozula
Plācis
Dunte
Skultes
Inte
Lādezers
Aijaži
Pemmas
Rukas
Īgates pils
Gāršmuiža
Laugas purvs
Vanagi
Lode
Pabaži
Biriņi
Biriņu Pils
Eikaži
Inciems
Sēja
Ragana
Turaida
Turaidas
Sigulda
Velnalas klintis
Krustiņi
Murjāņi
Gauja
Egļupe
Kalnabeites
Peltes
Saltavots
Stīveri
Inčukalns
Vangažu st.
Allaži
Judaži
Akenstaka
Tupšupe
Skuķīši
Podkājas
Allažmuiža
Upmalas
Mālpils
Bukas
Sidgunda
Vite
Zakumuiža
Ropaži
Villasmuiža
Vāverkrogs
Augšciems
Upespils
Kakciems
Lielkangari
Lielie Kangari
Suntaži
Jugla
Cepliši
Kranciems
Tinūži
Turkalne
Glāznieki
Kieģelcepļis
Viršuļciems
Ogresgals
Daugmale
Bekuciems
Glāžškūnis
Avīkstes dzirnavas
Bekas
Ledmane
Pulkarne
Mencendarbe
Mežvidi
Baldone
Morisona k.
Ciemupe
Tome
Tomes zivjaudzētava
Ķegums
Rembate
Lielvārde
Linde
Kaibala
Keguma ūd-krāt.
Dzintari
Jumprava
Dzelmes
Zemkopība institūt
Pumpuri
Birzgale
Plakanciems
Dzērumcelmi
Mellupi
Jānupe
Ziemeļi
Dimzukalns
Vārpas
Stūri
Piebalgas
Dzelzāmurs
Zvirgzde
Vecumnieki
Bāliņi
Tecavas st.
Zālīte
Iecava
Misa
Beibeži
Lāčplēsis
Taurkalne
Audrupi
Zorģi
Rosme (Udri)
Dāliņi
Lambārte
Stelpe
Stelpes pienotava
Klīvi
Valle
Reizeni
Tenteni
Nizere
Gaisma
Mazvalle
Birzes
Brukna
Kūdra
Bārbele
Mežmuiža
Krasti
Kurmene
Code
Mežotne
Jauncode
Vecsaule
Ozolaine
Bauska
Bauskas pils
Strautiņi
Skaistkalne
Vērdiņi
Pučiakalne
Nemunėlio Radviliškis
Germaniškis
Iesalnieki
Erberge
Slimaniškiai
Lielmēmele
Suostas
Pagervė
Užušiliai
Tīmsi
Spalviškiai
Medeikiai
Paroveja
Draseikiai
Kirkilai
Rinkuškiai
Karvės ola
Biržų pilis
Biržai
Obelaukiai
Kilučiai
Klausučiai
Pabiržė
Kirdonys
Likėnai
Puskonai
Pasvalieciai
Kubiliūnai
Smilgiai
Ceriaukstė
Pačeriaukstė
Kurpalaukis
Kiemėnai
Saločiai
Dagiai
Tunkūni
Grenctāle
Ērgļi
Budberga
Juostaviečiai
Brunava
Jaunsaule
Ānmēmele
Putniņi
Ceraukste
Mūsa
Bangas
Saulaine (Kaucminde)
Īslīce
Bērzi
Pace
Uzvara
Ainavas
Krievgali
Žeimelis
Viteikas
Noreikiai
Lauksodis
Nairiai
Kyburiai
Bardiškiai
Butniūnai
Vaškai
Mažberstele
Adžūni
Svitene
Blaudžiūnai
Kriukai
Lieporiai
Skakai
Darginiai
Mažučiai
Grikpėdžiai
Rundāle
Rundāle Palace
Pilsrundāle
Vairogi
Oglaine
Mazlauki (Liepare)
Renceles
Garoza
Emburga
Staļģene
Vircava
Pēterlauki
Platone
Lapas
Zizma
Ošenieki
Sesava
Bērvircava
Daumanti
Klāvi
Kliņi
Lielsesava
Eleja
Sidrabe
Lielplatone
Ūziņi
Drasutaičiai
Plikiškiai
Pavirčiuvė
Skilvioniai
Saugėlaukis
Joniškis
Beržininkai
Kepaliai
Kirnaičiai
Kurmaičiai
Rimdžiūnai
Pašvitinys
Steigviliai
Rimkūnai
Gasčiūnai
Jelgava
Jelgavas pils
Tušķi
Ozolnieki
Vitoliņi
Vārpa
Brankas (Lielupe)
Tetele
Garoza
Ānе
Mežciems
Vecsvirlauka
Slapatas
Svēte
Kazu ferma "Līcīši"
Dalbe
Pēternieki
Valgunde
Kalnciems
Kalnciema skola
Kalnciema masīvs
Birznieki
Tīreļi
Babītes ez.
Slokas ez.
Lielupe
Misa
Iecava
Platone
Svitene
Ķekava
Mūsa
Mēmele
Nemunēlis
Gauja
Daugava
Jugla
Mazā Jugla
Lielā Jugla
Ogre
Suda
Puska
Pēterupe
Kišupe
Age
Aģe
Krievupe
Tumšupe
Mergupe
Rigas ūdenskrātuve
Morisona k.
82
25
54
42
59
103
113
36
43
49
8
C 67
C 65
C 66
C 58
C 63
C 62
C 60/61
C 64
C 70
S 72
S 71
A1
A2
A3
A4
A5
A6
A7
A8
A9
A10
A12
E 22
E 67
E 77
P1
P2
P3
P4
P5
P6
P7
P8
P9
P10
P73
P80
P85
P87
P88
P89
P92
P93
P94
P95
P97
P99
P100
P101
P103
190
209
211
123
2

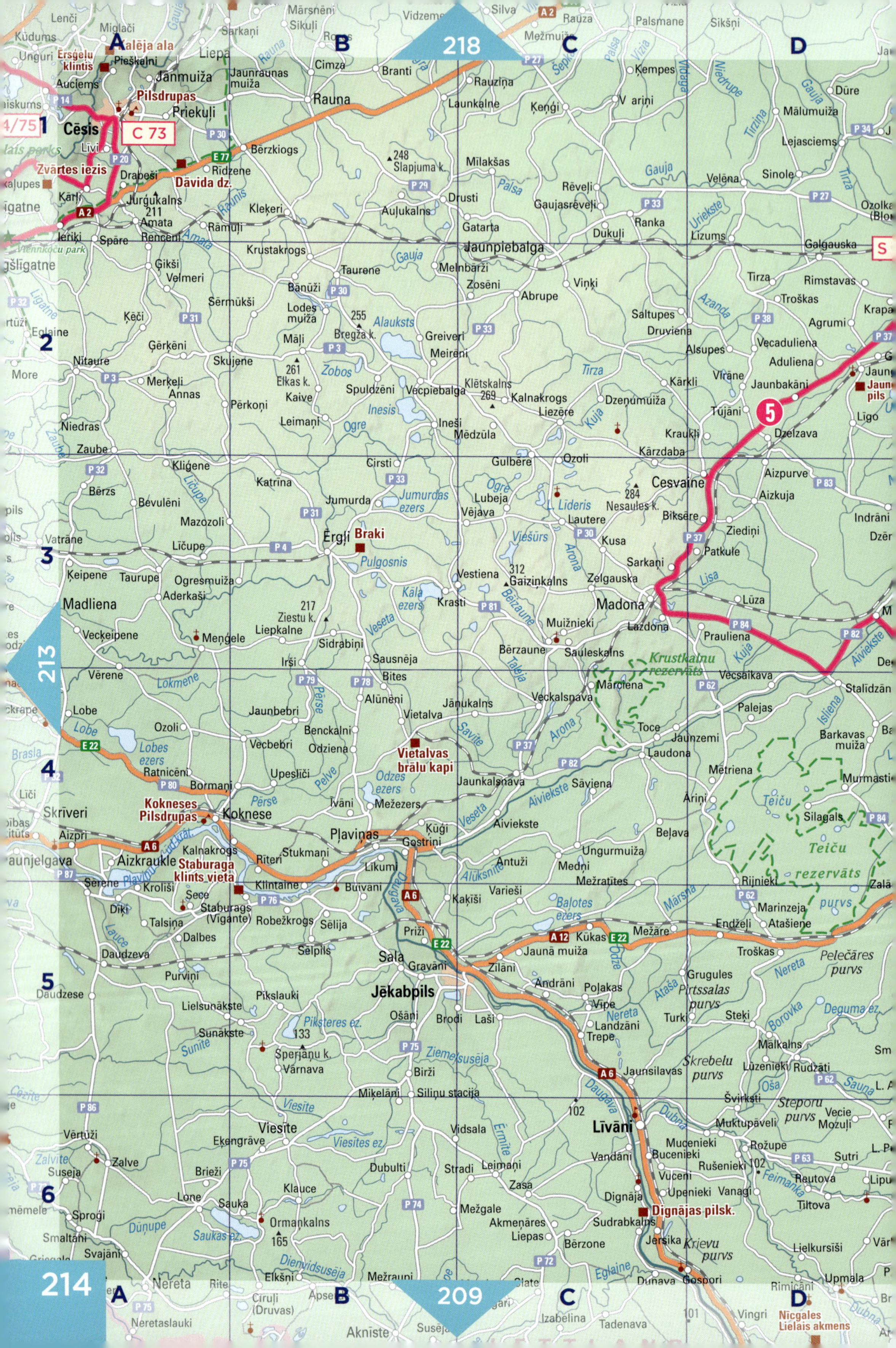
218
209
213
A
B
C
D
1
2
3
4
5
6
Cēsis
C 73
Pilsdrupas
Zvārtes iezis
Dāvida dz.
Ērgļu klintis
Kalēja ala
Jaunmuiža
Priekuļi
Rauna
Jaunraunas muiža
Cimza
Branti
Rauziņa
Launkalne
Ķeņģi
Kempes
V ariņi
Dūre
Mālumuiža
Lejasciems
Bērzkiogs
Ridzene
Drabeši
Jurģukalns
Amata
Rencēni
Ramuļi
Kleķeri
Slapjuma k.
Mīlakšas
Drusti
Auļukalns
Gatarta
Rēveļi
Gaujasrēveļi
Ranka
Dukuļi
Lizums
Velēna
Sinole
Galgauska
Jaunpiebalga
Krustakrogs
Taurene
Melnbārži
Zosēni
Abrupe
Viņķi
Tirza
Rimstavas
Troškas
Agrumi
Vecaduliena
Aduliena
Saltupes
Druviena
Alsupes
Jaunbakāni
Kārkli
Vīrāne
Tūjāni
Dzelzava
Kraukļi
Kārzdaba
Cesvaine
Aizpurve
Aizkuja
Biksēre
Ziediņi
Patkule
Sarkaņi
Madona
Lazdona
Prauliena
Lūza
Indrāni
Ķēči
Ērgļi
Braki
Jumurdas ezers
Jumurda
Lubeja
Vējava
Lauteres
Lauterе
Nesaules k.
Kusa
Vestiena
Gaiziņkalns
Zelgauska
Mužnieki
Bērzaune
Sauleskalns
Krustkalnu rezervāts
Mārciena
Vecsaikava
Stalidzāni
Palejas
Barkavas muiža
Toce
Jaunzemi
Laudona
Mētriena
Murmastiene
Teiču rezervāts
Silagals
Ārīņi
Beļava
Rijnieki
Marinzeja
Atašiene
Mežāre
Endzeļi
Kūkas
Troškas
Pelečāres purvs
Madliena
Vecķeipene
Ogresmuiža
Aderkaši
Ziestu k.
Liepkalne
Mengele
Sidrabiņi
Irši
Sausnēja
Bites
Alūnēni
Vietalva
Jaunbebri
Benckalni
Odziena
Vecbebri
Upeslīči
Ozoli
Lobe
Lobes ezers
Vērene
Ratniceni
Bormaņi
Koknese
Kokneses Pilsdrupas
Skrīveri
Aizpriе
Aizkraukle
Staburaga klints vieta
Pļaviņas
Gostiņi
Kūģi
Stukmaņi
Riteri
Klintaine
Likumi
Bušvani
Aiviekste
Vietalvas brāļu kapi
Jaunkalsnava
Sāviena
Ungurmuiža
Mednī
Antuži
Varieši
Kaķīši
Balotes ezers
Mežrautes
Jēkabpils
Sala
Gravāni
Priži
Jauna muiža
Zīlāni
Andrāni
Polakas
Vīpe
Landzāni
Trepe
Grugules
Pirtssalas purvs
Turki
Steķi
Nereta
Deguma ez.
Malkalns
Lūznieki
Rudzāti
Skrebelu purvs
Jaunsilavas
Šķirkšti
Muktupāveli
Steporu purvs
Vecie Mozuļi
Līvāni
Rožupe
Mūcenieki
Bučenieki
Rušenieki
Vuceni
Upenieki
Vanagi
Dignāja
Dignājas pilsk.
Sudrabkalns
Jersika
Krievu purvs
Dunava
Gosbori
Lielkursīši
Upmala
Rimicāni
Nicgales Lielais akmens
Tiltova
Reutova
Sutri
Vingri
Serene
Krolīši
Dīķi
Sece
Staburags (Vigante)
Robežkrogs
Sēlija
Selpils
Talsiņa
Dalbes
Daudzeva
Purviņi
Daudzese
Pikslauki
Lielsunākste
Sunākste
Piksteres ez.
Sperjānu k.
Vārnava
Ošāni
Brodi
Laši
Birži
Mikelāni
Siliņu stacija
Vidsala
Viesīte
Viesītes ez.
Ekengrāve
Vērtuži
Zalve
Suseja
Brieži
Lone
Sauka
Klauce
Ormankalns
Sprogi
Svajāni
Smaltāni
Dubulti
Stradi
Leimaņi
Zasa
Mežgale
Akmeņāres
Liepas
Bērzone
Elkšņi
Mežrauni
Nereta
Ciruļi (Druvas)
Apse
Akniste
Susēja
Slate
Izabelina
Tadenava
Neretaslauki

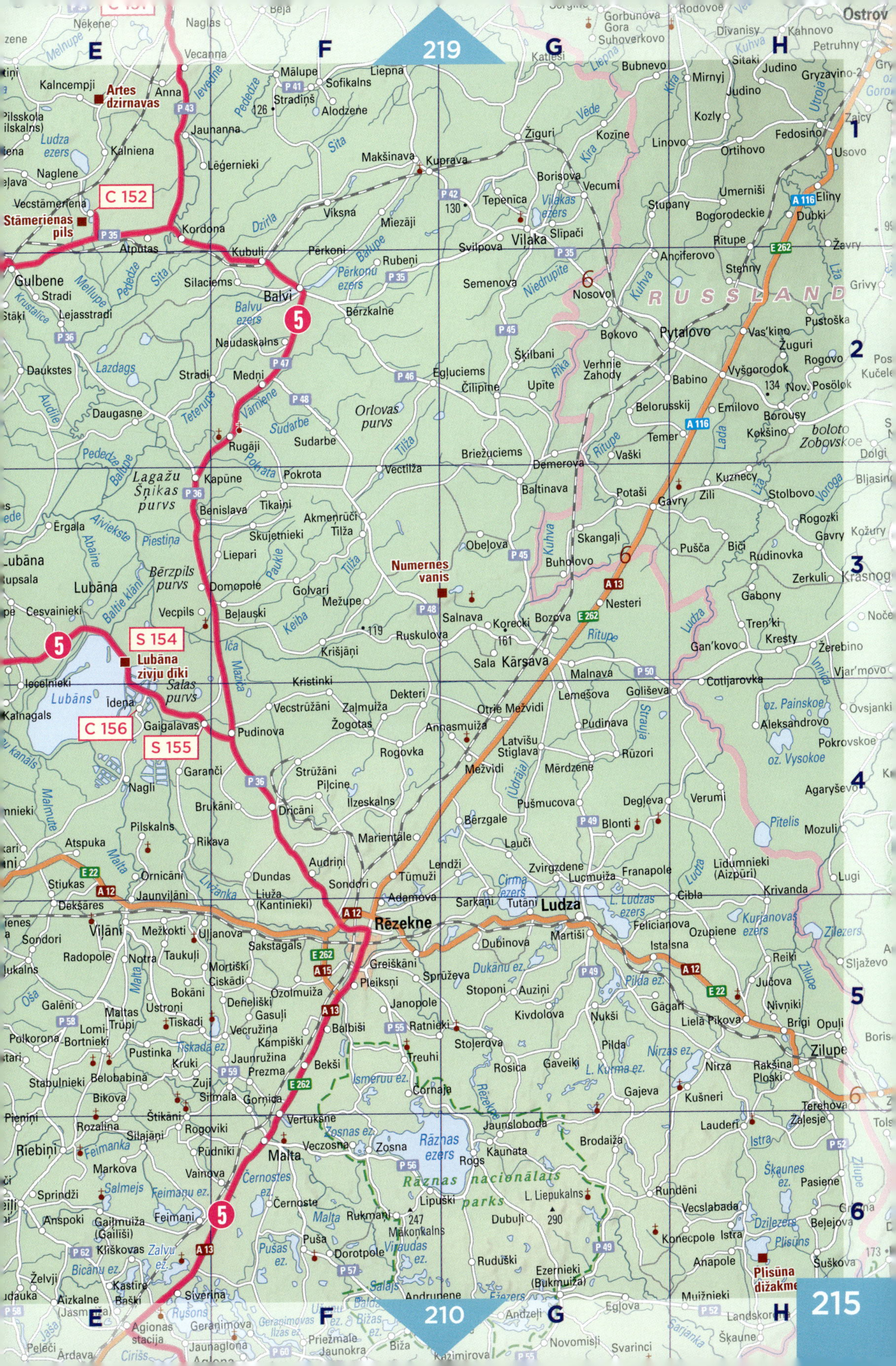
219
210
E
F
G
H
1
2
3
4
5
6
RUSSLAND
Rēzekne
Ludza
Balvi
Viļaka
Kārsava
Pytalovo
Gulbene
Lubāna
Viļāni
Malta
Zilupe
Ostrov
Stāmerienas pils
Artes dzirnavas
Numernes vanis
Lubāna zivju dīķi
Plisūna dižakme
Lubāns
Rāznas ezers
Rāznas nacionālais parks
Lagažu Šnikas purvs
Orlovas purvs
Bērzpils purvs
Salas purvs
C 152
C 156
S 154
S 155
A 12
A 13
A 116
E 22
E 262
P 35
P 36
P 41
P 42
P 43
P 45
P 46
P 47
P 48
P 49
P 50
P 52
P 55
P 56
P 57
P 58
P 59
P 62
Kalncempji
Anna
Jaunanna
Kalniena
Naglene
Vecstāmeriena
Kordona
Atputas
Kubuli
Pērkoņi
Rubeņi
Silaciems
Stradi
Lejasstradi
Naudaskalns
Bērzkalne
Medņi
Rugāji
Sudarbe
Kapūne
Pokrota
Benislava
Tikaiņi
Skujetnieki
Liepari
Domopole
Beļauski
Vecpils
Cesvainieki
Krišjāņi
Kristinki
Vecstrūžāni
Pudinova
Garanči
Nagli
Brukāni
Dricāni
Pilskalns
Rikava
Atspuka
Stiukas
Dekšares
Sondori
Radopole
Notra
Mežkokti
Uļjanova
Sakstagals
Mortiški
Čiskādi
Bokāni
Ustroņi
Deņeļiški
Ozolmuiža
Gasuļi
Vecružina
Kampiški
Jaunružina
Prezma
Tiskadi
Maltas Trūpi
Lomi
Bortnieki
Polkorona
Pustinka
Kruki
Zuji
Silmala
Gorņica
Bekši
Balbiši
Vertukšne
Veczosna
Zosna
Malta
Černoste
Rukmaņi
Lipuški
Puša
Dorotpole
Rogs
Kaunata
Jaunsloboda
Brodaiža
Runděni
Vecslabada
Konecpole
Istra
Anapole
Bejejova
Šuškova
Muižnieki
Landskorona
Škaune
Andzeļi
Eglova
Novomisļi
Svarinci
Kažimirova
Biža
Andrupene
Ezernieki (Bukmuiža)
Dubuļi
Ruduški
L. Liepukalns
Makonkalns
Siverīna
Kastīre
Baški
Aizkalne (Jasmuiža)
Želvji
Agionas stacija
Geranimova
Jaunaglona
Priežmale
Jaunokra
Pelēči
Ārdava
Gailmuiža (Gailiši)
Klišķovas
Feimaņi
Anspoki
Sprindži
Markova
Vainova
Pudniki
Rogoviki
Silajāņi
Štikāni
Rozalina
Riebiņi
Pieniņi
Stabulnieki
Belobabina
Bikova
Galēni
Jukaļns
Ornicāni
Jaunviļāni
Dundas
Ļiuža (Kantinieki)
Sondori
Audriņi
Marientāle
Ilzeskalns
Strūžāni
Pilcine
Zaļmuiža
Žogotas
Dekteri
Rogovka
Annasmuiža
Otrie Mežvidi
Mežvidi
Latvīšu Stiglava
Bērzgale
Lauči
Lendži
Tūmuži
Adamova
Sarkaņi
Tutāni
Dubinova
Greiškāni
Pleikšņi
Sprūževa
Janopole
Stoponi
Auziņi
Ratnieki
Stoļerova
Treuhi
Čornaja
Rosica
Gaveiki
Kivdolova
Nukši
Pilda
Gajeva
Martiši
Istalsna
Felicianova
Ozupiene
Cibla
Lidumnieki (Aizpūri)
Krivanda
Nirza
Kušneri
Lauderi
Zalesje
Terehova
Rakšina
Ploski
Liela Pīkova
Gāgari
Brigi
Opuļi
Nivņiki
Jučova
Reiki
Lugi
Mozuli
Agaryševo
Verumi
Deglava
Blonti
Pušmucova
Zvirgzdene
Lucmuiža
Franapole
Mērdzene
Rūzori
Pudinava
Lemešova
Goliševa
Malnava
Sala
Ruskulova
Salnava
Korecki
Bozova
Nesteri
Buhļovo
Skangaļi
Obeļova
Baltinava
Potaši
Gavry
Zili
Briežuciems
Demerova
Vaški
Belorusskij
Temer
Emilovo
Kokšino
Borousy
Nov. Posolok
Babino
Vyšgorodok
Rogovo
Žuguri
Vas'kino
Pustoška
Bokovo
Verhnie Zahody
Upīte
Šķilbani
Egļuciems
Čilipīne
Vectilža
Akmeņrūči
Tilža
Golvari
Mežupe
Semenova
Nosovo
Anciferovo
Stehny
Ritupe
Bogorodeckie
Umerniši
Stupany
Ortihovo
Linovo
Kozly
Mirnyj
Judino
Sitaki
Divanisy
Kahnovo
Petruhny
Gryzavino-2
Fedosino
Usovo
Eliny
Dubki
Žavry
Grivy
Kuznecy
Stolbovo
Rogozki
Rudinovka
Zerkuli
Krasnog
Pušča
Biči
Gabony
Tren'ki
Kresty
Gan'kovo
Žerebino
Cotljarovka
Vjar'movo
Aleksandrovo
Ovsjanki
Pokrovskoe
Nesteri
Bubnevo
Gorbunova Gora
Suhoverkovo
Rodovoe
Katleši
Žīguri
Kozīne
Borisova
Vecumi
Tepenica
Slīpači
Svilpova
Kupraya
Makšinava
Miezāji
Vīksna
Liepna
Mālupe
Sofikalns
Stradiņš
Alodzene
Lēģernieki
Vecanna
Naglas
Nekene
Lazdags
Daukstes
Daugasne
Ērgala
Lubāna
Kalnagals
Iecelnieki
Īdena
Gaigalavas
Luznava
boloto Zobovskoe
oz. Painskoe
oz. Vysokoe
Pitelis
Cirma ezers
L. Ludzas ezers
Kurjanovas ezers
Zilezers
Pilda ez.
Nirzas ez.
L. Kurma ez.
Dukanu ez.
Istra
Škaunes ez.
Dziļezers
Plisūns
Ismeru ez.
Zosnas ez.
Černostes ez.
Pušas ez.
Viraudas ez.
Salaja
Feimaņu ez.
Zalvu ez.
Tiskada ez.
Balvu ezers
Pērkonu ezers
Vilakas ezers
Ludzas ezers
Lubāns
Ludza
Zilupe
Rēzekne
Malta
Tilža
Kuhva
Kira
Vēde
Utroja
Lža
Rītupe
Pededze
Balupe
Sita
Dzirla
Iča
Mazīta
Feimanka
Salmejs
Ļada
Inniya
Strauja
Voroga
Liepna
Niedrupīte
Rika
Teterupe
Vārniene
Pokrata
Keiba
Paukle
Baltie klāni
Aiviekste
Abaine
Piestiņa
Lazdags
Melnupe
Mellupe
Krustalīce
Audile
Malmute
Liežanka
Meirānu kanāls
Rēzekne
Udrajs
Šaltupe
126
130
134
119
161
247
290
173

220
212
A
B
C
D
1
2
3
4
5
6
Kiipsaare neem
Vilsandi rahvuspark
Kihelkonna laht
Vilsandi
Loonalaid
Nootamaa
Salava
Eeriksaare ps.
Atla l.
Atla
Karala
Lümanda
Naistekivi maa
Koruse
Veere
Kurevere
Kihelkonna
Mihkli Talumuuseum
Viki
Viidumägi
Viidu
Viidumäe looduskaitseala
Tagamõisa ps.
Rahtla
Mustjala
Küdema
Pidula
Ohtja
Karujärv
Sauvere
Jõempa
Hakjala
Aste
Kaarma kirik
Kärla
Mõnnuste
Sõmera
Kogula
Randvere
Kõrkküla
Mullutu laht
Paadla laht
Vägara laht
Suurlaht
Kuressaare
Piiskopilinnus
Nasva
Mändjala
Tõnuma
Muha
Riksu
Tehumardi
Lõmala külastuskeskus
Salme
Ariste laht
Läätsa
Suur katel
Abruka
Vahase
Kasselaid
Väike-Tulpe
Allirahu
Kirju
Karjalaid
Rahuste
Lõu laht
Anseküla
Sõrve poolsaar
Saaremaa
OSTSEE
Kaunispe
Ohessaare
Mässa
Iide
Viieristi looduskaitseala
Mõntu
Mäebe
Sääre
Sõrve säär
Võhma
Nurme
Angla
Karja
Karja kirik
Mätja
Pärsama
Pamma
Saaremaa
Koikla
Ratla
Kõrisk
Luulupe
Tõrise
Leisi
Räägi
Lööne
Kõnnu
Valjala
Eikla
Kaali kraater
Kallemäe
Kirikuküla
Kaali
Kõljala
Kaarma
Kiratsi
Irase
Pähkla
Sakla
Oessaare laht
Püha
Tahula
Upa
Sutu
Sandla
Sutu laht
Kailuka
Vätta ps.
Suure-Rootsi
Sääretükk
C 94
C 95
C 96
C 97
C 98
S 93
Kura kurk
Irbes šaurums
Kolkas bāka
Kap Kolka
Kolkasrags
Kolka
Vaide
Slīteres
Uši
Evažu Dabas Takas
Aizklāņi
Melnsils
Košrags
Pitrags
Mazirbe
Sīkrags
nacionālais parks
Šlīteres Zilie kalni
Šlītere
Lielirbe
Mikeltornis
Jaunmuiža
Neveja
Vīdale
Muņi
Pūrciems
Baltā kāpa
Gipka
Žocene
Kalķi
Dundaga
Kārļmuiža
Roja
Rude
Kurbe
Kaltene
Lūžņa
Oviši
Ovišrags
Irbene
Irbe
Stende
Trumpe
Radio-teleskops
Jaunupe
Rinda
Ance
Lonaste
Ostupe
Vēde
Akmeņdziras
Liepene
Muižarāji
Jorņiņi
Lonaste
Pāce
Virpe
Ventspils
Liepniekvalka alas
Rakupe
Tīngere
Plintiņi
Īve
Anuži
Lubezere
Valpene
Gibzde
Dumciems
Pope
St. Ventspils II
Krievlauki
Dokupe
Targale
Kamārce
Elkšķenes st.
Elkšķene
Jaunmuiža
Nīcnieki
Dandzītes
Puze
Puzes ez.
Puzenieki
Amele
Salas purvs
Pobuži
Cīruļi
Pūnas
Kronmuiža
Laukmuiža
Jaunciems
Nogale
Valdemārpils
Dārte
Vandzenes dižakmens
Vandzenes
Sasmakas ez.
Cirpstene
Kurzeme
Ūdrande
Leči
Gārzde
Zūras
Zūru mežniecība
Ugāle
Vandzene
Valdgale
Laidze
Lādzere
Oktes pienotava
C 41
C 43/43
C 44
C 45
C 46/47
C 48
C 49
C 50
C 51
C 52
C 53

221
213
218
E
F
G
H
1
2
3
4
5
6
Orissaare
Põide
Tornimäe
Suurlaid
Viirelaid
Võilaid
väin
Oosäär
Paadrema looduskaitseala
Kalli
Irta
Lavassaare jv
Lavassaare
Niidu
Are
Ardla
Kõrkvere
Saaremetsa
Kübassaare ps.
Selglaid
Mereäärse
Helmküla
Nätsi-Võlla sookaitseala
Tõhela
Tõhela jv
Männikuste
Võlla raba
Ahaste
Jööpre
Põhara
Ridalepa
Malda
Kilksama
Sauga
Urge
Vainu
Laimjala
Muraja ps.
Udriku laid
Varbla
Raheste
Kihlepa
Audru
Papsaare
S 84
Valgeranna
Seiklus-park
Pärnu
Kahtla laid
Ruhve
Kulli
Vaiste
Ermistu jv
Lindi looduskaitseala
Kõima
C 85
Kastna
Ranniku
C 83
Sõmeri ps.
Kõrksaar
C 87
Tõstamaa
Lindi
Kabriste
Pärnu laht
Kastna nina
Värati
Tõstamaa nina
Seliste
Marksa
Liu
C 86
Uulu
Heinlaid
Pootsi
Liu säär
Tahkuranna
Munalaid
Metsaküla
Sangelaid
Kihnu väin
Manilaid
Võiste
Soometsa
Sorgu
Luitemaa looduskaitseala
Sääre
Linaküla
Lemsi
Võidu
Kihnu
Rootsiküla
Rannametsa
Häädemeeste
Arumetsa
Krundiküla
Jaagupi
Urissaare
C 80
Kabli
Massiaru
C 79
Majaka
C 78
Orajõe
Treimani
Metsapoole
Ikla
Ainaži
Mērnieki
P 15
Randu Pļavas
Sarkanās klintis
35
Ruhnu
Kuiviži
Zoneps
Vecsalaca
Salacgrīva
Korģene
S 77
A 1
Kuiķule
E 67
Svētciems
Lībiešu upurālas
Lauvas
Svētupe
Rīgas Jūras Līcis
Vitrupe
Bridaga
Kirbiži
Dzeņi
Klintis
Vitrupe
Viļķene
C 76
Rustuži
Melbārži
Ķurmrags
Ežergu klintis
Mežciems
C 68
C 69
Tūja
Tūjasmuiža
Lembuži
Jelgavkrast
Duntes sk.
Liepupe
Mustkalni
Dunte
Skultes muiža
Vārzas
Mērsrags
Mērsrags
P 131
C 55
C 67
C 65
C 66
Zvejniekciems

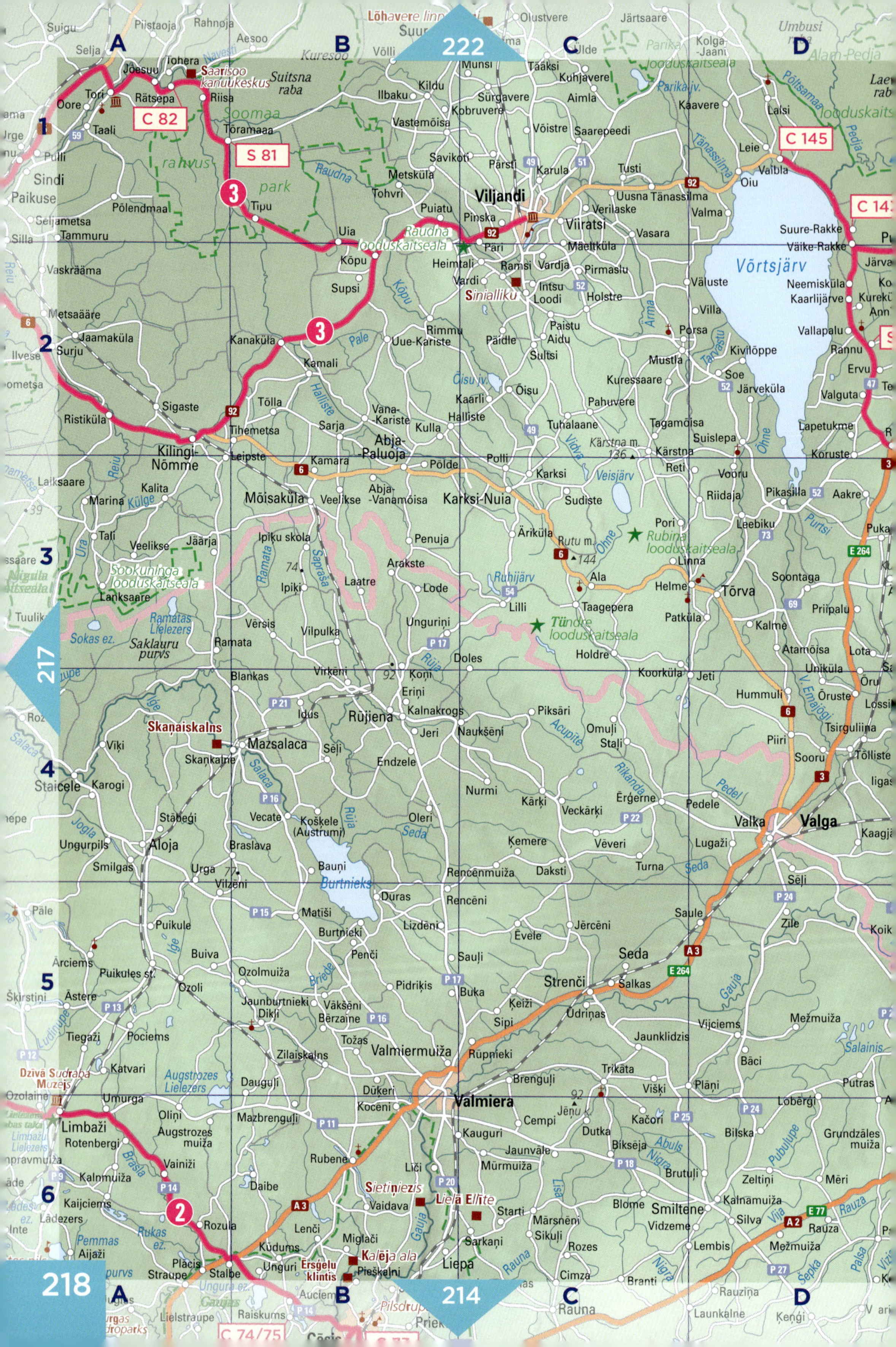
222
214
217
A
B
C
D
1
2
3
4
5
6
Viljandi
Viiratsi
Võrtsjärv
Abja-Paluoja
Karksi-Nuia
Kilingi-Nõmme
Mõisaküla
Tõrva
Valka
Valga
Rūjiena
Mazsalaca
Staicele
Aloja
Burtnieks
Valmiermuiža
Valmiera
Strenči
Seda
Smiltene
Limbaži
Liepa
Rauna
Lõhavere linn.
Olustvere
Järtsaare
Suure-Jaani
Kolga-Jaani
Umbusi
Suigu
Pilstaoja
Rahnoja
Aesoo
Võlli
Tääksi
Ülde
Selja
Jõesuu
Tohera
Saarisoo kanuukeskus
Suitsna raba
Kuresoo
Munsi
Kildu
Kuhjavere
Tori
Rätsepa
Riisa
Ilbaku
Sürgavere
Aimla
Kaavere
Lalsi
Oore
Taali
Soomaa rahvuspark
Tõramaa
Kobruvere
Vastemõisa
Võistre
Saarepeedi
Tänassilma
Leie
Valma
Sindi
Paikuse
Pulli
Savikoti
Pärsti
Karula
Tusti
Oiu
Valtu
Metsküla
Tohvri
Uusna
Põlendmaa
Tipu
Puiatu
Pinska
Verilaske
Tammuru
Seljametsa
Silla
Uia
Raudna looduskaitseala
Päri
Vasara
Suure-Rakke
Väike-Rakke
Heimtali
Mäeltküla
Vaskrääma
Kõpu
Ramsi
Vardja
Pirmastu
Järva
Väluste
Vardi
Intsu
Neemisküla
Kaarlijärve
Supsi
Sinialliku
Loodi
Holstre
Villa
Metsaääre
Paistu
Põrsa
Vallapalu
Rimmu
Aidu
Jaamaküla
Surju
Kanaküla
Pale
Uue-Kariste
Päidle
Sultsi
Kivilõppe
Rannu
Ilvese
Kamali
Mustla
Ervu
Soe
Järveküla
Valguta
Õisu
Kuressaare
Kaarli
Pahuvere
Sigaste
Tõlla
Vana-Kariste
Halliste
Kulla
Tuhalaane
Tagamõisa
Ristiküla
Tihemetsa
Sarja
Suislepa
Lapetukme
Kärstna m.
Kärstna
Koruste
Leipste
Kamara
Põlde
Polli
Reti
Vooru
Karksi
Veisjärv
Laiksaare
Abja-Vanamõisa
Sudiste
Riidaja
Pikasilla
Aakre
Kalita
Marina
Veelikse
Pori
Rubina looduskaitseala
Leebiku
Tali
Ipiku skola
Penuja
Ärikula
Rutu m.
Linna
Veelikse
Järja
Sookuninga looduskaitseala
Arakste
Ala
Helme
Soontaga
Lanksaare
Ipiki
Laatre
Lode
Ruhijärv
Taagepera
Patküla
Priipalu
Tuulik
Lilli
Ramatas Lielezers
Vērsis
Vilpulka
Ungurini
Tündre looduskaitseala
Kalme
Sokas ez.
Saklauru purvs
Ramata
Doles
Holdre
Atamõisa
Lota
Blankas
Virķeni
Koņi
Koorküla
Jeti
Uniküla
Erini
Hummuli
Õruste
Lossi
Idus
Kalnakrogs
Pikšari
Skaņaiskalns
Jeri
Naukšēni
Omuļi
Staļi
Tsirguliina
Viķi
Skankalne
Sēļi
Piiri
Sooru
Tõlliste
Endzele
Karogi
Nurmi
Ērģeme
Pedele
Stabeģi
Vecate
Koškele (Austrumi)
Oleri
Kārķi
Veckārķi
Lugaži
Kaagjärve
Ungurpils
Braslava
Ķemere
Vēveri
Smilgas
Urga
Vilzēni
Bauņi
Rencēnmuiža
Dakstí
Turna
Pāle
Duras
Rencēni
Sēļi
Puikule
Matīši
Lizdēni
Ēvele
Jērcēni
Saule
Zīle
Koik
Burtnieki
Buiva
Penči
Sauļi
Ārciems
Puikules st.
Ozolmuiža
Pidriķis
Buka
Šalkas
Škirstiņi
Ozoli
Āstere
Jaunburtnieki
Dikļi
Vākšēni
Bērzaine
Ķeiži
Sipi
Ūdriņas
Vijciems
Mežmuiža
Jaunklidzis
Tiegaži
Pociems
Tožas
Rūpnieki
Salainis
Katvari
Zilaiskalns
Trikāta
Bāci
Dzīvā Sudraba Muzejs
Augstrozes Lielezers
Dauguļi
Brenguļi
Viški
Plāņi
Putras
Ozolaine
Umurga
Dūķeri
Jēņu k.
Lobērģi
Oliņi
Mazbrenguļi
Koceni
Cempi
Kačori
Rotenbergi
Augstrozes muiža
Kauguri
Dutka
Bilska
Grundzāles muiža
Jaunvāle
Bikseja
Vainīži
Rubene
Līči
Mūrmuiža
Brutuļi
Zeltiņi
Mēri
Kalnmuiža
Daibe
Sietiņiezis
Lielā Ellīte
Kalnamuiža
Kaijciems
Vaidava
Starti
Blome
Silva
Rauza
Lādezers
Rozula
Lenči
Mārsnēni
Vidzeme
Pemmas ez.
Rukas ez.
Miglači
Sarkaņi
Sikuļi
Lembis
Mežmuiža
Aijaži
Kudums
Kaļēja ala
Rozes
Plācis
Ērgļu klintis
Unguri
Piešķalni
Straupe
Stalbe
Cimza
Branti
Ungura ez.
Auciems
Rauziņa
Lielstraupe
Raiskums
Launkalne
Ķeņģi
Rauna
C 82
S 81
C 145
C 14
E 264
E 77
A 2
A 3
P 11
P 12
P 13
P 14
P 15
P 16
P 17
P 18
P 20
P 21
P 22
P 24
P 25
P 27
218

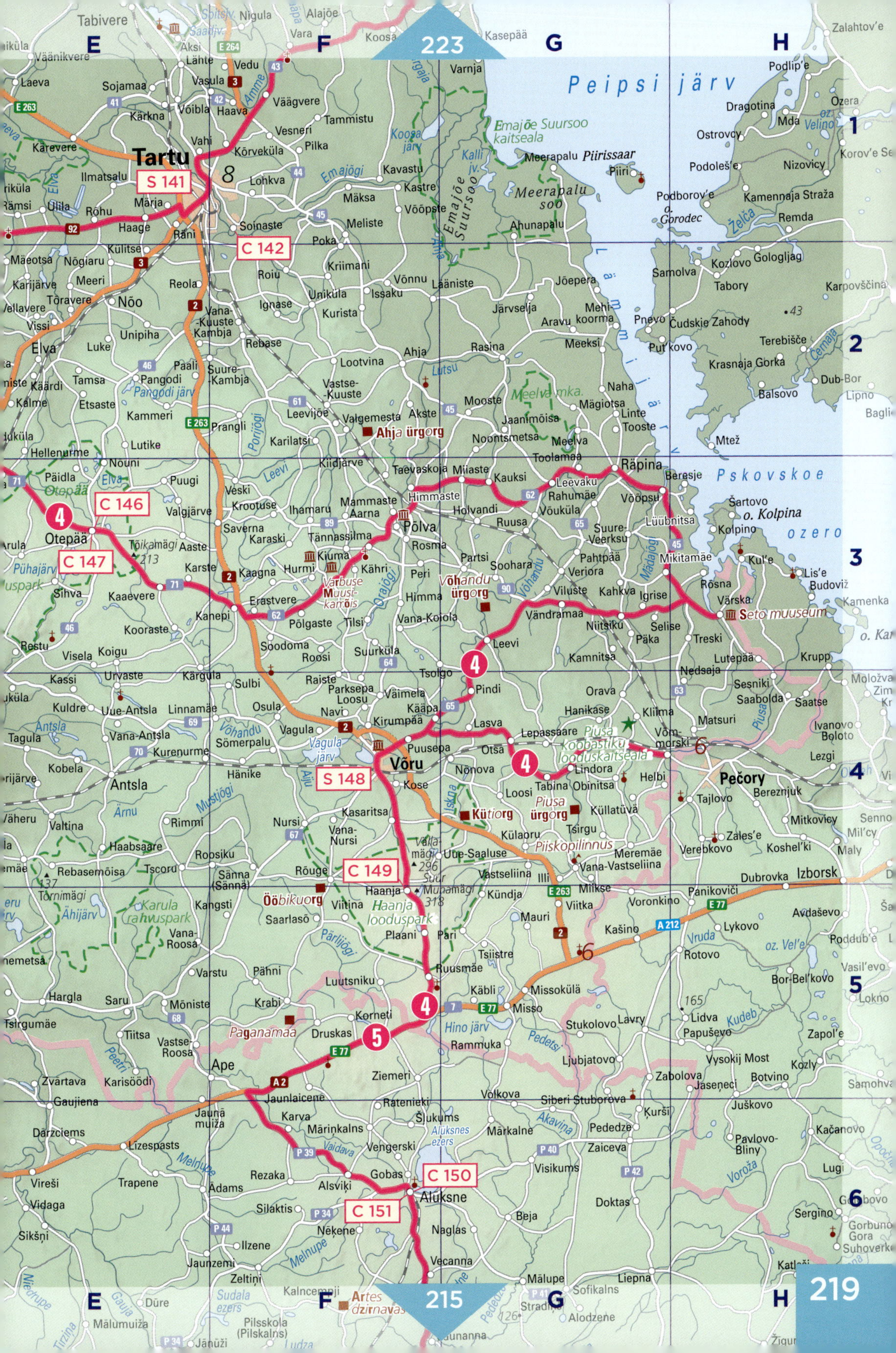

223
E
F
G
H
1
2
3
4
5
6
Peipsi järv
Lämmijärv
Pskovskoe ozero
Tartu
S 141
C 142
C 146
C 147
S 148
C 149
C 150
C 151
Emajõe Suursoo kaitseala
Meerapalu soo
Piirissaar
Ahja ürgorg
Räpina
Põlva
Võhandu ürgorg
Otepää
Pühajärv
Elva
Nõo
Vasula
Aksi
Kärkna
Võibla
Haava
Vedu
Ilmatsalu
Ülenurme
Rõhu
Haage
Märja
Rõni
Soinaste
Lohkva
Kavastu
Kastre
Võõpste
Mäksa
Meliste
Poka
Kriimani
Roiu
Unikula
Vana-Kuuste
Kambja
Rebase
Reola
Tõravere
Unipiha
Luke
Paali
Suure-Kambja
Lootvina
Vastse-Kuuste
Ahja
Rasina
Meeksi
Järvselja
Mehikoorma
Aravu
Jõepera
Lääniste
Võnnu
Issaku
Kurista
Ignase
Mooste
Akste
Valgemesta
Leevijõe
Prangli
Karilatsi
Kiidjärve
Taevaskoja
Miiaste
Kauksi
Leevaku
Rahumäe
Võõpsu
Lüübnitsa
Mikitamäe
Värska
Setomuuseum
Kanepi
Erastvere
Põlgaste
Tilsi
Soodoma
Suurküla
Tsolgo
Pindi
Väimela
Kääpa
Lasva
Võru
Kirumpää
Puusepa
Nõnova
Kose
Lepassaare
Otsa
Piusa koobastiku looduskaitseala
Pečory
Kütiorg
Piusa ürgorg
Piiskopilinnus
Vana-Vastseliina
Vastseliina
Haanja
Suur Munamägi 318
Vällamägi 296
Haanja looduspark
Öõbikuorg
Rõuge
Antsla
Linnamäe
Sõmerpalu
Vagula järv
Karula rahvuspark
Ähijärv
Tornimägi 137
Rebasemõisa
Haabsaare
Mõniste
Paganamaa
Ruusmäe
Misso
Hino järv
Izborsk
Ape
A 2
Alūksne
Alūksnes ezers
Jaunlaicene
Karva
Mārinkalns
Vengerski
Gobas
Alsviķi
Zeltiņi
Jaunzemi
Ilzene
Nēķene
Naglas
Vecanna
Mālupe
Liepna
Beja
Doktas
Visikums
Zaiceva
Pededze
Kuršī
Lizespasts
Trapene
Adams
Rezaka
Silaktis
Gaujiena
Vireši
Vidaga
Sikšņi
Dūre
Mālumuiža
Sudala ezers
Kalncempji
Artes dzirnavas
Pilsskola (Pilskalns)
Stradi
Alodzene
Sofikalns
Katleši
Sergino
Gorbuno Gora
Zalahtov'e
Podlip'e
Dragotina
Ostrovcy
Podoleš'e
Nizovicy
Kamennaja Straža
Remda
Podborov'e
o. Gorodec
Kozlovo
Gologljag
Tabory
Samolva
Pnevo
Čudskie Zahody
Put'kovo
Terebišče
Krasnaja Gorka
Dub-Bor
Balsovo
Mtež
Beresje
Šartovo
o. Kolpina
Kolpino
Kul'e
Lis'e
Budoviž
Treski
Lutepää
Sesniki
Saabolda
Saatse
Matsuri
Berezjnuk
Tajlovo
Zales'e
Verebkovo
Koshel'ki
Mitkovicy
Dubrovka
Panikoviči
Voronkino
Kašino
Lykovo
Rotovo
Avdaševo
Lidva
Papuševo
Vysokij Most
Botvino
Zabolova
Jaseņeci
Juškovo
Pavlovo-Bliny
Kačanovo
Stukolovo
Lavry
Ljubjatovo
Siberi
Šlukums
Volkova
Markalne
Rammuka
Missokülä
Ziemeri
Korneti
Druskas
Krabi
Luutsniku
Pähni
Varstu
Vana-Roosa
Vastse-Roosa
Tiitsa
Hargla
Saru
Karisöödi
Zvartava
Tsirgumäe
Dārzciems
E 263
E 264
E 77
A 212
215

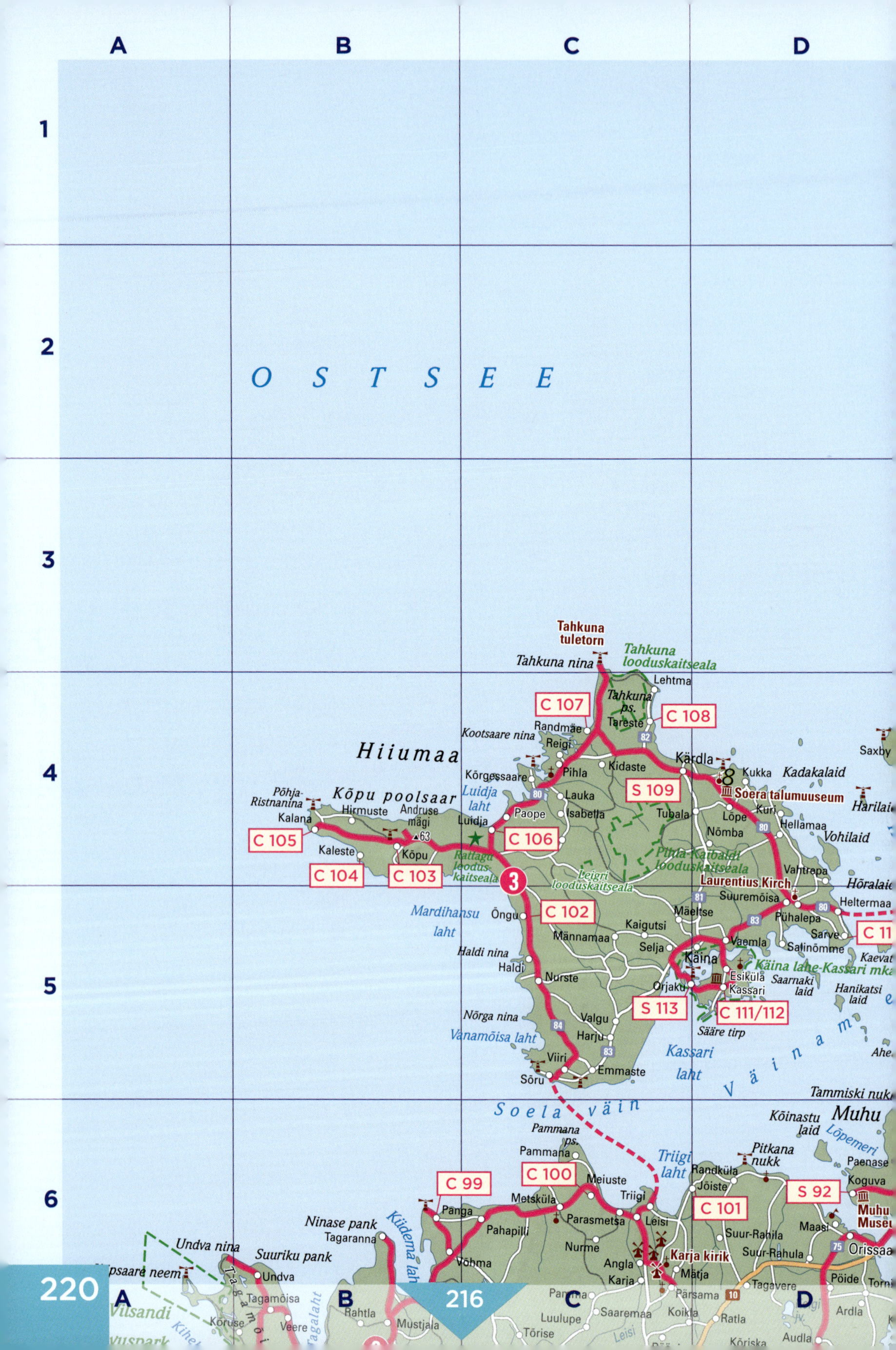
A
B
C
D
1
2
3
4
5
6
O S T S E E
Tahkuna tuletorn
Tahkuna nina
Tahkuna looduskaitseala
Lehtma
Tahkuna ps.
Tareste
C 107
C 108
Randmäe
Kootsaare nina
Reigi
Hiiumaa
Kärdla
Kukka
Kadakalaid
Saxby
Pihla
Kidaste
Kõrgessaare
Soera talumuuseum
Harilaid
Põhja-Ristnanina
Kõpu poolsaar
Hirmuste
Andruse mägi
Luidja laht
Luidja
Lauka
Isabella
Paope
S 109
Tubala
Lõpe
Kuri
Hellamaa
Vohilaid
Kalana
C 105
Kaleste
Kõpu
▲63
C 106
Nõmba
Rattagu looduskaitseala
Pihla-Kaibaldi looduskaitseala
Vahtrepa
C 104
C 103
Leigri looduskaitseala
Laurentius Kirch
Hõralaid
Suuremõisa
Heltermaa
Mardihansu laht
Õngu
C 102
Mäeltse
Pühalepa
Kaigutsi
Sarve
Männamaa
Selja
Vaemla
Salinõmme
Haldi nina
Haldi
Käina
Käina lahe-Kassari maastikukaitseala
Kaevatsi
Nurste
Esiküla
Saarnaki laid
Orjaku
Kassari
Hanikatsi laid
S 113
C 111/112
Nõrga nina
Valgu
Sääre tirp
Vanamõisa laht
Harju
Kassari laht
Väinameri
Viiri
Sõru
Emmaste
Soela väin
Tammiski nukk
Pammana ps.
Kõinastu laid
Muhu
Pammana
Triigi laht
Pitkana nukk
Lõpemeri
Paenase
C 99
C 100
Meiuste
Randküla
Jõiste
S 92
Koguva
Metsküla
Triigi
C 101
Muhu Museum
Ninase pank
Panga
Parasmetsa
Leisi
Tagaranna
Küdema laht
Pahapilli
Suur-Rahila
Maasi
Undva nina
Suuriku pank
Nurme
Väike-Rahula
Orissaare
Võhma
Angla
Karja kirik
Mätja
Undva
Karja
Pärsama
Tagavere
Põide
Tagamõisa
Tagalaht
Panga
Saaremaa
Koikla
Ratla
Ardla
Vilsandi
Kõruse
Rahtla
Luulupe
Veere
Mustjala
Tõrise
Kõriska
Audla
216

E
F
G
H
1
2
3
4
5
6
Finnischer Meerbusen
Naissaare looduspark
Naissaar
Aegna
Rohuneeme
Püünsi
Viimsi ps.
Haabneeme
Viimsi
TALLINN
Ninamaa
Suurupi
Kakumäe laht
Muraste
S 120
Karjamaa
C 127
C 122
Vääna-Jõesuu
Rannamõisa
Türisalu
Meremõisa
Tabasalu
S 123
Lohusalu
Lahepere
C 119
Pakri pank
Väike-Pakri
Laulasmaa
Keila-Joa
Harku
Järve
Ülemiste jv.
Peetri
Paldiski
Klooga
Kloogaranna
Karjaküla
Kiia
Hüüru
Laagri
Lehmja
Krassi
Suur-Pakri
Osmussaar/ Odensholm
Laoküla
Kumna
Vanamõisa
Männiku
Saue
Luige
Paldiski laht
Kurkse väin
Kloogaja
Niitvälja
Keila
Valingu
Saku
C 118
Ristinina
Madise
Lehola
Tuula
E 67
Kasemetsa
Lokuti
C 117
Keibu
Vihterpalu
Ämari
Ohtu
Jõgisoo
Põõsaspea neem
Rannaküla
Harju-Risti
Veskiküla
Vasalemma
Äämsäe
Tõdva
Spithami/Spithamn
Nõva
Padise
Kiisa
Dirhami/Derhamn
Perakülа
Rummu
Kibuna
Kurtna
Tagadi
Vaisi
Hatu
Pae
Määra
Kasepere
Laitse
Maidla
Tuksi/Bergsby
Veskijärv
Tänavjärv
Audevälja
Munalaskme
Ruila
Angerja
Elbiku/Ölbäck
C 116
Suursoo
Kaasiku
Masti
Prillimäe
Kohila
Hindaste jv.
Haiba
Hageri
Riguldi/Rickul
Variku
Riisipere
Kernu
Pihali
Lohu
Rabivere
Hara/ Harga
Leidisoo
Alema looduskaitseala
Leidissoo looduskaitseala
Läänemaa Suursoo maastikukaitseala
Telise neem
Silma looduskaitseala
Aulepa/ Dirslätt
Nurme
Turba
Kasari
Ohulepa
Linnuraba sookaitseala
Tjuka
Paslepa/ Pasklep
Sutlepa/ Sutlep
Soolu
Ellamaa
Varbola
Raka
Kodila
Rälby
Voosi kurk
Ingküla
Piirsalu
Lehetu
Alu
Norrby
Pürksi/Birkas
Saare/ Lyckholm
Jalukse
Rist
Lümandu
Palamulla
Rapla
Hullo
Noarootsi ps.
Einbi/ Einby
Linnamäe
Jalase küla kaitseala
Mahlamäe
Sviby
C 114
A. Laikmaa majamuuseum
Nigula
Kuusiku
Kaerepere
Haapsalu
Herjava
Palivere
Vaimõisa
Jalase
Leediküla
Marimetsa looduskaitseala
Riidaku
Paralepa
Uuemõisa
Taebla
Marimetsa raba
Kumma
Rohuküla
Piiskopilinnus
Turvalepa
Laukna
Orgita
Raikküla
Raela
Kirimäe
Kalju
Sipa
Tamme
Pusku
Üsse
Kirna
Uusküla
Koluvere
Märjamaa
Lipa
Saanika
Kullamaa
Loodna
Mõisamaa
Suure-Ahli
Jõõdre
Paeküla
Kasti
Lellapere
Sõmeri
Liia
Martna
Liivi
Jõgisoo
Silla
Haimre
Valli
Panga
Tauksi
Valgu
Teenuse
Kasari
Üdruma
Haeska
C 115
Konuvere
Järvakandi
Velise
Kumari
Puise
Kiideva
Rõude
Puisenina
Matsalu laht
Vana-Vigala
Matsalu
Laiküla
Päärdu
Eidapere
Nurtu
Metsküla
Matsalu rahvuspark
Kloostri
Pagasi
Kasari
Vigala
Ojaäärse
Tõnumaa
Penijõe
Kirbla
Avaste soo
Kivi-Vigala
Papilaid
Salevere
Seira
Kesu raba
Naravere
Kaisma
Kaelase
Kaisma jv.
Kergu
Mõisaküla
Mäense
Järise
Lihula
Lihula raba
Avaste looduskaitseala
Langerma
Libatse
Suur väin
Lihula maastikukaitseala
C 89
Voose
Tuudi
Enge
Lõetsa
Kesselaid
Kaseküla
Karuse
Tarva
Mihkli
Sõõrike
Ertsma
Mõisaküla
Hellamaa
Hanila
Vahenurme
Pärnu-Jaagupi
Muhu
Kuivastu
Tuhu mka.
Oidrema
Rabavere
Kõima
Maima
Halinga
Nehatu loodusk.
Virtsu
Lõpe
Koonga
Lavassaare
C 90
Vatla
Tootsi
Puhtu-Laelatu looduskaits.
Kalli
Lavassaare jv.
Viirelaid
C 88
Irta
Tarva
Niidu
Suurlaid
Võilaid
Oosäär
Paatsalu
Tõusi
Are
Paadrema looduskaitseala
Lavassaare
Nästi-Võlla
Jõõpre
217
222

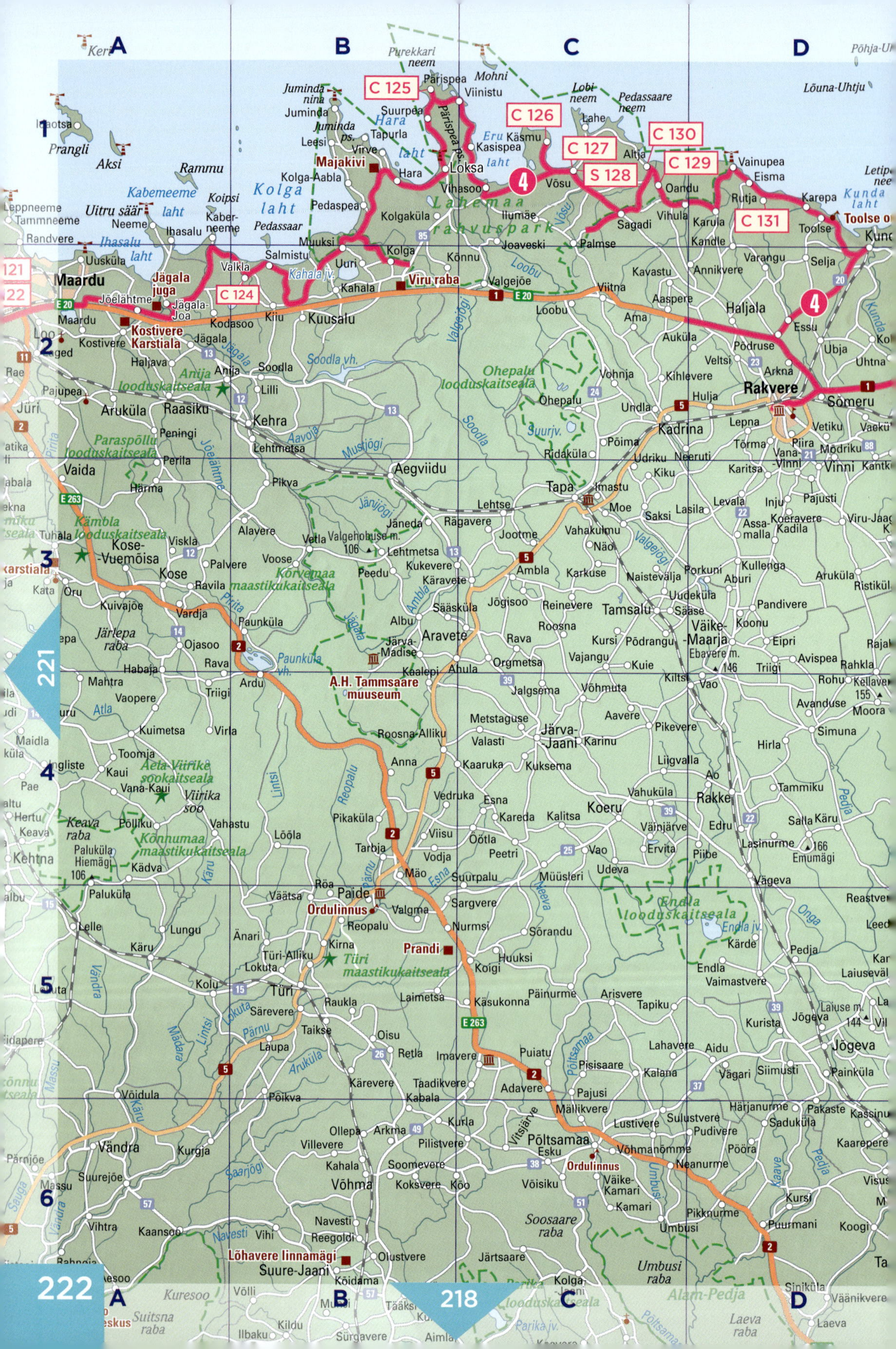
A
B
C
D
1
2
3
4
5
6
Prangli
Aksi
Kolga laht
Hara laht
Juminda
Leesi
Loksa
Käsmu
Vainupea
Maardu
Jägala juga
Kostivere Karstiala
Lahemaa rahvuspark
Viru raba
Kuusalu
Kolga
Võsu
Palmse
Sagadi
Haljala
Rakvere
Tapa
Kadrina
Aegviidu
Kehra
Raasiku
Aruküla
Vaida
Kose
Tamsalu
Väike-Maarja
A.H. Tammsaare muuseum
Järva-Jaani
Koeru
Rakke
Paide
Ordulinnus
Prandi
Türi
Imavere
Põltsamaa
Jõgeva
Võhma
Vändra
Lõhavere linnamägi
Suure-Jaani
Endla looduskaitseala
Ohepalu looduskaitseala
Kõrvemaa maastikukaitseala
Türi maastikukaitseala
Soosaare raba
Umbusi raba
Sõmeru
Vinni
Pajusti
Ambla
Aravete
Albu
Kiltsi
Simuna
Kärde
Pedja

221
218

Narvskij zaliv
Narva laht
Peipsi järv
Čudskoe ozero
Narva
Narva-Jõesuu
Sillamäe
Kohtla-Järve
Jõhvi
Kiviõli
Kohtla-Nõmme
Vaivara Blue Hills Museum
Hermanni linnus
Ivangorod
Pühtitsa nunnaklooster
Kurtna maastikukaitseala
Kurtna järvestik
Puhatu soo
Puhatu looduskaitseala
Agusalu soo
Agusalu maastikukaitseala
Muraka raba
Muraka looduskaitseala
Siirtsi raba
Siirtsi looduskaitseala
Ratva raba
Selisoo
Iisaku
Mustvee
Kallaste
Slancy
Gdov
Ljubimec
C 132
C 133
C 134
S 135
C 136
C 137
C 138/139
C 140
E 20
E 264

219

IMPRESSUM

Verantwortlich: Kerstin Thiele
Lektorat: Michaela Zelfel
Layout: Elke Mader
Repro: Cromika
Kartografie: Huber Kartografie, Heidi Schmalfuß
Herstellung: Anna Katavic
Printed in Slovenia by Florjancic

★★★★★

Sind Sie mit diesem Titel zufrieden? Dann würden wir uns über Ihre Weiterempfehlung freuen.
Erzählen Sie es im Freundeskreis, berichten Sie Ihrem Buchhändler, oder bewerten Sie bei Onlinekauf. Und wenn Sie Kritik, Korrekturen oder Aktualisierungen haben, freuen wir uns über Ihre Nachricht an den Bruckmann Verlag, Postfach 40 02 09, D-80702 München oder per E-Mail an lektorat@verlagshaus.de.

Unser komplettes Programm finden Sie unter www.bruckmann.de

Alle Angaben dieses Werkes wurden vom Autor sorgfältig recherchiert und auf den neuesten Stand gebracht sowie vom Verlag geprüft. Für die Richtigkeit der Angaben kann jedoch keine Haftung übernommen werden, weshalb die Nutzung auf eigene Gefahr erfolgt. Insbesondere bei GPS-Daten können Abweichungen nicht ausgeschlossen werden. Sollte dieses Werk Links auf Webseiten Dritter enthalten, so machen wir uns die Inhalte nicht zu eigen und übernehmen für die Inhalte keine Haftung.
In diesem Buch wird aus Gründen der besseren Lesbarkeit das generische Maskulinum verwendet. Weibliche und anderweitige Geschlechteridentitäten werden dabei ausdrücklich mitgemeint, soweit es für die Aussage erforderlich ist.

Bildnachweis: Alle Bilder auf dem Umschlag und im Innenteil stammen vom Autor außer: S. 16/17 picture-alliance/Dumont-Bildarchiv/Peter Hirth, S. 52 picture-alliance/Rainer Hackenberg; Shutterstock: S. 20, 40 A. Aleksandra Vicius, S. 22 DaCek; S. 26 Bokstaz, S. 29 Lukas Juocas, S. 41 o. swuerfel, S. 47 Karlis Ustups, S. 48 o. Sindii; S. 56 o. Bildagnetur Zoonar GmbH, S. 56 u. aina.Z, S. 57 Aigars Reinholds; S. 59 inese.online, S. 63 u., 71 u., 75 o., Claudiovidri, S. 66 u. Alvydas Kucas, S. 67 Dimitri Iarusov, S. 71 o. Aleks Kend, S. 73 u. Aleksandrs Muiznieks, S. 86 o. demamiel62, S. 87 Kawiha, S. 107 u. Lev Levin, S. 124/125 Ramilya Bogens, S. 126 o. Cultura Mo-tion, S. 130 Karasev Victor, S. 148 u. Janis Smiths, S. 149 Yegorovnick, S. 150 u. Ilze Filipova; S. 151 Ainta Arika, S. 153, 157 o., Edijs Volcjoks, S. 157 u. Sersej Razvodovskij, S. 163, 164 o., Birute Vijeikiene, S. 168 o. YKD, S. 174 u. Vitalijus Satilovskis, S. 176 u. Svetlana Turchenick, S. 181 Sergio Monti Photography, S. 186/187 futuristman, S. 198/199 Alika Obrazovskaya.

Umschlagvorderseite: Vor dem Schwarzhäupterhaus in Riga (Autor)
Umschlagrückseite: Der Strand von Roja in Lettland. (shutterstock/aina.Z)

2. aktualisierte Auflage

ISBN 978-3-7343-1235-9